BELARUS!

DAS WEIBLICHE GESICHT DER REVOLUTION

Herausgegeben von
Andreas Rostek | Nina Weller | Thomas Weiler | Tina Wünschmann

Mit Beiträgen von
Yaraslava Ananka | Tania Arcimovich | Simone Brunner | Vera Burlak
Julia Cimafiejeva | Maria Davydchyk | Olga Dryndova | Volha Hapeyeva
Iryna Herasimovich | Volha Hronskaya | Gun-Britt Kohler | Hanna Komar
Marina Naprushkina | Maryna Rakhlei | Iryna Ramanava | Marina Scharlaj
Elke Schmitter | Olga Shparaga | Tatiana Shchyttsova | Diana Siebert
Julia Smirnova | Irina Solomatina | Hanna Stähle

*edition.*fotoTAPETA____*Flugschrift*

INHALT

Julia Cimafiejeva
My European Poem 6

Vorbemerkung
Ein Aufstand der Frauen 10

Iryna Herasimovich
Die Kraft des Unwissens 13

Olga Dryndova
Corona, Politisierung und Selbstorganisation 21

Marina Scharlaj
Belarus als Frau und die Frauen von Belarus 35

Irina Solomatina
Die Revolution hat kein feministisches Gesicht 41

Tatiana Shchyttsova
Der traumatische Weg zum Neubeginn 55

Simone Brunner
Mit Cyber-Partisanen gegen Lukaschenko 64

Yaraslava Ananka
Eine belarusische Gesangsstunde 74

Olga Shparaga
„Wir brauchen eine starke Gesellschaft" 83

DOKUMENTE 96

Iryna Ramanava
Die Wurzeln der Gewalt 114

Tania Arcimovich
Die auf den Straßen tanzen 121

GEDICHTE
*Vera Burlak / Julia Cimafiejeva / Volha Hapeyeva
Volha Hronskaya / Hanna Komar* 132

Maryna Rakhlei
Die Nation im Schrank 141

Diana Siebert
Keine Lust mehr, Gattinnen von Partisanen zu sein 146

Gun-Britt Kohler
Belarusisch und Russisch 159

Marina Naprushkina
Wer, wenn nicht wir. Wann, wenn nicht jetzt 170

STIMMEN AUS BELARUS 184

Julia Smirnova
Ein Spiegel für Russland 221

Maria Davydchyk
EU und Belarus – nebenan in Europa 231

Hanna Stähle
Europa braucht eine Belarus-Strategie 238

Elke Schmitter
Und Deutschland? 247

DIE CHRONIK 251

MY EUROPEAN POEM

Julia Cimafiejeva

This poem should be written in English.
This poem should be written in German.
This poem should be written in French,
In Swedish, in Spanish, in my adorable Norwegian,
Maybe in Finnish, Danish and Dutch.
Baltic languages should decide for themselves.
No Belarusian version for the poem,
No Russian version for the poem,
No Ukrainian version for the poem.
The rest are at your choice.
This poem should be written in the languages
Of human rights organizations,
Of those multiple expressed concerns
by European politicians.

So
Shall I get used to the thought
That I could be taken to prison
By the men wearing black,
By the men in plain clothes,
By the men with four fat letters
On their fat black backs?
Otherwise, my country
Won't gain any freedom.
And it could not work anyways,
As usual.

Shall I take it calmly that I
Could be beaten and ultimately
Found guilty for that because
(They would say)
I cried antistate slogans like "Freedom!"
Or "Release all political prisoners!"
Though I would not need to cry them out at all
(Like my Facebook friends and thousands of
Someone else's friends)
In order to be arrested or beaten.
I won't have to cry anything,
I won't have to do anything,
Just stand silently, just be.
I know I have to get used to that thought
Just in case, because it's so likely to happen.
(Oh, my! I haven't saved those telephones yet
Whom to contact in case of detention.)

I can't say that in Belarusian,
I can't say that in Russian,
I can't say that in Ukrainian,
Only in English: I am afraid,
Only in German: Ich habe Angst,
Only in Norwegian: Jeg er redd.
That's enough, for other variants,
Please, use Google translate.
The translations should be more
Or less accurate. These are not
Those strange East European languages
With their funny Cyrillic letters.

I'm afraid
Like you would be in my place,
If you lived in a country that is not free
Where they've had the same president
For 26 (!) years. Oh, my god! more than
Two thirds of my life I've spent
Under the power of a crazy person
Whom I've never voted for!

Sorry, it's a long poem,
Because it's a long story,
I spent more than two thirds of my life
Under the power of the man
I've never voted for,
Who harassed and suppressed and killed
(They say).

And when I come to the literary festivals abroad,
And when I speak English
I try to tell the complicated history of my country
(When I am asked)
As if I am another person,
As if I am like all those European poets and writers,
Who do not have to get used to the thought
That they could be arrested and beaten
For the sake of their country's freedom.
As if my ugly history is just a harsh story
That I can easily put out from the Anthology of
Modern European short stories because
It's too long,
And too dull.

When I tell it in English,
I want to pretend that I am you,
That I don't have that painful experience
Of constant protesting and constant failing,
That nasty feeling of frustration and dismay.
I want to pretend that I have a hope,
Because when I tell it in Belarusian
I realize, we all realize, there is none
We can look forward to.

So forgive me my nagging in a half-broken English,
My Eastern European neverending complaints,
As having read the books you've read,
I still want to have a hope,
I still believe I have a right for a hope,
That hope could build its nest
On my roof and sing its songs
In Belarusian
(Not in Russian).

EIN AUFSTAND DER FRAUEN

Vorbemerkung

Seit den gefälschten Wahlen in Belarus am 9. August 2020 bis zu dem Tag, an dem dieses Buch in den Druck geht, dem 3. November, sind 86 Tage vergangen. In dieser Zeit gab es Proteste und Demonstrationen in Minsk, in Homieĺ, in Brest, in Hrodna, in vielen Städten von Belarus. Zehntausende, Hunderttausende waren und sind auf den Straßen und Plätzen, Tausende wurden von OMON-Schlägern aufgegriffen, in anonymen Transportern verschleppt, in überfüllte Zellen gesteckt. Brutale Schläge, unzählige Verletzte, eine unbekannte Zahl von Verschwundenen, mindestens vier Tote unter den Protestierenden bis zu diesem Datum – das Regime wehrt sich mit seinen Mitteln.

Und es wird der Lage nicht mehr Herr. In Belarus ist eine ganze Gesellschaft erwacht und will keine Ruhe mehr geben.

Die Revolution in Belarus hat viele Gesichter. Die Proteste gegen die offensichtlich gefälschten Präsidentschaftswahlen werden von Menschen aller Schichten getragen – Arbeiter, Rentnerinnen, Kulturschaffende, IT-Fachleute, Studierende – alle gehen sie auf die Straße. Die Bilder in Weiß gekleideter Frauen mit Blumen vor bewaffneten schwarz vermummten „Sicherheitskräften" gingen um die Welt, und sie sind eindrucksvoll.

Der Eindruck ist nicht falsch: Der Aufstand im Land ist ein Aufstand der Frauen, wenn auch nicht allein der Frauen. Aber was genau ist das „weibliche Gesicht" der Revolution: eine reale Kraft, ein medialer Effekt? Kitsch mit weiterhin patriarchalem Unterbau oder zukunftsweisende Dynamik des gesellschaftlichen Umbaus?

Mancher tut sich schwer, den Aufstand der Frauen ernst zu nehmen – ist er doch eine durch und durch moderne Umwidmung des Begriffs der Revolution. Und er ist auf noch zu erkundende Weise eine Neufassung des Feminismus – ohne dass wir es mit spezifisch feministischen Aktionen zu tun hätten.

Auch Jeanne d'Arc ist nicht allein in ihrer Rüstung in die Schlacht gezogen, es wird manchen armen Hund gegeben haben, manchen Jean ohne Namen, der geblutet hat. Aber jeder Umbruch findet sein eigenes Bild. In Belarus prägen dieses Bild die Frauen. Wie lässt sich ihre Selbstermächtigung erklären? Und was geschieht mit einer Gesellschaft, die in ihrer Suche nach einem neuen Selbstverständnis aus einer langen Passivität erwacht ist?

Niemand kann sagen, was sein wird, wenn dieses Buch fertig gedruckt ist und gelesen wird, ob die friedfertige Revolution in Belarus sich – wie auch immer – durchsetzt; ob das Regime noch brutaler zuschlägt und ein Blutbad anrichtet; ob der mächtige Nachbar im Kreml eine Entscheidung nach seiner Façon herbeiführt. Was man aber bereits heute sagen kann: Der Aufstand hat das Land verändert in einer Weise, die kaum jemand erwartet hatte – und die sich nicht mehr rückgängig machen lässt.

Wir versammeln hier vielstimmige Texte, die helfen sollen, das Geschehen in Belarus nachzuvollziehen und in einen breiteren Kontext zu stellen. Unsere Autorinnen gehen auf historische Hintergründe ein, auf Symbole, Chiffren und Klänge der Revolution, auf Repressalien und zivile Selbstorganisation, auf Frauenbilder, Partisaninnen und kollektive Traumata, auf wirtschaftliche Aspekte, auf die Rolle Russlands und Europas.

Befragt nach seinen Leseempfehlungen für ein besseres Verständnis des aktuellen Geschehens in Belarus, sagte der ukrainische Schriftsteller Serhij Zhadan: „Vielleicht ist es in dieser Situation am besten, nicht die Experten und die Politologen zu lesen, sondern die Leute, die direkt an den Ereignissen teilnehmen. Das sind äußerst subjektive, dafür maximal offenherzige Berichte, und ich denke, dass sie die jetzige Situation in Belarus am genauesten charakterisieren."

Diesem Rat wird vielleicht die Sammlung chronologisch geordneter Stimmen ganz unterschiedlicher Akteurinnen gerecht, die wir hier präsentieren. Wir entnehmen sie der Facebook-Seite *Stimmen aus Belarus*, die viele unmittelbare Äußerungen gesammelt und auf Deutsch veröffentlicht hat. Dazu kommen eine Chronik der Ereignisse sowie Dokumente, die uns für das Verständnis des Geschehens wichtig erscheinen und, nicht weniger wichtig, Gedichte. Dieses Buch ist Geschichtsschreibung des Augenblicks.

Die Herausgeber*innen

DIE KRAFT DES UNWISSENS

Iryna Herasimovich

Für Ute Siebert

„… es ist diese Offenheit, oder dieses noch nicht Geschlossene,
was das Bild so lebendig macht …"
Karl Ove Knausgård: So viel Sehnsucht auf so kleiner Fläche.
Edvard Munch und seine Bilder

Immer wieder lege ich diesen Essay beiseite und schreibe einen anderen Text, ein Tagebuch, in dem ich mir alles erlaube. Da bin ich mal böse, mal erfreut, mal enttäuscht, mal neidisch oder begeistert. Einiges aus dem Tagebuch sickert auch in diesem Text durch, allerdings nicht alles, die Selbstzensur ist in den letzten Monaten enorm. Nicht wegen des staatlichen Systems. Dass man da nie weiß, welche Regeln gelten und wann man sie bricht, daran habe ich mich schon längst gewöhnt. Die Selbstzensur ist vielmehr mit der Vorsicht verbunden, etwas falsch gesehen und interpretiert zu haben, jemandem zu nahe zu treten, etwas unvorsichtigerweise zu zerbrechen, das womöglich noch gar nicht so gefestigt, aber sehr wertvoll ist.

Eigentlich ist es für mich noch zu früh zum Schreiben, ich würde gerne Feldforschungen betreiben, beobachten und fixieren, was ich sehe und fühle. Im Moment ist es gar nicht so selbstverständlich festzuhalten, was man wirklich fühlt. Immer wieder bekommt man tolle Bilder und Videos zu sehen, in denen alles so klar ist: da die Bösen, die Dunklen, die Verkörperung der Gewalt und Dummheit, hier die Reinen und Guten, alles entweder schwarz oder weiß-rot-weiß, „keine Schattierungen dazwischen", wie es in einem der Protestlieder heißt. Und man atmet erleichtert durch, in den ersten Sekunden zumindest, dann kommen Fragen und Zweifel hoch, gleich von der Scham begleitet, wie kann ich es nur wagen, das Gute und Schöne zu hinterfragen. Es ist doch so klar: da die maskierten Männer, hier die weißen, barfüßigen Frauen mit Blumen, die „für ihre Männer" auf die Straße gehen. Darf man denn überhaupt hinterfragen, welches Frauenbild dadurch vermittelt wird, ob dieses Bild nicht die bereits bestehenden patriarchalen Strukturen festigt? Vielleicht. Vielleicht auch nicht. Vielleicht erst später. Vielleicht aber gerade jetzt. Ich weiß es nicht.

Ist es okay, wenn man die weiß-rot-weiße Fahne zwar ästhetisch schön findet und als sichtbaren Ausdruck des Protests sehr anziehend, aber sie nicht gerade überall um sich herum haben will? Fahnen lassen mich nämlich grundsätzlich ziemlich kalt. Ich kann mir nicht vorstellen, irgendeine Fahne um die Schultern zu tragen. Gehöre ich dann immer noch zu den erwachten Belarusen? Gehöre ich dann zu diesem *Wir*, das siegen soll? Ich wünsche mir im Moment nichts sehnlicher, als dass wir siegen, komme aber nicht umhin, daran zu denken, wer denn genau dieses *Wir* ist und was „siegen" bedeutet.

Ich kenne in Bewegung geratene Räume aus meiner Arbeit als Übersetzerin und weiß, wie gefährlich es sein kann, das scheinbar Offensichtliche nicht gründlich nach Bedeutungen und Konnotationen abgeklopft zu haben. Es kann sein, dass das Offensichtliche viel mehr Sinnschichten aufweist, als auf den ersten Blick sichtbar waren. Dann muss man zurück und von neuem im ganzen Text überprüfen, ob man alle Bedeutungen eingefangen hat. Und selbst dann ist man unsicher, ob man alles weiß.

Im Übersetzerberuf gehört das Zulassen des Unwissens, die Bereitschaft zu Wissenslücken zur Professionalität. Es fördert die Hellhörigkeit. Unwissen bedeutet nicht, dass man nicht handelt, das tut man durchaus, aber eben stets mit dem Gedanken im Hinterkopf, dass jede Lösung überprüft werden muss. Man hält den entstehenden Text die ganze Zeit offen und tastet ihn in viele Richtungen ab. Das wünsche ich mir auch für den Neuanfang der belarusischen Gesellschaft. Derzeit fürchte ich mich vor Menschen, die genau zu wissen scheinen, was in Belarus passiert, wie gehandelt werden soll und was weiter kommt. Solche Menschen verteidigen ihre Ansichten oft ziemlich hart. Das gesicherte Wissen scheint nur in einem von jedem Hinterfragen gereinigten Raum überlebensfähig zu sein. Das vermeintliche Wissen, wer wie ist, führt dazu, dass es inzwischen gar nicht viel braucht, um das Label „Lukaschist" oder „Lukaschistin" angehängt zu bekommen. Es reicht schon, irgendwelche Aussagen oder Handlungen der Führerinnen oder Führer der Opposition in Frage zu stellen. Das ist mir auch schon passiert, als ich zum Beispiel kritisierte, dass Swetlana Tichanowskaja von dem „weisen Moskau" spricht und nicht mit Fragen über die Krim gequält werden möchte. Ja, ich habe ihr meine Stimme als Protestkandidatin gegeben, die nichts als Freilassung der Gefangenen und Neuwahlen forderte. Dies unterstütze ich voll und ganz, aber darf ich mich jetzt etwa von keiner ihrer Äußerungen irritieren lassen?

Wenn man nichts hinterfragt, landet man doch ganz schnell auf dem gefährlichen Feld der einfachen und eindeutigen Antworten, die auch Lukaschenko seinerzeit der Gesellschaft angeboten hatte. Der Gesellschaft, die von der Wende und der auf sie eingestürzten Freiheit geplagt worden war, von der Offenheit eben und dem Unwissen, was richtig ist und was nicht. Da kam der vermeintlich starke Mann, einer aus dem Volk, der genau wusste, wer schuldig ist und bestraft werden sollte. Das scheint er bis heute zu wissen, nur dass die Gesellschaft aus dem Prokrustesbett seiner „väterlichen" Sorge dermaßen herausgewachsen ist, dass es nicht mal ausreicht, die überstehenden Gliedmaßen abzuhacken, wie das der attische Räuber Prokrustes mit den Reisenden zu tun pflegte, denen er das Bett anbot. Die Gesellschaft ist aufgewacht und versucht jetzt mit aller Kraft, das Bett zu verlassen. Ich hoffe sehr, dass sie sich nicht mehr in ein wie auch immer geartetes neues Prokrustesbett zwingen lässt.

Es ist nicht leicht, bringt aber viel weiter, wenn man das Unwissen, die Koexistenz von mehreren Wahrheiten aushält, statt sich in eindeutige Antworten zu stürzen. Eindeutige und einfache Antworten erweisen sich ja allzu oft im besten Fall als realitätsferne Konstrukte, im schlimmsten als Täuschungen oder gar Lügen. Was aber wiederum nicht heißt, dass Eindeutigkeit ganz zu vermeiden ist. Wenn es zum Beispiel um die Unantastbarkeit der menschlichen Würde und des menschlichen Lebens geht, sind Eindeutigkeit und Stringenz geboten. Und zwar in allen Fällen. Ja, wirklich in allen, auch in Bezug auf den OMON. Neulich habe ich mit einem Freund darüber diskutiert, ob es gut ist, dass es in Belarus immer noch die Todesstrafe gibt, ob sie auf die OMON-Leute angewandt werden müsste. Ich bin dagegen, unter anderem, weil ich nicht mehr in einer Gesellschaft leben will, wo es jemandes Beruf ist, einem anderen Menschen das Leben zu nehmen. Wie soll man mit OMON und Lukaschenko verfahren, was soll die gerechte Strafe sein für all das Leid, das sie den Menschen zufügen? Das weiß ich nicht. Und ich bleibe erst einmal in diesem Unwissen, in alle Richtungen, auch in mein eigenes Inneres, nach Antworten tastend, in die Vergangenheit wie in die Zukunft. In der Vergangenheit finde ich beispielsweise eine Episode, die sich mir eingeprägt hat: Anfang der 2000er Jahre. Potsdam. Jugendbegegnung zum Thema Vergangenheitsbewältigung. Ein rumänischer Jugendlicher, etwa 18 Jahre alt, erzählt von der Hinrichtung Nicolae Ceaușescus. Er spricht mit großer Begeisterung darüber, wie froh und glücklich er über diese Hinrichtung ist. Mir wird unheimlich: Ich sehe einen Menschen, der nicht nur den Tod eines anderen wünscht, sondern darüber glücklich und froh ist. Wie sehr die Hinrichtung auch diesen Jugendlichen entstellt hat! Was bringt ihn in diese Stimmung? Ist das seine eigene Freude oder die des Kollektivs? Wie und wo werden individuelle Gefühle zu kollektiven und umgekehrt? Vielleicht dort, wo die Reproduktion von Symbolen, Gesten und Bildern einsetzt? Vielleicht bin ich deswegen so unsicher, wenn ich zum zigsten Mal das gleiche Lied höre oder den gleichen Satz, ich weiß dann nicht, wessen Aussage das genau ist. Wer die Verantwortung für diese Aussage trägt. Wem soll mein Vertrauen oder Misstrauen gelten? Wo ist die Grenze zwischen Solidarität und Gruppendruck? All das weiß ich auch nicht, zumindest nicht für alle Situationen. Jede Situation erkunde ich diesbezüglich neu. Daran bin ich auch dank meines Berufs als Übersetzerin gewöhnt: jeden Text neu zu erkunden, unabhängig davon, wie viele ich bislang übersetzt habe und was ich schon alles weiß.

Ob in politischen Krisen oder in der Pandemie – die Bereitschaft, die Unbestimmtheit auszuhalten und sich von den gewohnten Ansichten zu lösen, kann lebensrettend sein. Das Unwissen zuzulassen bedeutet nicht, dass man stehen bleibt, es bedeutet nur, dass man sich in kleinen Schritten bewegt, bis das echte Wissen sich einstellt, das zumindest für eine gewisse Zeit der Realität standhalten kann.

Das Unwissen hilft, die Realität, sich selbst und das Gegenüber wirklich kennenzulernen. David Bohm schreibt in seinem Buch *Der Dialog. Das offene Gespräch am Ende der Diskussionen* wie wichtig es für einen Dialog ist, alle Annahmen erst einmal in der Schwebe zu halten, um sie gründlich zu betrachten und dadurch einander kennenlernen zu können. Die Bereitschaft zum Nicht-Wissen ist außerdem eine wichtige Grundlage für einen unhierarchischen Austausch auf Augenhöhe. Diese Bereitschaft fehlt so häufig den Vertretern der belarusischen Macht. Die Machthabenden versagen auf allen Ebenen, wenn sie mit dem eigenen Un-Wissen konfrontiert werden. Ein Professor weiß, wie es in der Universität laufen soll, wie man Studentinnen und Studenten einschüchtert, aber wenn die Studenten sich nicht mehr einschüchtern lassen, fällt der Professor mit all seinem „Wissen" in ein tiefes Loch und ist hilflos. Das belarusische System war jahrzehntelang in sich geschlossen, kaum für Veränderungen zugänglich. Die ganze Bewegung brodelte unter der Oberfläche, die nun aufplatzt. Die Gesellschaft ist jetzt geteilt: Ein Teil verschließt sich noch mehr, der andere ist offen, manchmal wie eine klaffende Wunde.

Schauen, beobachten, die Realität neu kennenlernen, ist harte Arbeit. Groß ist die Versuchung, die Realität zu erfinden statt sie kennenzulernen, im letzten Fall wird es oft wieder ambivalent. Wenn man diese Ambivalenzen wahrnimmt, kann man schwer in einem Atemzug hoch erhobenen Hauptes durch die Revolution marschieren, immer wieder ist man gezwungen, stehen zu bleiben, inne zu halten, die eigene Angst zu versorgen, zu überprüfen, was man sieht, und inwieweit es einem entspricht.

Der Prozess des Kennenlernens fängt jetzt in Belarus auf der gesellschaftlichen Ebene erst an. Die faszinierenden Hof-Communities, die zu wichtigen Plattformen der Selbstorganisation geworden sind, sind Aushängeschilder dafür. Da ist das neue Belarus, von dem so oft die Rede ist, zum Greifen nah: Zwischenmenschliche Begegnungen und Interesse an Kultur, Auftritte von Musiker*innen und Dichter*innen – das hält die Gesellschaft in Schwung, wie auch der Anblick von älteren Menschen und Menschen mit Behinderung, von denen manche zum ersten Mal so offen mit ihren Forderungen auf die Straße gehen. Das ist so atemberaubend, dass ich ab und zu gerne übersehe, dass es auch Menschen gibt, die mit der Revolution im Hintergrund nach einem hundertprozentig legitimen Hype für sich suchen. Ich schiebe erst einmal die Erkenntnis beiseite, dass Menschen in Chats von einigen Hof-Communities wegen „pessimistischer Haltung" blockiert werden. Man weiß schon, dass Optimismus für eine Revolution unentbehrlich ist. Aber weiß man denn auch, wohin mit dem Pessimismus? Wohin sollen die blockierten Chat-Teilnehmenden denn mit ihren Zweifeln? Und wir dürfen nicht vergessen, dass gar nicht alle Mitbürger*innen in diesen Chats sind. Was ist mit den anderen? Gehören sie dann auch zu der neuen belarusischen Gesellschaft, oder bleiben sie außen vor? Was ist mit denen, die die Seiten wechseln und dies so selbstverständlich tun, als wären sie nie Teil des Systems gewesen? Was ist mit denen, die im Moment orientierungslos sind und einsam? Gehören sie zu diesem Wir, das siegen soll? Wie wird die Kommunikation mit ihnen aufgebaut? Das weiß ich auch nicht. Und ich möchte, dass die freudigen Optimisten das auch einmal nicht wissen und sich danach fragen, statt zu der schnellen Lösung der Blockade im Chat oder wozu auch immer zu greifen.

„Belarusen, ihr seid unglaublich!" – den Satz aus der Wahlkampagne hört man immer noch oft. Man spricht davon, dass er eine psychotherapeutische Wirkung auf die Belarusen habe. Das bringt mich immer wieder aus der Fassung, denn Psychotherapie ist Arbeit, mit Tiefen und Höhen, wo das Fortkommen eher einer Bewegung im Kreis ähnelt: Immer wieder stolpert man über denselben Problemknoten, bis man ihn auflöst, um ein paar Schritte weiter am nächsten stehen zu bleiben. Mir ist deswegen ein Optimismus, der die Blockade braucht, höchst suspekt, auch in Zeiten der Revolution. Wir brauchen unbedingt Räume, in denen auch Zweifel zugelassen sind, Trauer, Wut, Enttäuschung und Angst, in denen Menschen nachholen können, was sie emotional in all den Jahren womöglich versäumt haben: nah an sich selbst und an den eigenen Bedürfnissen zu sein. Das sich-Ducken, Biegen und Bücken hat hierzulande eine lange Tradition. Das schüttelt man nicht in ein paar Monaten ab.

Fürst Myschkin wird bei Dostojewski von den „doppelten Gedanken" geplagt, wenn einander ausschließende Dinge gleichzeitig zutreffend sind. Dadurch wird er am Handeln gehindert. Handeln dagegen kann Rogoschin, der nur von einem einzigen Gedanken besessen ist: Nastassja Filippowna zu bekommen. Muss man auf „doppelte Gedanken" verzichten, um handeln zu können? Oder kann man sich sowohl die „doppelten Gedanken" als auch die Fähigkeit zum Handeln bewahren? Beim Schreiben geht das ganz gut, so ist dieser und sind andere Texte für mich ein Einüben im Handeln ohne Verzicht auf „doppelte Gedanken". In der Psychotherapie spricht man von der Verengung des Wahrnehmungshorizonts in Krisensituationen. Einer der möglichen Behandlungswege wäre, den Wahrnehmungshorizont zu erweitern, vielleicht auch durch das Zulassen der eigenen „doppelten Gedanken". Aus diesem Grund scheint mir die Rolle der Kunst und Literatur so wichtig. Nicht nur der direkten Protestkunst, die die Stimmung schafft, sondern auch der Kunst und Literatur als ein Labor, in dem das tiefe Erkunden des Menschlichen legitim ist.

Eine enge Freundin von mir ist gerade schwer krank. Die Medikamente wirken nicht, die Ärzte suchen seit Monaten nach Lösungen, es bleibt aber ungewiss, wie viel Zeit sie noch hat. Neulich telefonierten wir lange, es war ein sehr lebendiges Gespräch mit Weinen und Lachen. Irgendwann sagte sie, dass sie gar nicht weiß, wie sie sich auf den Tod vorbereiten, was sie denken und tun soll. Sie hätte immer gedacht, man könne das Leben abschließen und jetzt sehe sie, dass das gar nicht geht. Ist denn nicht jedes Unwissen mit diesem letzten Unwissen verknüpft? Ist das womöglich der Grund, warum wir das Unwissen so oft mit Annahmen und Interpretationen zupflastern? Die Freundin sagt, wie wohltuend es ist, dass sie mir das sagen kann und ich ihr keine Ratschläge gebe. Im gemeinsamen Aushalten des Unwissens kommen wir uns sehr nahe.

Genau diese Erfahrung mache ich auch mit meinen Mitmenschen in Belarus. Die Gesellschaft in Belarus hat etwas ganz Wichtiges gewagt: eine Bewegung, ohne genau zu wissen, wohin sie führt. Eine Bewegung, die von der so wertvollen Erkenntnis über die Unzulässigkeit von Gewalt und Fälschungen getragen wird. Ich wünsche mir, dass diese Bewegung und somit die Offenheit möglichst lange anhalten, dass sie uns an Ikonen, Anführer*innen und Gruppendruck vorbeiführen, zu uns selbst und zu den in uns selbst gefundenen oder gewachsenen Werten, an denen wir uns orientieren können. Dann werde ich bestimmt zu dem Wir gehören, das gesiegt hat. Dann kann ich womöglich auch den Tagebuchtext veröffentlichen, ohne jemanden in seinem Optimismus zu stören.

CORONA, SELBSTORGANISATION UND POLITISIERUNG

Olga Dryndova

Seit dem Wahltag am 9. August 2020 erlebt Belarus eine politische Krise in einem Ausmaß, das das Land seit seiner Unabhängigkeit 1991 nicht gesehen hat. Noch zu Beginn des Jahres bestand kaum ein Zweifel daran, dass Präsident Alexander Lukaschenko für eine sechste Amtszeit „wiedergewählt" werden würde. Eine breite und rasche Politisierung der Belarus*innen vor den Wahlen, gefolgt von den größten politischen Protesten in der Geschichte des Landes, überraschte Expert*innen, Politiker*innen und Belarus*innen selbst. Die öffentliche Unzufriedenheit kam jedoch nicht aus heiterem Himmel. Zur Revolution hat eine Reihe von langfristigen Gründen und kurzfristigen Auslösern geführt.

Eine schrittweise Politisierung der breiten Gesellschaft in den letzten Jahren wurde durch die anhaltende Pandemie und die unangemessene Reaktion des Staates darauf beschleunigt, was zu einer zunehmenden Selbstorganisation geführt hat. So wurden Solidarität, Selbstorganisation und Politisierung zu den drei Schlüsselwörtern des belarusischen Frühlings und Sommers im Jahr 2020.

Solidarität und Selbstorganisation

Belarus wurde Anfang 2020 für seine „Corona-Dissidenz" plötzlich weltbekannt: Fußball- und Eishockeymeisterschaften der Profis wurden nicht ausgesetzt, die Staatsgrenzen blieben offen, eine Militärparade sowie ein landesweiter *Subbotnik*, also breit aufgezogene Arbeitseinsätze, fanden statt wie eh und je. Präsident Lukaschenko nannte das Coronavirus eine „Psychose"; seine Empfehlungen, gegen Covid-19 mit Wodka, Sauna, Eishockey oder Feldarbeit vorzugehen, sorgten weltweit für Schlagzeilen.

Die inkohärente und unzureichende Informationspolitik des Präsidenten, des Gesundheitsministeriums sowie der staatlichen Medien in der Pandemie führten sofort zur Kritik von nichtstaatlichen Medien, Unternehmen, Opposition, Expertenkreisen und überhaupt einem beträchtlichen Teil der Gesellschaft. Es wurde deutlich, die Belarus*innen glaubten nicht an die Fähigkeit des Staates, die Epidemie zu bekämpfen, sie initiierten selbst die sogenannte „Volksquarantäne". Menschen arbeiteten nach Möglichkeit von zu Hause, beschränkten ihre sozialen Kontakte und machten die anderen auf das Virus aufmerksam. Petitionen für die Einführung einer Quarantäne wurden initiiert, während Fans führender Fußballvereine die Spiele boykottierten. Medizinisches Personal veröffentlichte selbsterstellte Informationsvideos im Internet.

Eine der wohl größten Spendenaktionen in der belarusischen Geschichte – Bycovid19 – versorgte Krankenhäuser mit der notwendigen Ausrüstung, die dank Privat- und Firmenspenden gekauft wurde (250.000 US-Dollar wurden in den ersten eineinhalb Monaten gesammelt). Die Kampagne vereinte Privatpersonen, zivilgesellschaftliche Gruppen, Unternehmen, die Gesundheits- und Außenministerien und sogar die belarusische Diaspora. Diese einzigartige Solidaritätswelle wurde später in die Wahlkampagne „übertragen". Als ein Notarzt, der die Covid-19-Maßnahmen des Staates kritisierte, entlassen wurde, sammelten Belarus*innen innerhalb von 24 Stunden seinen Jahreslohn (etwa 5.400 US-Dollar) über Crowdfunding. Nach den Wahlen engagierten sich Freiwillige für neue Spendeninitiativen – dieses Mal für Opfer von Polizeigewalt und weiterer Repressionen sowie für Menschen, denen gekündigt wurde, weil sie zur Unterstützung von Protesten in den Streik getreten waren oder aus Protest selbst gekündigt hatten. In nur wenigen Tagen wurden für solche Zwecke online über zwei Millionen US-Dollar gesammelt.

Witz und Ironie wurden zu einem wichtigen Bestandteil der Solidarität und des Widerstands. Als Reaktion auf die Aussagen des Präsidenten über Corona-Opfer („Warum läufst du durch die Straßen, wenn du morgen 80 Jahre alt wirst?"), starteten Belarus*innen einen Flashmob mit dem Titel „Letztes Wort des Präsidenten" – sie veröffentlichten im Namen des Präsidenten Nachrufe für sich selbst, als wären sie an Covid-19 gestorben.

„Sascha 3%" wurde zum bekanntesten Slogan gegen Lukaschenko in diesem Frühling und Sommer (*Sascha* als Kurzform von „Alexander"). So reagierte die Gesellschaft, einschließlich einiger Unternehmen, auf das Verbot von inoffiziellen Online-Umfragen; die hatten ergeben, dass die Unterstützung für den Präsidenten zwischen drei und sechs Prozent lag. Wahrscheinlich spiegelten diese Zahlen die Realität nicht ganz wider – anderen Erhebungen staatlicher Soziologen zufolge lag das Vertrauensniveau gegenüber dem Präsidenten in Minsk im April bei 24 Prozent. Dennoch zerstörte der 3%-Slogan die Idee ungebrochener Legitimität des Präsidenten und zeigte die Respektlosigkeit eines erheblichen Teils der Gesellschaft ihm gegenüber. Ein weiteres Beispiel ist ein Slogan des Bloggers Sergej Tichanowski „Stop Kakerlake!". Er wurde spontan aus einer emotionalen Rede einer Bürgerin übernommen, die den Präsidenten mit einem Insekt verglich – dieses Video kam schnell auf über eine Million Aufrufe auf Youtube.

Die belarusische Gesellschaft war für ihre paternalistische Einstellung bekannt, also auch für die Erwartung, dass der Staat eine wichtige Rolle in der Wirtschaft und im sozialen Leben übernimmt. Die rasche Zunahme von Formen der Selbstorganisation zeigt ein anderes Bild: Jüngste Umfragen bestätigen, dass bereits über 60 Prozent der Belarus*innen paternalistischen Formen nicht mehr viel abgewinnen können, während eine Mehrheit in Fragen des *Welfare,* der Bildung, Gesundheitsversorgung und Beschäftigung dazu tendiert, eher auf sich selbst zu vertrauen.

Der Grad der Selbstorganisation war allerdings noch im Jahr 2017 sehr gering: Nur fünf Prozent der Bürger*innen brachten einer Umfrage des Zentrums CET zufolge Erfahrung mit informellen Aktionen und Initiativen mit. Umso mehr überrascht die beispiellose Selbstorganisation der Belarus*innen vor und nach den Wahlen von 2020. Die Solidaritätswelle im Frühjahr schenkte den Menschen offenbar eine Erfahrung von „kleinen Siegen", die ihr Vertrauen in sich und andere stärkte.

Der Niedergang des Paternalismus im Land geht mit einem geringen Vertrauen in die Behörden einher. Laut einer Umfrage von 2017–2018 (durch das Projekt BIPART der School of Young Managers in Public Administration) vertrauten nur etwa 40 Prozent der Menschen der Regierung, nur 34 Prozent den Ministerien und 33 Prozent den lokalen Behörden, während über 64 Prozent Politiker*innen und Beamt*innen generell nicht vertrauten. Aber auch das allgemeine Vertrauensniveau in der Gesellschaft war 2018 noch recht gering – nur leicht über die Hälfte der Befragten zeigten Vertrauen gegenüber den eigenen Mitbürger*innen. Das Jahr 2020 hat das wesentlich verändert.

Auch in anderen postsowjetischen Autokratien haben fehlende wirksame staatliche Maßnahmen gegen die Pandemie zur Aktivierung von Bürgergruppen geführt. In Belarus haben diese Entwicklungen allerdings den Wahlprozess erheblich beeinflusst – diese „ausgeübte" Solidarität und das neue Vertrauen zu Mitbürger*innen trugen ohne Zweifel zur gegenwärtigen Politisierungswelle in der belarusischen Gesellschaft bei.

Politisierung der Gesellschaft

Die während der Pandemie wachsende Politisierung breiter Bevölkerungsschichten wurde mit der Wahlkampagne ab Mai intensiviert. Man konnte plötzlich einen Aktivitätsschub bei den Bürger*innen beobachten, und die Wahlkampagne wurde überraschend sowohl für Belarus*innen als auch für internationale Betrachter zu einer Art „Reality-Show".

Eine Rekordzahl von 55 Initiativgruppen reichte Anträge ein, um Kandidat*innen für die Präsidentschaftswahl zu nominieren. Der frühere Chef der *Belgazprombank*, Viktor Babariko, konnte in nur einer Woche fast 9.000 Freiwillige für seine Initiativgruppe online rekrutieren. Zum Vergleich: Präsident Lukaschenko konnte mit seinen enormen Ressourcen rund 11.000 Personen registrieren. In einem Monat (21. Mai – 19. Juni) waren landesweit über 127.000 Menschen an der Sammlung von Unterschriften für potenzielle Kandidat*innen beteiligt; ein großer Teil davon, wenn nicht die Mehrheit, war vorher nie politisch aktiv gewesen.

Menschen aus unterschiedlichen sozialen Schichten und Altersgruppen standen landesweit in endlosen Warteschlangen, um ihre Unterschriften für alternative Kandidat*innen abzugeben. So kam die damals unbekannte Swetlana Tichanowskaja, die an Stelle ihres verhafteten Mannes, des bekannten Youtube-Bloggers Sergej Tichanowski kandidieren wollte, auf über 100.000 Unterschriften. Viele wussten nicht einmal, wie sie hieß oder wo sie arbeitete – Menschen unterzeichneten aus Solidarität und aus Protest gegen Lukaschenko.

Aus diesen Warteschlangen wurden nach der Inhaftierung von Viktor Babariko, dem bis dahin wichtigsten Konkurrenten für Lukaschenko, die spontanen Solidaritätsketten von Menschen im ganzen Land. Als am 15. Juli keiner der populären Alternativkandidaten für die Wahlen registriert wurde, rief das Wahlteam von Babariko Belarus*innen dazu auf, Beschwerden bei der Zentralen Wahlkommission einzureichen – am nächsten Tag bildete sich vor dem Gebäude der Wahlkommission in Minsk eine mehrere Kilometer lange Schlange. Es wurden über 5.000 Beschwerden eingereicht – ein für Belarus einzigartiger Grad politischer Aktivität.

Das spontan und aus Not gebildete, aber sofort populär gewordene „Frauentrio" Tichanowskaja, Kolesnikowa und Zepkalo besuchte innerhalb von drei Wochen 13 Städte und zog bei ihren Kundgebungen in den Regionen bis zu fünf Prozent der Bevölkerung an – eine unerhörte Zahl für die traditionell passiven belarusischen Wähler*innen. In Minsk fand am 30. Juli die größte Wahlkundgebung in der belarusischen Geschichte statt, die von 60.000 bis 70.000 Menschen besucht wurde. Die drei Frauen wurden wie Rockstars behandelt: Menschen fragten sie nach Autogrammen und Bildern, zeichneten Gemälde mit ihnen, trugen Kleidung mit den Triosymbolen und sangen mit ihnen die Oppositionshymne *Mury* (Mauern).

Auch zur Wahlbeobachtung wurden Belarus*innen mobilisiert wie nie zuvor: In den ersten fünf Tagen nach der Ankündigung der Wahlbeobachtungsinitiative des Teams Babariko bewarben sich rund 5.000 Menschen, und bis zu den Wahlen stieg diese Zahl auf fast 10.000. Dazu kamen Kampagnen der Menschenrechtsorganisationen. So kam es letztendlich zu den schon zur „Tradition" gewordenen Warteschlangen auch am Wahltag – sowohl in Belarus als auch im Ausland vor den Botschaften. Eine derart hohe Wahlbeteiligung hatte Belarus noch nie erlebt.

Damit sind Solidaritätsketten und Warteschlangen in gewisser Weise zum Symbol der Präsidentschaftswahlen 2020 geworden. Und diese Tradition fand auch nach den Wahlen eine Art Fortsetzung: Frauen, Studierende, Ärzte, einfache Bürger*innen sammelten sich in Solidaritätsketten gegen staatliche Gewalt, während sich Schlangen von Käufer*innen vor Geschäften bildeten, die in der einen oder anderen Form Solidarität mit der Protestbewegung zeigten – so wollten die Belarus*innen sie zumindest finanziell unterstützen.

Auflösung des „Gesellschaftsvertrags"

Die Legitimität von Lukaschenko beruhte über viele Jahre auf einem sogenannten „Gesellschaftsvertrag": Der Staat sorgte für relativ stabilen Wohlstand und für Sicherheit (geringe Kriminalität und keine kriegerischen Konflikte), während die meisten Belarus*innen politisch inaktiv bleiben und den *Status quo* unterstützen sollten. Um diesen ungeschriebenen Vertrag stand es allerdings bereits seit mehreren Jahren schlecht und schlechter.

Bereits 2017 kam es zu landesweiten Protesten gegen eine jährliche „Sozialparasitensteuer". Die neue Steuer war so hoch wie ein durchschnittlicher Monatslohn und sollte für Bürger*innen gelten, die in den letzten sechs Monaten nicht gearbeitet hatten und daher keine Einkommensteuer entrichteten. Ein weiteres Beispiel: In Brest, einem der regionalen Zentren des Landes, versammelten sich seit über zweieinhalb Jahren jeden Sonntag Menschen in der Innenstadt, um gegen eine neue, offenkundig gesundheitsschädliche Batteriefabrik in der Nähe der Stadt zu protestieren. Die Dauer dieser Proteste ist für Belarus beispiellos. Umfragen haben gezeigt, dass der Anteil der Anhänger*innen von Lukaschenko unter Rentner*innen, Landbevölkerung und „normalen" Bürger*innen von 68 Prozent im Jahr 2006 auf 32 Prozent im Jahr 2016 gesunken war, eine Halbierung innerhalb von zehn Jahren. Die Pandemie beschleunigte schließlich die Auflösung des „Gesellschaftsvertrags".

Wirtschaftliches Wohlergehen

Die Covid-19-Pandemie hat die Volkswirtschaften weltweit getroffen, Belarus ist hier keine Ausnahme. Im April 2020 prognostizierte der Internationale Währungsfonds für Belarus einen Rückgang des Bruttoinlandsproduktes um 6 Prozent für das laufende Jahr; im Jahr 2019 lag das Wachstum noch bei 1,2 Prozent. Online-Umfragen bestätigten, dass sich die Wohlstandswahrnehmung der Belarus*innen im Frühjahr erheblich verschlechterte. Nach einer Untersuchung der Institute SATIO/BEROC verzeichneten 45 Prozent der Befragten im März und 52 Prozent im April einen Einkommensrückgang, während fast die Hälfte der Befragten in naher Zukunft einen starken wirtschaftlichen Einbruch erwartete. Innerhalb eines Monats verdoppelte sich der Anteil der Menschen, die Angst vor Arbeitslosigkeit äußerten, von 20 Prozent im März auf 40 Prozent im April. Jeder fünfte Befragte kannte jemanden, der den Job bereits verloren hatte. Insgesamt wuchs der Anteil der Belarus*innen, die ihre Wirtschaftssituation als schlecht einschätzten, von 38 Prozent Ende 2019 auf 61 Prozent im März 2020 – der größte Anstieg in 20 Jahren.

Corona und die Arroganz des Präsidenten

Trotzdem hätten wirtschaftliche Faktoren allein kaum ausgereicht, um diese neue Welle der Politisierung auszulösen. Die Belarus*innen sind es gewohnt, unter schwierigen wirtschaftlichen Bedingungen zu leben. Die miserable Kommunikation des Staates während der Pandemie trug wesentlich zur Politisierung der Bevölkerung bei.

Informationen des Gesundheitsministeriums wurden der Öffentlichkeit nicht regelmäßig zugänglich gemacht, stimmten nicht immer mit den Zahlen des Präsidenten überein und wurden oft in eher arrogantem Ton verbreitet. Auf Anfragen nach Informationen über die Anzahl der Pandemieopfer beim medizinischen Personal etwa reagierten zuständige Beamt*innen mit der Frage: „Und wozu brauchen Sie diese Statistiken?"

Die größte Kluft zwischen Staat und Bevölkerung wurde jedoch womöglich vom Präsidenten selbst verursacht, der während der Pandemie einen markanten Mangel an menschlichem Einfühlungsvermögen und eine überraschende Arroganz an den Tag legte. Seine aggressive Sprache ließ nur wenige soziale Gruppen aus. Sie traf Corona-Opfer („Wie kann man mit einem Gewicht von 135 Kg leben?"), medizinisches Personal (das es nicht geschafft hätte, eine Selbstinfektion zu vermeiden), Arbeitslose („Haben Sie einen Job verloren? Finde Sie einen neuen!"), Unternehmer („Niemand wird für Euch Geld aus Hubschraubern abwerfen!").

Umfragen bestätigten die hohe Unzufriedenheit der Belarus*innen. Laut einer internationalen Erhebung vom März/April bewerteten 86 Prozent der Befragten die Reaktion ihrer Regierung auf Covid-19 als äußerst unzureichend. Das war das zweitschlechteste Ergebnis von 58 beteiligten Staaten nach der Türkei. Auch das Vertrauen der Bevölkerung in offizielle Informationen zu Covid-19 im März/April war im Vergleich zu anderen Staaten sehr gering. Die Lage wurde öffentlich sogar mit der verantwortungslosen Informationspolitik der sowjetischen Behörden nach der Explosion von Tschernobyl 1986 verglichen. Die Zeit hat gezeigt, dass die Sorgen der Belarus*innen nicht unbegründet waren. Obwohl die offiziell von den Behörden genannten Corona-Sterblichkeitsraten in Belarus weltweit zu den niedrigsten gehören, starben nach Daten der Vereinten Nationen allein im Zeitraum April bis Juni im Land etwa 5.600 Menschen mehr als im Vergleichszeitraum des Vorjahres (offiziell sind in Belarus insgesamt nur 937 Menschen wegen Corona verstorben; Stand: 21. Oktober 2020).

Die „neue Opposition" und ihre Botschaften

Die neuen Gesichter in der belarusischen Politik scheinen zur richtigen Zeit und am richtigen Ort aufgetaucht zu sein. Keine der neuen Figuren stammt aus der traditionellen Parteiopposition, die in Belarus weder bekannt noch beliebt ist. Noch dazu konzentrierten sie sich auf ganz unterschiedliche soziale Gruppen und konnten dadurch eine hohe Zahl unzufriedener Menschen erreichen.

Die beiden nicht zugelassenen Kandidaten, der Ex-Chef der *Belgazprombank*, Viktor Babariko, und der Ex-Leiter des Belarus *Hi-Tech Parks*, Valeri Zepkalo, zielten auf eine eher gemäßigte Wählerschaft. Ihre Zielgruppe war vermutlich oft besser ausgebildet, verfügte über internationale Erfahrung und war mit aktuellen Entwicklungen im Land nicht zufrieden, strebte nach liberalen Reformen und hatte Lukaschenko und sein ineffizientes Staatssystem einfach satt.

Youtube-Blogger Sergej Tichanowski adressierte eine radikalere Anhängerschaft. Diese Menschen lebten hauptsächlich in den Regionen außerhalb der Hauptstadt, waren ärmer, konnten keinen guten Job finden, waren es müde, es ständig mit der Unverschämtheit der lokalen Behörden zu tun zu haben, und sie waren wütend auf Lukaschenko persönlich, nicht zuletzt wegen dessen Rhetorik während der Pandemie. Diese unterschiedlichen sozialen Gruppen hatten im Alltag nicht unbedingt viel miteinander zu tun, aber ihr Streben nach Veränderung und ihre Opposition gegen den Präsidenten fand unter dem Motto zusammen: „Jede*r außer einem".

Dieses Motto erwies sich als ausgesprochen gelungen, als Swetlana Tichanowskaja mit dem spontanen „Frauentrio" nur drei Wochen vor den Wahlen plötzlich zur nationalen Heldin wurde. Die drei Frauen standen nun für drei populäre männliche Figuren, nachdem diese nicht zur Wahl zugelassen wurden: Swetlana Tichanowskaja anstelle von Sergej Tichanowski, Veronika Zepkalo anstelle von Valeri Zepkalo und Maria Kolesnikowa anstelle von Viktor Babariko. Durch die Vereinigung der drei Teams holten die Frauen ein Maximum aus ihrer Wahlkampagne heraus, indem sie die Zielgruppen aller drei Kandidaten erreichten.

Die Macht der Online-Medien

Online-Medien wie Youtube und andere soziale Medien (insbesondere der Instant Messenger Telegram) spielten eine wichtige Rolle bei der jüngsten Politisierung der belarusischen Gesellschaft. Der Anteil der Menschen, die Informationen aus alternativen Online-Quellen erhielten, stieg von 24 Prozent im Jahr 2010 auf 60 Prozent im Jahr 2018. Gleichzeitig sank das Vertrauen in die staatlichen Medien (vor allem das Fernsehen) bereits seit Jahren. Soziale Netzwerke waren 2019 für fast 28 Prozent der Befragten eine regelmäßige Quelle für Nachrichten. Diese Zahl wuchs wahrscheinlich direkt vor den Präsidentschaftswahlen noch, da schnell entstehende nationale, lokale und Nachbarschafts-Telegramkanäle zu wichtigen Plattformen für Informationsaustausch und politische Selbstorganisation wurden. Überhaupt steigt die Zahl der Online-Medien-Nutzer*innen weiter an und belief sich 2019 auf mehr als 79 Prozent der Bevölkerung – damit lag Belarus weit über dem weltweiten Durchschnitt von 53 Prozent.

Auf diese Tendenzen ging der Blogger Tichanowski ein. Er nutzte Youtube, um die Interessen der „einfachen" Menschen aus der belarusischen Provinz bekannt zu machen. Er reiste durch das Land, traf die Menschen persönlich, filmte ihre Beschwerden und veröffentlichte das auf seinem Youtube-Kanal. Seit der Gründung im März 2019 gewann sein staatskritischer Kanal „Ein Land zum Leben" innerhalb von einem Jahr über 200.000 Abonnent*innen, und das populärste Video (das mit der Kakerlake) wurde von über einer Million Menschen gesehen.

Eine Pact-Umfrage aus dem Jahr 2018 zeigt, dass 80 Prozent der Belarus*innen nicht glaubten, Einfluss auf die Entscheidungen der nationalen und lokalen Behörden zu haben. Mit einem Blogger bekamen die Leute plötzlich das Gefühl, eine Stimme zu haben. Eine weitere Umfrage vom 2019 ergab, dass ein Mangel an Informationen einer der Hauptgründe für die politische Passivität der Belarus*innen war. Auch diesen Mangel hat der Blogger erfolgreich adressiert.

Letztendlich scheinen die stundenlangen Live-Streams während der Unterschriftensammlungen und Solidaritätsketten vor den Wahlen, die von nichtstaatlichen Medien übertragen wurden, sowie Interviews mit Menschen, die in Warteschlangen warteten, um „gegen Lukaschenko" zu unterschreiben, eine wichtige Rolle bei der Stärkung des Mehrheitsgefühls gespielt zu haben. Dank der Online-Medien hatten viele Belarus*innen womöglich zum ersten Mal das Gefühl, einer breiteren Bewegung bzw. einer Mehrheit anzugehören. Die Angst vor politischen Aktivitäten ist damit maßgeblich zurückgegangen.

Politische Ermächtigung

Dem Wahlkampf-Team von Babariko war es gelungen, das populäre Narrativ „Staatsmacht ist schlecht" zu drehen auf „Menschen sind gut". Das war eine attraktive Botschaft für die Belarus*innen, insbesondere angesichts der demütigenden Rhetorik von Lukaschenko während der Pandemie. Das Symbol von Babarikos Kampagne war ein Herz – ein starkes Zeichen von Empathie und Unterstützung.

Babariko versuchte, ein besseres Belarus in den Blick zu nehmen, einschließlich des politischen Systems: „Wir leben in einem eher (wenn auch anscheinend undemokratischen) guten (...) Land" und: „Der Wille des Volkes kann nicht gefälscht werden". Indem er die Bedeutung der Rechtsstaatlichkeit sowie das Selbstbewusstsein und die Verantwortung der Bürger*innen in einem autokratischen Staat betonte, versuchte er die „Spielregeln" zu ändern: Nicht „Behörden fälschen die Wahlen", sondern „die Belarus*innen sind klug genug, das zu verhindern".

Das „Frauentrio" hat diese *Message* konsequent in ihre gemeinsame Kampagne übernommen. Die Frauen waren authentisch, erzählten persönliche Geschichten, sprachen über Liebe und Empathie, baten die Menschen, an sich selbst zu glauben, und waren selbst ein lebendiges Beispiel dafür. Menschen skandierten bei ihren Kundgebungen: „Ich – kann – alles –

ändern!" Der traditionelle Slogan der Opposition „Wir glauben, wir können, wir werden gewinnen" klang nun manchmal so: *„Wir lieben*, wir können, wir werden gewinnen". So wurde eine kritische Masse von Belarus*innen zur Wahlbeobachtung und Wahlbeteiligung mobilisiert. Sogar ihre „Bewusstseinsaufrufe" an die Mitglieder der Wahlkommissionen funktionierte: Bei etwa hundert Wahllokalen wurden die Stimmen tatsächlich richtig gezählt.

Frauenpower

Was von vielen als „weibliche Revolution" bezeichnet wird, war ursprünglich nicht als solche geplant. Es wäre auch falsch zu sagen, dass das weibliche Element das wichtigste war, das Menschen drei Wochen vor den Wahlen so stark mobilisierte. Die Belarus*innen waren bereits vor den Wahlen politisiert und weitgehend einig gegen Lukaschenko. In diesem Sinne war es eine Protestwählerschaft, die bereit war, für jede starke Persönlichkeit zu stimmen, die sich gegen den amtierenden Präsidenten stellte.

Durch die Verhinderung von drei populären Kandidaten wurde Swetlana Tichanowskaja zur „letzten Hoffnung auf Veränderung". Veränderung bedeutete dabei vor allem ein Ende der Repressionen und neue faire Wahlen. Und genau das versprach Tichanowskaja: Sollte sie gewinnen, würde sie innerhalb von sechs Monaten neue Wahlen initiieren. Sie sah sich also als Übergangskandidatin.

Swetlana Tichanowskaja hatte nie vor, in die Politik zu gehen, sie kümmerte sich um ihre Kinder, nachdem sie früher als Dolmetscherin aus dem Englischen gearbeitet hatte. In ihren Reden konzentrierte sie sich auf Familienwerte, Kinder und Liebe und betonte immer wieder, dass ihr verhafteter Ehemann Sergej ursprünglich der Hauptgrund für ihr politisches Engagement gewesen sei. Mit der Zeit stand sie jedoch nicht nur für seine Freiheit, sondern auch für die Freiheit aller Belarus*innen. Sie sah sich zwar als schwache und „einfache" Frau, wurde allerdings nach Wochen voller Kundgebungen vor den Wahlen immer stärker. Wenn alles vorbei sei, würde sie wieder „ihre Bouletten braten", sagte sie. Ihre Ansichten änderten sich auch nach den Wahlen nicht, als sie Belarus verlassen musste und zu einer international bekannten Oppositionsfigur wurde.

Maria Kolesnikowa war dazu in gewisser Weise der Antipode – sie sah sich als freie Weltbürgerin und erwähnte in ihren Interviews den Wert des Feminismus. Sie hatte eine erfolgreiche Karriere im Kreativbereich und arbeitete als Musikerin und Artdirektorin. Die gebürtige Belarusin lebte und arbeitete lange Zeit in Deutschland und anderen europäischen Staaten und lernte die Werte von Demokratie und Freiheit in der Praxis kennen. Sie wurde bereits im Team von Babariko sichtbar: Ihre Botschaften („Wir sind legitim!", „Belarusen, ihr seid unglaublich!") erreichten eine breite Öffentlichkeit. Von den drei Frauen war sie die einzige, die nach den Wahlen in Belarus blieb und sogar ihren Pass zerriss, als Geheimdienste versuchten, sie außer Landes zu schaffen, was zu ihrer Verhaftung führte.

Veronika Zepkalo galt als Kombination aus beiden Elementen: eine selbstbewusste, erfolgreiche Managerin bei Microsoft, eine liebevolle Frau und Mutter. Bei der ersten gemeinsamen Pressekonferenz machte sie deutlich, dass die belarusische Verfassung auch für Frauen geschrieben sei und dass Frauen in Belarus Männern gleichgestellt seien. Diese Aussage war eine deutliche Antwort an Lukaschenko, der das Gegenteil insinuiert hatte. Gleichzeitig unterstützte sie Swetlana Tichanowskaja als Mutter und Ehefrau – so sah für sie „Frauensolidarität" aus. Schließlich betonte sie in ihren Interviews, es gebe nur einen Politiker in ihrer Familie, und das sei ihr Ehemann Valeri Zepkalo.

Diese Kombination von traditionellen und feministischen Werten in den Botschaften des „Frauentrios" spielte offensichtlich eine wichtige Rolle für ihre breite Popularität, weil sehr unterschiedliche Zielgruppen damit angesprochen wurden. Die schüchterne und liebevolle Tichanowskaja war ein perfekter Prototyp für einen erheblichen Teil der Belarus*innen, die eher traditionelle Werte teilten – sie wurde eine Art „politisches Aschenputtel". Menschen unterstützten sie aus Solidarität, Mitgefühl und Bewunderung für ihren Mut.

Gleichzeitig kamen feministische Botschaften von Kolesnikowa und die aufbauenden Reden von Zepkalo bei den Anhänger*innen der Frauenpower gut an. Patriarchalische Hierarchien und Sexismus sind in Belarus sehr präsent – sowohl im öffentlichen Raum als auch am Arbeitsplatz oder zu Hause. Frauen sind ständig geschlechtsspezifischen Stereotypen und Diskriminierungen ausgesetzt. Belarusische Frauen scheinen allerdings laut jüngsten Umfragen weniger patriarchalisch geprägt zu sein als Männer. Das „Frauentrio" gab ihnen eine Chance, sich selbst und ihre eigenen Stärken besser kennenzulernen, es motivierte tausende Belarusinnen zu friedlichen Frauenprotesten nach den Wahlen.

Schlusswort: Menschenrechte

Wahlfälschungen und Repressionen kannte Belarus auch früher schon; nie zuvor allerdings traf die staatlich sanktionierte brutale Repression so viele Menschen persönlich oder über ihre Bekanntenkreise. Menschen sahen mit eigenen Augen, warum faire Wahlen wichtig sind und warum Menschenrechte geachtet werden müssen.

Dabei hatte eine Pact-Studie von 2017 gezeigt, dass die Befragten die Achtung der Menschenrechte, des menschlichen Lebens und der individuellen Freiheit für sich selbst als doppelt so wichtig eingeschätzt hatten wie für die Gesellschaft insgesamt. Das heißt, die Belarus*innen glaubten damals, dass diese Werte für andere Menschen nicht so wichtig waren wie für sie selber. Solidarität und Politisierung haben diese Trennlinien zwischen den Einzelnen und der Gesellschaft nun verwischt.

BELARUS ALS FRAU UND
DIE FRAUEN VON BELARUS

Ein Selbstbild der Nation

Marina Scharlaj

Belarus – jana maja. Belarus ist weiblich. Eine Plakatlosung setzt ein Statement. Auf Belarusisch formuliert, betont sie einerseits das grammatische Geschlecht des Toponyms. Andererseits und vielmehr wird damit das weibliche Gesicht des Widerstandes skizziert: Im Vordergrund das junge, weibliche Trio, das den amtierenden, für seine patriarchalen Ansichten bekannten Langzeitpräsidenten in der Wahlkampagne herausforderte. Gefolgt von Frauen, die nach dem Wahlergebnis und vier Nächten der Gewalt gegen Männer auf die Straße gingen. In Weiß gekleidet, mit Blumen und mitten am Tag stellten sie sich – im starken Kontrast – den schwarz vermummten Polizisten der OMON-Einheit.

    Zu Symbolfiguren des Widerstandes wurden viele: die Hausfrau Swetlana Tichanowskaja, die Flötistin Maria Kolesnikowa, die Rentnerin Nina Baginskaja, die Malerin Nadzja Sajapina, die Sportlerin Alena Leŭčanka, die Bikerin Jana … Die Gesichter dieser Frauen wurden und werden auf Plakaten und Flugblättern, auf T-Shirts, in sozialen Netzwerken, Graffiti und anderen Formen von Street-Art abgebildet. Eine der ersten Ikonen des Protests ist förmlich ein Frauenbild – Chaim Soutines Gemälde „Eva". Das bekannte Porträt wurde von der Regierung aus der Kunstsammlung des inhaftierten Präsidentschaftskandidaten Viktor Babariko konfisziert und daraufhin von den kritisch gesinnten Kulturschaffenden mehrfach reproduziert. So war Soutines „Eva" hinter Gittern, im Sträflingsanzug, mit Victory-Zeichen oder auch mit einem rotlackierten Stinkefinger zu sehen. Wenig später, als der Protest breite Massen erreichte, tauchte im Belarusischen der Neologismus *Evaliucyja* auf. Und er trifft den Kern. Er steht für einen weiblich initiierten, betont friedlichen, ausgesprochen solidarischen und durchaus kreativen Protest. Für einen Protest, der vielleicht noch nicht als eine Revolution *(revaliucyja)* bezeichnet werden kann, und dennoch nicht weit davon entfernt ist. Fakt ist: Unabhängig vom Ausgang der aktuellen Ereignisse geht dieser Protest in die Geschichte ein.

Dabei wurde die Geschichte von Belarus bisher vorwiegend von Männern geschrieben. Nur wenige Frauen, wie etwa Fürstin Rahnieda, die Aufklärerin Euphrosyne von Polack oder die Schriftstellerin Franciška Uršula Radzivill finden in Lehrbüchern als berühmte Persönlichkeiten der weit zurückliegenden Vergangenheit Erwähnung. In der neueren Geschichte sind sie eher unsichtbar. Die Unsichtbarkeit von Frauen in gesellschaftspolitischen Diskursen ist kein spezifisch belarusisches Phänomen. Das Besondere im Fall von Belarus ist eine lange Unsichtbarkeit der Titularnation als solcher. Die historische Zugehörigkeit zu mächtigeren Nachbarn führte dazu, dass die Belarus*innen unter anderem als „verspätete" oder „defizitäre" Nation, als ein „kleines" Volk, und das von ihnen bewohnte Territorium als „weißer Fleck" apostrophiert wurden. In literarischen, publizistischen und medialen Texten und nicht zuletzt auch im politischen Diskurs wurde die belarusische nationale Identität lange Zeit wenn nicht mit einer Null-Metaphorik ganz getilgt, so doch mit Inferioritätsmerkmalen attribuiert.

Über die genannten Fremdzuschreibungen und Konnotationen hinaus sind bereits im Toponym *Belarus* zahlreiche Entwürfe eines nationalen Selbstbildes enthalten. Intellektuelle finden darin eine schicksalhafte Komponente und entfalten im Diskurs über das Belarusische wiederkehrende Motive und Mythologisierungen: ein „weißes", unerforschtes Gebiet, Terra incognita, ein namenloses Land, ein Gespenst … Wird das Bild des Landes konkreter umrissen, so erscheint es als eine Gestalt, die von den Gepflogenheiten des Dorfes geprägt ist und in einem Sumpf zu versacken droht. Das Femininum Belarus lädt ferner geradezu dazu ein, es als eine Frau zu personifizieren. In das nationale Leidensnarrativ passt etwa die Allegorie einer Frau und Mutter, die immer wieder fremdgeht oder sexuell misshandelt wird:

Спала з маскалём, / Спала з ляхам, / Ды была пастеллю мне плаха. / Спала з тваім бацькам – ліцьвінам, / А цяпер з табой – маім сынам. (…) Паглядзі, з кім спала Айчына!
(Анатоль Сыс, „Песня пра жану", 1993).

Mit einem Moskal' geschlafen, / mit einem Lachen (=Polen) geschlafen, / und war auch mit mir im Bett. / Mit deinem Vater, dem Litauer, geschlafen, / und jetzt schläft sie mit dir, meinem Sohn. (…). Schau nur, mit wem die Heimat geschlafen hat!
(Anatoĺ Sys, „Lied über die Ehefrau", 1993).

Wie kein anderes Beispiel verdeutlicht das Gedicht von Anatoĺ Sys die Verknüpfung von Gendermustern und nationalen Identitätskonstruktionen: Die traditionelle Genderordnung wird auf andere Formen der Identitätsbildung projiziert. In der Geschichte, die als patrilineare Geschichte der Männer verstanden wird, gilt der Mann als prototypischer Vertreter einer Nation; die Position der Frau ist von der des Mannes abhängig. Die Konzeptualisierung der belarusischen Nation als Frau weist auf ihre Schwäche hin, wird mit dem „Weiblichen" doch das Unentwickelte, Emotionale, Passiv-Inferiore und Passiv-Naturhafte konnotiert. Demgegenüber stehen die „männliche" Stärke und Überlegenheit, das Aktiv-Geistige, Schöpferische und Rationale – die Eigenschaften, die im belarusischen Identitätsdiskurs zumeist den Nachbarstaaten zugeschrieben werden.

Viel häufiger als das Bild der Dame minderen Gewichts ist in den diskursiven Identitätskonstruktionen allerdings das Madonnenbildnis anzutreffen. Im nationalen Selbstbeschreibungsmodell von Belarus kommt der Mutter eine außerordentlich positive Stellung zu. Das Licht der Mutter sei, wie es der Dichter Ryhor Baradulin („I ščyraść ichnjaja i laska", 1987) beschreibt, mit dem Licht Gottes vergleichbar; es sei „geheimnisvoll", „unendlich" und „unfassbar tief" – genauso wie die eigene Sprache und Heimat. Auch diese beiden Begriffe (*mova* und *radzima*, ebenfalls weiblichen Geschlechts) werden mit femininen Eigenschaften versehen. Die eigentliche Muttersprache, das Belarusische, besitzt zwar im nationalen Diskurs eine starke Identifikationskraft, wird aber lange Zeit als Dorfsprache abgestempelt. Als Sprache der Titularnation hat sie einen rein symbolischen Wert und steht im kommunikativen Alltag dem Russischen, dem Maskulinum *jazyk*, wesentlich nach. Dementsprechend wird die belarusische Sprache in der Personifizierung als Mutter mit den bekannten Klischees des Weiblichen, des Mütterlich-Seelenvollen, aber auch des Leidensfähigen und Rezeptiven konzeptualisiert. Im patriarchalen Weltbild hat sie oft keine Stimme. Die Belarus*innen, die statt die eigene Muttersprache zu gebrauchen, in ihr verstummen, die Sprache des „großen Bruders" sprechen, gelten als „schweigende" Nation schlechthin. Sie werden immer wieder zum Schweigen gebracht – in der jüngsten Geschichte vom Staatsapparat der eigenen Republik, an dessen Spitze ein „richtiger" Mann, ein *mužik* stehe.

Die Stilisierung von Alexander Lukaschenko als Vater der Nation *(baćka)* und „Herr im Haus" ist im politischen und populär-kulturellen Kontext bekannt. Die offiziellen massenmedialen Inszenierungen rekurrieren nicht selten auf Genderkonstruktionen und Familienbezeichnungen und deuten auf ein Wertesystem hin, das von dezidiert männlichen und patriarchalen Eigenschaften geprägt ist. Der belarusische Staatschef, der sich gerne als alleinerziehender Vater in der Öffentlichkeit in Szene setzt und dabei die Gesellschaft junger Frauen ostentativ genießt, äußerte sich immer wieder zu den Vorzügen der traditionellen Genderordnung im eigenen Land.

Ironischerweise war es wohl gerade dieser unentwegt vorgebrachte Sexismus, der die Frauen in der Politik nicht ernst nahm, sie unterschätzte, aber sie letztlich bestärkte und zu einem mächtigen Gegner werden ließ. Die Frauen, die im Sommer 2020 unverhofft die politische Bühne und später die Straßen und Plätze von Belarus betraten, sind in mehrfacher Hinsicht symbolhaft. Ihr Aufstand ist eine Auflehnung gegen Lukaschenkos Patriarchat, in dem Frauen dazu bestimmt sind, Kinder zu gebären und in der Küche am Herd zu sein. Ihr Aufstand steht aber auch für das Erwachen der Nation – einer vermeintlich „schwachen Frau", die ihre eigene Courage neu entdeckt. Heute demonstriert der Staatsapparat seine Stärke, indem er friedliche Frauen wortwörtlich schlägt, in Gefangenentransporter zerrt und in Gefängniszellen einsperrt. Eine Metapher vermag es noch besser zu erfassen: In seinem Willen, an der Macht zu bleiben, spricht Lukaschenko von „seinem" Land als der „Liebsten, die man nicht hergibt". Ein staatlich organisiertes Frauenforum in der Minsk-Arena, bei dem der Machthaber vor Tausenden von Frauen Kampfbereitschaft verkündete und dabei ein Fest in sowjetischer Tradition abhalten ließ, krönte ein neues Lied mit gleichnamigen Titel („*Ljubimuju ne otdajut*" / „Die Liebste gibt man nicht her"). Bezeichnend ist, dass es nicht nur auf Russisch, sondern auch von russischen Popstars mitgesungen wurde. Wie sehr eine solche „Liebe" auf Gegenliebe des belarusischen Volkes trifft, ist mehr als fraglich. Die Regierung hält es jedenfalls nicht davon ab, dieses Lied ins Repertoire der Heimatsongs aufzunehmen, die aus den Lautsprechern erklingen, um Demonstrationszüge zu übertönen.

Die Entschlossenheit und Kreativität der Demonstrantinnen konterkariert diese archaische patriarchale Haltung. In weiten Teilen der belarusischen Gesellschaft herrscht die Meinung, dass die Frauen die Fäden im Hintergrund ziehen und das Leben im Land am Laufen halten. Die protestierenden Frauen zeigen, dass sie sich nicht unterordnen lassen und als „Kriegerinnen des Lichtes" für die Zukunft ihrer Heimat, ihres Volkes und ihrer Kinder „spazieren gehen". Sie zeigen ferner, dass die Instrumente des Patriarchats ins Leere laufen können, und geben damit der Nation das Vertrauen in ihren Gerechtigkeitssinn zurück. In der Mehrheit sind es keine erklärten Feministinnen, sondern Frauen, die sich mit „femininen" Eigenschaften identifizieren und sie bei ihren Spaziergängen zur Schau stellen, sei es als inszenierte und romantisierte Bräute, als Mütter, die auf der stilisierten Polizeiuniform MAMA anstelle von OMON schreiben, oder als Sexualobjekte, die den Polizisten drohen, sie nicht zu bedienen …

Schließlich machten genau diese stereotypen Eigenschaften des „schwachen Geschlechts", die normative Weiblichkeit, die drei zum *role model* für die Proteste in Belarus gewordenen Frauen, erst glaubwürdig. Swetlana Tichanowskaja, eine Mutter und ehemalige Lehrerin, betonte immer wieder, dass sie sich gezwungenermaßen als Platzhalterin für ihren inhaftierten Mann zur Wahl stellt. Allenfalls stellte sich heraus, dass Belarus für eine sich selbst aufopfernde Frau als Präsidentin bereit wäre. Nicht nur, weil das konträr zum chauvinistischen Gebaren des langjährigen Machthabers steht, sondern auch, weil das ins etablierte Frauenbild passt. So gesehen revolutionieren die Aktivistinnen und Demonstrantinnen nicht primär das Frauenbild von Belarus. Vielmehr sind sie als treibende Kraft zu verstehen, die das nationale Selbstbewusstsein neu ausrichtet und die Individuation der Gesellschaft vorantreibt.

Schlussendlich darf man nicht vergessen: Auf der Kehrseite gibt es noch die „Frauen fürs Grobe", die hinter Lukaschenko stehen und dem Staat dienen. Mindestens drei davon sind für das Geschehen und die Gewalt im heutigen Belarus mitverantwortlich: Natallja Kačanava, Leiterin der Präsidialverwaltung und Vorsitzende des Rates des Republik; Volha Čamadanava, Pressesprecherin des Innenministeriums, und nicht zuletzt Lidzija Jarmošyna, Vorsitzende der Zentralen Wahlkommission, die dafür bekannt wurde, dass sie Wahlstandards missachtete. Ohne sie wäre das Frauenbild von Belarus nicht vollständig.

DIE REVOLUTION HAT KEIN FEMINISTISCHES GESICHT

Irina Solomatina

>„Wir haben uns zusammengeschlossen, damit sich drei kleine Flüsse zu einem breiten Strom des Volkszorns vereinen."
>
>Swetlana Tichanowskaja, Juli 2020

>„Der Sommer 2020 wird in die neue belarusische Geschichte eingehen, da diese Revolution ein weibliches Gesicht hatte. Denn in dieser Präsidentschaftswahlkampagne sind die Frauen anstelle ihrer Männer angetreten."
>
>Veronika Zepkalo, Oktober 2020

Die Präsidentschaftswahlen in Belarus wurden seit den Vorgängen nach den Wahlen 2010 mit Repressionen gegen all jene assoziiert, die ihre Unzufriedenheit mit dem Regime zum Ausdruck brachten. Bei den Wahlen 2015 und 2020 gab es jedoch ein neues Topthema: Frauen.

2015 war Tacciana Karatkievič als Kandidatin der vereinten Opposition zur Präsidentschaftswahl angetreten, 2020 kandidierten bereits zwei Frauen: Swetlana Tichanowskaja, Ehefrau des inhaftierten Bloggers Sergej Tichanowski, und Hanna Kanapackaja, ehemalige Parlamentsabgeordnete. Am 16. Juli 2020 gingen ein Foto und die dazugehörige Pressemitteilung des Wahlkampfstabes von Viktor Babariko durch alle Medien, auf die die sozialen Netzwerke mit einer Unzahl an Memes reagierten, von „das Regime kotzt alle so an, dass sogar eine Hausfrau Präsidentin werden kann" bis „wenn solche Schönheiten gegen die fettgesichtigen Bürokraten antreten, bin ich auch für Feminismus". Was war geschehen?

Die Wahlkampfstäbe der registrierten Kandidatin Swetlana Tichanowskaja und der nicht registrierten Kandidaten Valeri Zepkalo und Viktor Babariko hatten sich zusammengeschlossen. Die Massenmedien titelten: „Drei Frauen gegen Lukaschenko", „Zeit der Frauen. Drei Wahlkampfteams gemeinsam gegen Lukaschenko", „Weiberaufstand – Bringt der vereinte Stab Belarus Geschlechtergerechtigkeit?".

Maria Kolesnikowa aus dem Wahlkampfteam von Viktor Babariko, die den Zusammenschluss initiiert hatte, berichtete auf *tut.by*, dass ihr Stab schon vorher eine Strategie besprochen hatte für den Fall, dass Babariko nicht zugelassen werden sollte, nämlich „anderen Kandidaten anzubieten, die Kräfte für das gemeinsame Ziel zu vereinen. Das gemeinsame Ziel ist ein Sieg am 9. August, ein Regimewechsel. Am Donnerstagmorgen (den 16. Juli) trafen sich unsere Teams zum ersten Mal zu gemeinsamen Gesprächen (…) Und nach einer Viertelstunde hatten wir diese fünf Ziele beschlossen, die jede von uns unterschreiben kann …" Die gemeinsamen Grundsätze der Kampagne der vereinigten Wahlkampfstäbe sind auch nach der Wahl noch aktuell:

1. Am 9. August wählen gehen.
2. Wir befreien die aus politischen und wirtschaftlichen Gründen Inhaftierten, ermöglichen das Recht auf Revision der Urteile und einen fairen Prozess.
3. Wir wiederholen die Wahl nach dem 9. August 2020 unter fairen Bedingungen.
4. Wir informieren die Wähler über die Notwendigkeit, ihre Stimme auf verschiedene Weise zu schützen.
5. Wir rufen zur Beteiligung an Initiativen für faire Wahlen und zum Einsatz als Wahlbeobachter auf.

Die Registrierung Swetlana Tichanowskajas, einer Hausfrau, die stets ihre Erfahrung als Mutter und die Liebe zu ihrem Ehemann unterstrich, sollte zum erschöpfenden Argument werden und ein detailliertes Programm ersetzen. Die „Natürlichkeit" der Familienstruktur wurde direkt auf das Modell des Staates als einer großen Familie projiziert.

Die Genderwissenschaftlerin Anne McClintock nennt in *Dangerous Liaisons: Gender, Nation, and Postcolonial Perspectives* die Angleichung der Struktur des Nationalstaats an die der Familie (mit einem Mann als Oberhaupt, einer Frau und Kindern) das zuverlässigste Mittel, um heteropatriarchale Werte zu verbreiten, die der Frau vorschreiben, für den Mann zu leben. Die Präsidentschaftskandidatinnen erwähnten soziale Probleme ausschließlich in Bezug auf die Fürsorge (für den Ehemann, die Kinder und die Belarusen), und ihre Rhetorik ließ weder eine feministische noch eine genderspezifische Agenda erkennen. Auch der vereinte Wahlkampfstab kam vollkommen ohne frauenbezogene Themen aus wie häusliche Gewalt, Diskriminierung auf dem Arbeitsmarkt, oder die Tatsache, dass 85,6 Prozent der Beschäftigten im Gesundheits- und Sozialwesen Frauen sind. Sie wären ganz besonders auf Schutzausstattung während der Pandemie angewiesen, die zunächst das Regime und dann auch die Opposition ignorierte.

Nicht nur die Gender-Agenda, auch die Anerkennung der Gleichstellung der Frau wird von denen ignoriert, die hinter den „drei Grazien" (so bezeichnete sie die Vorsitzende des zentralen Wahlausschusses, Lidzija Jarmošyna) und ihren Männern stehen. Am 22. Juli teilte Veronika Zepkalos Ehemann Valeri mit: „Mit den vereinten Kräften der drei Teams wollen wir zeigen, dass selbst eine Hausfrau in der Lage ist, ihn zu besiegen. Wir schaffen ein Komitee der Nationalen Einheit, als Gegensatz zur Einheitsregierung in unserem Land. Wir teilen die Ansicht, dass wir keinen geltungssüchtigen Machthaber mehr wollen."

Der öffentliche Diskurs verweiblichte den Protest umgehend und die Wahlkampagne der „drei Grazien" strotzte von weißer, unschuldiger Symbolik. Die belarusische Presse bezeichnete die vereinten „Grazien" als „Mädchen". Gleichzeitig wurde die Teilnahme der Frauen an den Wahlen für „ihre" Männer mit der Teilnahme von Frauen am Zweiten Weltkrieg verglichen. So sagte der Analyst Siarhiej Čaly am 18. August im Interview mit *tut.by*: „Die Hälfte der männlichen Bevölkerung ist im Großen Vaterländischen Krieg umgekommen, und die Frauen mussten *ihre* Plätze einnehmen. Das ist ein Archetyp, gegen den keine Argumentation ankommt. Diese Ereignisse in Belarus werden als erste feministische Revolution in die Geschichte eingehen. Wohlgemerkt, Feminismus im normalen Sinne dieses Wortes."

Weder patriarchale Mythen noch geschlechtsspezifische Vorurteile, die in Belarus nach wie vor zum gesellschaftlichen Konsens gehören, kamen ins Wanken. Swetlana Tichanowskaja, Veronika Zepkalo und Maria Kolesnikowa kämpften im Gegenteil, wie auch Tacciana Karatkievič fünf Jahre zuvor, zugunsten von Männern, die aus verschiedenen Gründen nicht am politischen Wettkampf teilnehmen konnten. Die weißgekleideten Frauen mit Blumen, die barfuß und friedlich Wiegenlieder sangen, Sicherheitskräfte umarmten oder vor ihnen niederknieten – sie waren die zentrale visuelle Begleitung der Anti-Lukaschenko-Kampagne 2020. Das „weibliche Gesicht" des Protests ist vor allem ein medialer Effekt. Kaum einen Medienvertreter interessiert die Analyse des Wahlkampfes und der Proteste jenseits der konkreten Ereignisse, also die Diskussion über die Probleme der Beteiligung von Frauen an der Politik und die Genderdebatte im Land. Vermutlich, weil diese Aspekte auch den Wahlkampfstab nicht sonderlich interessieren. Denn es gibt nur ein Ziel: den Machtwechsel und eine Wiederholung der Wahlen unter fairen Bedingungen mit alternativen Kandidaten – den Ehemännern und Beratern.

Wie auch die alte Opposition bleibt die neue eine Geisel der Macht, und das Genderthema bleibt eine Geisel der Opposition und der Frauen, die „ihren" Männern helfen, deren politischen Ambitionen zu verwirklichen. Frauen, die sich selbst für heteropatriarchale Werte opfern und diese für gut befinden, betrügen nicht nur sich selbst, sondern alle Frauen. Lukaschenko transportiert natürlich genau dieselben Wertvorstellungen, wenn er sich als den einzigen „harten Kerl" geriert, der die Last des Verfassungsgaranten zu schultern in der Lage sei.

Dazu sollte man wissen, dass bereits 2001 eine Frau als starke Gegenkandidatin zu Alexander Lukaschenko gehandelt wurde: Natallia Mašerava, damals Abgeordnete in der Nationalversammlung, Tochter des ehemaligen Vorsitzenden des ZK der Kommunistischen Partei der BSSR Piotr Mašeraŭ. Ihr wurden Chancen auf den zweiten Wahlgang prognostiziert, sie zog ihre

Kandidatur jedoch noch während der Unterschriftensammlung für die Zulassung zurück. Ihren Rückzug begründete sie mit der Haltung der Gesellschaft: „Ich bin für einen dritten Weg der Entwicklung unseres Landes bei den Wahlen angetreten und wollte als unabhängige Kandidatin Voraussetzungen für Wahlen schaffen, die nicht auf dem Widerstandsprinzip, sondern im Zeichen der Konsolidierung unserer Gesellschaft stehen. Es zeigte sich aber, dass unsere Gesellschaft dafür noch nicht bereit ist." Der Druck, den politische Spekulationen ausübten, war zu groß: „Ich sage offen, dass ohne meine Beteiligung eine Reihe von Szenarien entwickelt wurden, die mit mir überhaupt nichts zu tun haben. Ich möchte nicht in einem Zoo leben und bin weder ein ‚Lockvogel', noch ein ‚trojanisches Pferd' und auch kein ‚Igelchen im Nebel'."

Seit Maševaras Versuch sind 20 Jahre ins Land gegangen. Diese Geschichte, wie auch viele andere, ist in Vergessenheit geraten. Bis heute fehlen den Aktivistinnen, abgesehen vom Streben nach symbolischen Führungspositionen und der Teilnahme an Wahlen, klare Vorstellungen über ihre eigenen Ziele.

Dennoch erschien am 21. August 2020 auf dem Cover der Wochenausgabe des britischen *Guardian* die stilisierte Abbildung einer Belarusin, die eine weiße Rose in der Hand hält und den Blick fest nach oben richtet – als Symbol für den friedlichen Protest in Belarus. Die offensichtliche Heroisierung in der visuellen Darstellung wird durch den Titel noch verstärkt: *„Flower Power: The women driving Belarus's movement for change"*. Die belarusische Künstlerin Darja Sazanovič, die selbst an den Aktionen in Minsk teilgenommen hatte, stellte in ihrer eigenen Darstellung der Proteste die weiße Rose anders dar: Die Rose hat ihre Farbe fast verloren, von der Hand, die den dornigen Stiel hält, tropft Blut. Die Künstlerin interpretiert ihr Werk folgendermaßen: „An einem Tag der Kundgebungen war ich mit einer solchen weißen Rose unterwegs. Nach mehreren Aktionen in der Stadt war sie immer kürzer und schäbiger geworden. Ganz gleich wie ‚schön' diese friedlichen Aktionen mit den Blumen tagsüber waren, nachts fiel es mir schwer zu atmen, als all diese beispiellose Gewalt ins Bewusstsein rückte."

Blumige Frauenproteste als Event

Nachdem in Belarus der Internetzugang wieder funktionierte und die ersten Festgenommenen freigelassen worden waren, füllten sich die sozialen Netzwerke mit Fotos der Gefolterten. Die Viktimisierung der Geschädigten bei gleichzeitiger Abwesenheit funktionierender rechtlicher Mechanismen zur Feststellung und Untersuchung des Geschehenen vereinte sich organisch mit vereinfachten, psychologisierten Erklärungen der Brutalität der Sicherheitskräfte („Zombiefizierung") oder dem Erstaunen angesichts der Grausamkeit, die der belarusischen Mentalität fremd sei. Es gab genügend Beweise für Brutalität, um das Regime und Lukaschenko persönlich zu delegitimieren, allerdings zu wenige, um die Ursprünge und Folgen dieser Willkürakte vollständig zu erfassen.

An dieser Stelle möchte ich ein Interview mit einer Eventmanagerin erwähnen, die kurzzeitig aus Moskau nach Minsk zurückgekehrt war, da ihre „emotionale Verfassung sie zum Handeln gezwungen hatte" und sie ihrem Heimatland helfen wollte. Inzwischen ist ihr Text „Wie die Frauenproteste in Belarus konzipiert wurden: ‚Ich verstand die Opposition als Kunden, die Menschen als Teilnehmende'" aus Sicherheitsgründen aus dem Internet entfernt worden (für die Organisation unerlaubter Aktionen drohen in Belarus Haftstrafen). In diesem Text war zu lesen: „Ich glaube an die weibliche Kraft, besonders wenn die Einheit auf Taten beruht, auf einem großen und hehren Ziel. Es wäre auch eine Sünde gewesen, die patriarchalische Haltung in den Köpfen der belarusischen Sicherheitsbeamten nicht auszunutzen."

Die Eventmanagerin glaubte daran, dass es ungefährlich sei, Aktionen ausschließlich mit Frauen durchzuführen. Die Berichterstattung in *Guardian* (inklusive Coverbild), *New York Times* und *BBC* über „unsere Frauen in Weiß" schien ein „richtiger Akzent" zu sein. Doch die Eroberung der Schlagzeilen ist kein politischer Sieg. Mehr noch, die Frauen wurden zielgerichtet „vereint", um die Opposition zu motivieren und Hoffnung zu generieren, wobei „die Opposition" der Kunde war. Die Idee, mit Genderstereotypen und -rollen zu spielen, bildete die Grundlage für die Wiegenlied-Performance auf dem Siegesplatz: Frauen in weißen Kleidern, barfuß, mit Blumen, schön und lächelnd singen ein Wiegenlied, „schläfern das Regime ein". Ein solches Heldinnen-Opfer-Pathos, besonders auf der Ebene von Massenaktionen, trägt wohl kaum zur Stärkung frauenspezifischer Inhalte bei, zumal sich die Ressource der Solidarisierung anschließend nur schwer in eine eigene Erzählung ummünzen lässt. Das Problem ist eine fehlende längerfristige Selbstorganisation, da die Förderung der Selbstorganisation von Frauen bislang gar nicht das Ziel war. Wichtig war ausschließlich, die „Teilnahme an den Aktionen zu erhöhen", nachdem es massenhaft Festnahmen gegeben hatte.

Es ist wichtig zu bemerken, dass am 12. August auch spontane Frauenmenschenketten an verschiedenen Orten in Minsk und in den Regionen auftauchten. Auch dort gab es viel Verzweiflung ohne konkretes Marketingkonzept à la „Schönheit wird die Welt retten!" Dieser Protest war von Beginn an ungesteuert. Eine solche Spontaneität hat ihre starken und schwachen Seiten. Und die Ereignisse der letzten Tage zeigen, dass ein spontaner Protest auch zermürbend sein kann.

Die Frage jedoch, welche Möglichkeiten Frauen im modernen Belarus haben, ihre eigenen Ziele und Geschichten zu erarbeiten, sie kundzutun und beim politischen Übergang zur ersehnten demokratischen Transformation als selbständige Subjekte in Erscheinung zu treten, bleibt unbeantwortet. Und es ist unklar, wie lange offen sexistische Projekte gesellschaftlich noch anerkannt bleiben werden, wie zum Beispiel Plakate in der Minsker Metro mit Texten wie „Belarusische Mädels – ihr seid unsere Blumen des Sieges". Die Mädels werden nie als politische Subjekte anerkannt, solange sie für jemanden „Blumen" darstellen. Komplimente solcher Art an die „weiblichen Gesichter" der belarusischen Revolution unterscheiden sich in keiner Weise von den Aussagen des amtierenden Präsidenten. Schon seit vielen Jahren wird den Frauen die immer gleiche Botschaft vermittelt: „Ihr seid unsere Kraft und unser Mut, unser Glück und unser Seelenfrieden, unsere Freude und Inspiration." *Mansplaining* ist in Belarus weit verbreitet, und dieser herablassende Kommunikationsstil drückt die bestehende Asymmetrie aus, die den Männern Vorrang und Führungsrolle zuschreibt.

„Das schönste Gesicht von Belarus"

In Belarus wird seit 2004 ein landesweiter Schönheitswettbewerb vom Kultusministerium, dem Bildungsministerium und anderen staatlichen Institutionen durchgeführt. Die „Schönheit der belarusischen Frauen" stellt eine besonders wertvolle „Errungenschaft" des Landes dar, die dem staatlichen und männlichen Schutz untersteht. Nur staatlich autorisierte Strukturen dürfen die Schönheiten auswählen, da die Mädchen perspektivisch für den Auftritt „zu Ehren von Belarus" vorbereitet werden. Der organisatorische Ansatz der Schönheitswettbewerbe korreliert mit der Quotierung der Sitze im Parlament: „Die präzise Organisation eines Schönheitswettbewerbs ist gewissermaßen staatliche Frauenpolitik im Kleinformat. Es geht ganz wesentlich darum, Bedingungen für unsere lieben Damen zu schaffen, damit sie sich vollumfänglich in ihrem eigenen Land verwirklichen können. Und da das so ist, ist auch der Wunsch des Präsidenten kein Zufall, unter den Parlamentsabgeordneten nicht weniger als 30 – 40 Prozent Frauen sehen zu wollen", hieß es in *Belarus segodnja* am 25.09.2004. Wenn es nach Lukaschenko geht, gehen Frauen ihrer Berufung, die Welt schöner zu machen, sowohl in der Familie als auch im Parlament nach.

Paradox an der belarusischen Situation ist die Tatsache, dass 2019 in der Nationalversammlung der Republik Belarus (Parlament und Rat der Republik) 40 Prozent Frauen vertreten waren, während der globale Durchschnitt bei 24,5 Prozent Frauenanteil in nationalen Parlamenten liegt. Die internationale Gemeinschaft schätzt diese Leistung von Belarus im Bereich der Gleichstellung hoch ein. Ingibjörg Solrun Gisladottir, Leiterin des Büros für demokratische Institutionen und Menschenrechte (ODIHR) der OSZE, unterstrich im Februar 2020 die Bereitschaft von Belarus, die Prinzipien der Menschenrechtshoheit zu sichern. Im Land wurden drei mit EU-Mitteln finanzierte Foren zum Thema „Frauen in der Führung" organisiert.

Die Teilnehmerinnen berichteten von Hindernissen, die Frauen auf dem Weg zur politischen Teilhabe auf lokaler Ebene zu überwinden hätten: „Frauen sind oft konfrontiert mit beleidigenden Bemerkungen und Versuchen, ihre Führungsfähigkeiten zu untergraben", ist im Bericht zur Veranstaltung zu lesen. Der belarusische Präsident machte im Vorfeld der aktuellen Wahlen eine solche herabwürdigende Aussage nicht auf lokaler, sondern auf nationaler Ebene: „Selbst für einen Mann ist es schwer, diese Last zu tragen. Würde man sie einer Frau übertragen, würde sie zusammenbrechen, die Arme". Lukaschenko benannte als zentrale Funktionen der Frauen auf der Ebene der Exekutive „verschönern" und „die Männer disziplinieren". So erklärte er im September 2019: „Ein Drittel der Parlamentsabgeordneten sind Frauen – das ist ein stabiles Parlament. Die Männer machen keinen Quatsch, die springen und laufen nicht herum – weil es ihnen vor den Frauen peinlich wäre."

„Ihre Sache": Die Besonderheiten des belarusischen Arbeitsmarktes

In gewissem Sinne ist es von Vorteil, in Belarus Frau zu sein. Umfragen zufolge sind Frauen gebildeter und glücklicher als Männer. Auch das Beschäftigungsniveau der Frauen liegt höher als bei den Männern, allerdings hat sich das Lohngefälle zwischen Männern und Frauen in den letzten 9 Jahren auf fast 30 Prozent erhöht. Zu Beginn des Jahres 2020 lag der Frauenanteil der in der Produktion Beschäftigten bei 37,6 Prozent. Im Dienstleistungssektor (Kultur, Bildung, Gesundheitswesen, Verbraucherdienstleistungen, Personentransport) steht es umgekehrt: 68,2 Prozent Frauen und 31,8 Prozent Männer.

Einerseits stellt der hohe Beschäftigungsgrad der Frauen am belarusischen Arbeitsmarkt – 84 Prozent der Frauen im arbeitsfähigen Alter arbeiten – eine Verdienstmöglichkeit dar. Andererseits ist der Lohnunterschied mit einer horizontalen und vertikalen Geschlechtertrennung verbunden, die auch die Daten von Belstat bestätigen. Im horizontalen Schnitt wird „männliche" Beschäftigung (Industrie) normalerweise höher bezahlt als „weibliche". Schaut man sich die Vertikale an, ist die Übermacht der Männer in den höheren Etagen der Führung und Verwaltung auch in den „weiblichen" Sektoren, zum Beispiel dem Gesundheitswesen, offensichtlich.

Diese Situation in Belarus führt dazu, dass auch die größtmögliche Beschäftigung den Frauen kein wirtschaftliches Wohlergehen garantiert und auch keine Arbeitnehmerinnensicherheit gewährleistet ist. In Krisenzeiten, wenn die „Effizienz des Staatshaushaltes erhöht" werden muss, fallen Frauen Kürzungen als Erste zum Opfer.

In Belarus sind Frauen 182 Berufe aus 42 Arbeitsbereichen gesetzlich verboten, da die schädlichen Einflüsse der Produktionsumgebung ein Risiko für die Reproduktionsgesundheit der Frau haben können. Der stellvertretende Minister für Arbeit und Soziales Aliaksandr Rumak sagt, „die Beibehaltung dieser Liste trägt der staatlichen Priorität für den Gesundheitsschutz der Beschäftigten Rechnung, vor allem der weiblichen, vor dem Hintergrund der demografischen Situation."

Doch der Staat sollte die Interessen aller Bürger ohne Ausnahme schützen, nicht nur die der Frauen, als hätten diese ein „anfälligeres" Reproduktionssystem. Warum sorgt sich der Staat nicht um die Reproduktionsgesundheit der Männer? Die Lebenserwartung der Männer liegt in Belarus 10 Jahre unter derjenigen der Frauen.

Im Moment wird das EU-Projekt *„Employment and vocational training in Belarus"* durchgeführt, in dem Angebote der Berufsbildung und die Anforderungen des Arbeitsmarktes besser aufeinander abgestimmt werden sollen. Im Rahmen dieses Projektes wurde die Fotoausstellung „Ihre Sache" initiiert, die zwölf Porträts von Frauen zeigt und die dazugehörigen Geschichten erzählt, wie sie Försterinnen, Fräserinnen, Elektrikerinnen, Schweißerinnen usw. wurden. Interessant ist, dass ein Teil der Berufe in der Ausstellung auf der oben erwähnten Liste der verbotenen Berufe stehen. Das Paradox besteht darin, dass die Belarusin eine Ausbildung in diesen Berufen machen kann, jedoch später nur eine Anstellung bekommen kann, falls Fachkräftemangel herrscht und der Arbeitgeber eine spezielle Zertifizierung durchläuft. Alternativ kann eine Frau sich auch als Unternehmen oder Selbständige registrieren und damit die Liste umgehen.

Am 9. Oktober wurde auf der Sitzung des Nationalrats für Genderpolitik beim Ministerrat der Republik Belarus das Handlungskonzept zur Geschlechtergleichstellung für 2021–2025 besprochen. Im Anschluss teilte die Ministerin für Arbeit und Soziales, Iryna Kascievič, mit, dass die Liste der für Frauen nicht zugelassenen Berufe möglicherweise abgeschafft wird.

Zwiespältige Gedanken zum Muttertag

In Belarus wird der Mutterschaft eine erhöhte Aufmerksamkeit zuteil. Seit 1996 wird auf Erlass des Präsidenten am 14. Oktober der Muttertag begangen. Die Geburt eines Kindes stellt die Frau nicht selten vor eine Vielzahl von Problemen. Ihr sozialer Status und die Besitzverhältnisse verschlechtern sich, sie ist physisch und moralisch Belastungen ausgesetzt, über die öffentlich ungern gesprochen wird. Aufgrund ihrer „Biologie" werden Frauen zu Empfängerinnen von Sozialleistungen und staatlichen Hilfen.

Mit der Priorisierung der Mutterrolle wird auch eine universelle Strafmaßnahme für Frauen begründet, deren Verhalten die Machthaber stört. Bekanntheit erlangte der Fall der Ehefrau des prominenten Oppositionspolitikers Andrej Sannikaŭ, Iryna Chalip, der nach ihrer Teilnahme an den Kundgebungen nach den Wahlen 2010 das Sorgerecht aberkannt werden sollte. Und das ist nicht das einzige Beispiel für die Instrumentalisierung des Muttermotivs für politische Überwachung und Unterdrückung. 2020 begannen diese Fälle massenhaft aufzutreten.

Ein Beispiel des Kindesentzugs bei einer Mutter, die die pünktliche Zahlung ihres Lohns einforderte, deutet auf die konsequente Einteilung von Frauen in „richtige" und „falsche" Mütter hin. In der Rechtfertigung zum Kindesentzug wurden in diesem Fall die Erziehung der Frau in einem Kinderheim, das niedrige Bildungsniveau und das Fehlen eines ständigen Lebenspartners angeführt, Schlüsselargument war jedoch ihr Ungehorsam gegenüber den staatlichen Behörden. Bemerkenswert ist, dass hier, wie auch in anderen Fällen, allein die Medien für die Frau eintraten.

Erst kürzlich gründete sich die ehrenamtliche Initiative „Mama am Rande", die Mütter in Situationen unterstützt, in denen die staatlichen Sozialdienste „den Eindruck haben", dass die Kinder sich in einer sozial gefährdeten Situation befinden.

Bezeichnenderweise wurde zum Muttertag 2020 in der Öffentlichkeit nicht diskutiert, inwieweit Frauen und Mütter im medizinischen Bereich über Ressourcen, Schutzausrüstung und würdige Arbeitsbedingungen verfügen. Stattdessen ging es darum, dass die Belarusinnen erst im Alter von knapp 27 Jahren heiraten und das erste Kind so spät bekommen, weshalb „Fachleute anstreben, die demografische Situation umzukehren."

Solidarisch gegen Diskriminierung und Gewalt

Die staatliche Politik gegenüber Frauen zeichnet sich in Belarus durch eine äußerst geringe Sensibilität für ihre Bedürfnisse aus. Die Inkonsequenz der verfolgten Gleichstellungspolitik deutet darauf hin, dass die Behörden nicht in der Lage sind, eine Politik zu entwickeln, die die Gleichstellung von Männern und Frauen mit der Aufgabe der Steigerung der Geburtenrate, des aktiven Alterns und der Vereinbarkeit von Beruf und Familie verbindet. Dementsprechend ist die Kluft zwischen normativem (Geschlechterverhältnis), offiziellem (Familienpolitik) und alltäglichem „Vertrag" (Praxis der Verteilung sozialer Rollen) im Bereich der Interaktion zwischen Familie, Gesellschaft und Staat sehr groß.

Einerseits zielt die staatliche Politik darauf ab, die maximale Beschäftigung von Frauen zu fördern, andererseits dominieren traditionelle Vorstellungen über den Platz von Frauen in der Gesellschaft, was mit einer geringen Anerkennung der Berufstätigkeit von Frauen einhergeht.

Der Staat preist die Frau als Mutter, als Arbeitnehmerin, als Objekt sexueller Attraktivität als strategische Ressource des Landes, was zusammen mit einem Frauenanteil von 40 Prozent im Parlament als Bestätigung für das Engagement des Landes für Geschlechtergerechtigkeit, Unabhängigkeit und Demokratie präsentiert wird. Im Grunde geht es jedoch eher um Manipulation und moralische Kontrolle von Frauen durch die Behörden als um die Bereitschaft, auf neue Herausforderungen zu reagieren und gesetzliche Regelungen zu entwickeln, die die sozialen Folgen biologischer Prädispositionen ausgleichen könnten. Die indirekte Diskriminierung von Frauen in Belarus ist ein systemisches Phänomen.

Bis Frauen selbst anfangen, sich gegen konkrete Probleme und das missbräuchliche Verhalten bestimmter Obrigkeiten zu wehren, Strategien zum Schutz ihrer eigenen Interessen zu entwickeln und ihr Recht auf ein würdiges Leben zu verteidigen, werden verschiedene „Experten" weiterhin versuchen, ihre persönliche Entscheidung „umzukehren" und das als Akt der Fürsorge darzustellen. Ja, es besteht die Notwendigkeit, die Solidarität der Frauen um die Lösung spezifischer Probleme herum aufzubauen, denn heute gibt es in vielen Bereichen eine offensichtliche Ungleichheit.

Die Verschlechterung der Situation von Frauen steht heute nicht mehr im Fokus der Medien. In den Medien, sowohl Pro- als auch Anti-Lukaschenko, im In- wie im Ausland, wird vorwiegend der Frauenprotest entweder als unglaubliches Beispiel für weiblichen Aktivismus gezeigt oder als unangemessene Verhaltensmanifestation, die sowohl die belarusischen Männer, die „sich hinter den Frauen verstecken", wie auch die Frauen selbst diskreditiert. Die Kultivierung von Symbolen der Reinheit (Weißheit) und Schönheit (Blumen) als integraler Bestandteile der neuen nationalen Symbolik korrespondiert mit der Analogie zwischen politischer Willkür und häuslicher Gewalt.

Das eingangs erwähnte Beispiel, wie die Eventmanagerin und ihre Unterstützerinnen den Frauenprotest als „Marsch der schönen Frauen" und „Schönheit rettet die Welt" in Marketingform verpackten, zeigt, wie die Banalität der Heteropatriarchie zu einer Quelle der Unterhaltung wird und wer die endlose Produktion von Sexismus betreibt. Die Frage, wie diese Produktion in den Ruin getrieben werden kann, bleibt offen. Bisher hört niemand wirklich zu, was die Aktivistinnen konkret zu sagen haben und wie sie ihr Wissen generieren – über sich selbst und für sich selbst, während der Aktionen, ohne ihre eigenen Rechte zu verteidigen.

Die Produktion von Wissen über unsere Rechte als Frauen ist ohne Solidarität unmöglich, weil auch das Nichtwissen bedeutsam ist, die bewusste Verweigerung, Zugang zu Wissen zu erlangen, das uns ein Verständnis darüber geben könnte, warum wir nicht die Kontrolle über unser Leben haben. Dieses Wissen – generiert aus der schmerzlichen Erkenntnis der Konsequenzen von Unwissenheit – entsteht im kollektiven Handeln: Wenn Frauen ihre Probleme anpacken und eine Gender-Agenda entwickeln, die nicht der Rechtfertigung ihrer Beteiligung an der Politik dient, sondern die Grundlage für gegenseitige Unterstützung in der Auseinandersetzung mit Gewalt jeglicher Herkunft bildet.

Aus dem Russischen von Tina Wünschmann

DER TRAUMATISCHE WEG ZUM NEUBEGINN

Tatiana Shchyttsova

Moralische Erschütterung und das Ende der Ära des
„Gesellschaftsvertrages"

In der belarusischen Gesellschaft wurde der Prozess eines grundlegenden moralischen Wandels eingeleitet. Darin sind auch diejenigen involviert, die sich den Protesten noch immer nicht angeschlossen haben. Sie leben ja trotzdem in Belarus, sie gehen mit denjenigen zu Arbeit, die protestieren, sie sehen, was auf den Straßen vor sich geht. Das autoritäre belarusische Regime hielt sehr lange am sogenannten „Gesellschaftsvertrag" fest: Der Staat sorgte für das notwendige Mindestmaß an sozialer und wirtschaftlicher Stabilität, und die Bürger schalteten sich im Gegenzug nicht ins politische Leben ein. Nach einer sehr kurzen Zeit der postsowjetischen Demokratisierung, die 1996 mit der Verabschiedung einer Verfassungsänderung endete, passten sich die belarusischen Bürger irgendwie an die für beide Seiten vorteilhaften Bedingungen der autoritären Herrschaft an. Für die Staatsmacht war eine der vorteilhaften Bedingungen, dass die Bürger „stillschweigend" die Lösung aller Probleme bei der Führung des Landes an sie zurück delegierte. Damit vertat die Zivilgesellschaft für viele Jahre die Chance, eine Rolle als politisches Subjekt zu spielen. Zum charakteristischen Merkmal dieser Zeit wurde die soziale Apathie. Der moralische Wandel, den ich oben erwähnte, ist nun mit einem heftigen und sehr traumatischen Ausstieg aus diesem Zustand der Apathie verbunden. Wir alle waren schockiert über das, was zwischen dem 9. und 12. August 2020 passierte. Nach diesen Ereignissen ist eine Rückkehr zum „Gesellschaftsvertrag" nicht mehr möglich.

Das, was nach den Wahlen geschah, bewerte ich als rechtliche und menschliche Katastrophe.

Natürlich wird manch einer sagen, dass auch früher schon Menschen festgenommen und zusammengeschlagen wurden. Aber der Punkt ist, dass die meisten unserer Bürger ihre Einstellung zu dem, was in unserem Land vor sich geht, seither radikal verändert haben. Man kann lange über etwas Bescheid wissen: Ja, es gibt die Opposition, ja, man kann lesen, dass jemand verhaftet wurde und man kann das, weiter auf Distanz bleibend, überhaupt nicht auf sich selbst beziehen und sich nicht persönlich betroffen fühlen. Man mischt sich nicht in die gesellschaftspolitische Agenda ein, solange das, was die Staatsmacht tut, keine kollektive Erschütterung nach sich zieht. Und hier war natürlich von großer Bedeutung, dass die ungeheuerlichen Menschenrechtsverletzungen des Regimes sehr zügig aufgedeckt wurden.

Zuerst hören wir, dass etwa 80 Prozent der Wähler für Lukaschenko sind, und vor diesem Hintergrund erfahren wir bereits am Morgen des 10. August, dass jemand zusammengeschlagen oder verhaftet wurde, und dann stürzen Informationen über die ungeheuerlichen Gewaltattacken, über Schikanen und Opfer auf uns ein: Das ist wie bei schweren Prellungen des ganzen Körpers – die Gesellschaft ist traumatisiert und betäubt. Sie können sich an ein lautes Geräusch gewöhnen, doch wenn die Lautstärke dauerhaft derart hoch ist, platzt irgendwann das Trommelfell. So ist es auch mit der Psyche und mit unserem moralischen Selbstbewusstsein. Man funktioniert nach dem Prinzip des Gesellschaftsvertrags, geht zur Arbeit, bekommt seinen gerade so existenzsichernden Lohn und verdient irgendwo und irgendwie etwas zum Überleben dazu. Das Land existierte in einem Zustand des stabilen Überlebens, aber dann kommt es zu einer Katastrophe, und das Land explodiert, die Grenzen der Geduld sind erreicht. Dieser beispiellose Ausbruch an Empörung in der Bevölkerung ist darauf zurückzuführen, dass es zu einer rechtlichen und gleichzeitig zu einer menschlichen Katastrophe kam, dass also diese beiden Momente einander überlagerten. Einerseits haben wir es mit dem vollständigen Zusammenbruch der Rechtsstaatlichkeit im Land und mit der Aufdeckung der absoluten Illegitimität der Macht zu tun. Andererseits sind wir mit der katastrophalen, empörenden Verletzung der Menschenrechte konfrontiert, mit der Missachtung des menschlichen Lebens, der menschlichen Würde und der menschlichen Freiheit. Die gemeinsame Empörung angesichts der dreisten Gesetzesverstöße und der unmenschlichen Brutalität hat die Menschen zusammengebracht. Unser Protest beruht also auf einem Gerechtigkeitsempfinden und auf menschlichem Mitgefühl. Deshalb hat unser Kampf gegen das Regime nicht nur einen politischen, sondern zudem einen klar artikulierten moralischen und ethischen Charakter. Wir sagen, dass wir empört sind, und das bedeutet, dass wir von den Menschenrechten (von Gerechtigkeit, vom Wert des menschlichen Lebens, von der Achtung der Menschenwürde und der menschlichen Freiheit) ausgehen und diese als Grundprinzipien für das Leben in unserer Gesellschaft etablieren wollen. Dies ist die moralische Grundlage des Protests, die wir alle miteinander teilen, dies ist die Grundlage der politischen Einheit.

Neubehauptung der Nation

Die für Belarus beispiellose Mobilisierung wurde durch besondere Qualitäten des politischen Programms von Swetlana Tichanowskaja ermöglicht. Der Kern dieses Programms besteht darin, Neuwahlen abzuhalten, d.h. dem belarusischen Volk die Möglichkeit zu geben, sein verfassungsmäßiges Recht wahrzunehmen. Ein solches Programm fördert keine konkrete Ideologie: Es ist weder rechts, noch links, noch christlich-demokratisch, noch liberal-demokratisch. Indem Swetlana Tichanowskaja mit einem solchen Programm auftrat, geriet sie nicht in Konflikt mit anderen politischen Parteien oder Gruppierungen in unserem Land. Was hat sie damit bewirkt? Vertreter aller politischen Vereinigungen und Ansichten konnten sich zusammenschließen und auf die Straße gehen, denn alle vernünftigen Akteure sind sich darin einig, dass wir einen Neustart des politischen Systems bewerkstelligen müssen: Es geht um die Wiederherstellung der Rechtsordnung und um die Wiederherstellung der repräsentativen Demokratie. Als potenzielle Präsidentin von Belarus verkörpert Swetlana Tichanowskaja die Voraussetzung für die Möglichkeit der politischen Erneuerung unseres Landes.

In Belarus geht die Neubehauptung der Nation derzeit auf neuen Grundlagen vonstatten, auf Grundlagen, die von der Mehrheit der Protestierenden geteilt werden. Diese Neubehauptung der Nation ist auf ihre Weise einzigartig. Denn die Besonderheit unserer politischen Situation besteht darin, dass die nationale Agenda nicht mehr in der Form in den Vordergrund getreten ist, wie sie seit vielen Jahren (angefangen bei Zianon Pazniak) von der alten nationaldemokratischen Opposition vorangetrieben worden war. Die Vertreter der alten Opposition haben immer den sogenannten ethnischen Nationalismus, im Gegensatz zum staatsbürgerlichen Nationalismus, befördert. Wie wir wissen, hat diese Strategie in Belarus nicht funktioniert, sie konnte die Menschen nicht zusammenbringen. Denjenigen, die dieses Thema wirklich verstehen wollen, empfehle ich dringend, das Buch *Der Abwesenheitscode* von Valentin Akudowitsch zu lesen.

Die Einzigartigkeit der derzeit zum Ausdruck gebrachten Neubehauptung der Nation besteht darin, dass sie nicht auf der Grundlage bereits bekannter begrifflicher Modelle beschrieben werden kann, wie etwa mit der Dichotomie zwischen Staatsnationalismus und ethnischen Nationalismen oder zwischen dem Nationalen und dem Postnationalen.

Die aktuelle nationale Agenda gründet sowohl auf unserem kulturellen Ethos als auch auf dem Einigkeit schaffenden Wunsch der Bürger, die Regeln für das Zusammenleben im Land selbst neu zu definieren. In diesem Bestreben folgen wir einem bestimmten Ethos, das heißt einer kollektiven Idee davon, wie wir unser gemeinsames Leben gestalten sollten. Dieses Ethos ist kein aus dem Übel dieser Tage heraus erdachtes Konstrukt, es ist ein historisch geformtes Ethos, durch das sich letztendlich manifestiert, was in der wissenschaftlichen Literatur „nationaler Habitus" genannt wird. Das Gefühl der nationalen Zugehörigkeit erwächst heute gerade aus der Einheit schaffenden Idee, dass wir unser Leben gemeinsam gestalten können. Aus dieser nationalen Einheit entsteht die Entschlossenheit, bis zum Ende zu gehen.

In diesem Zusammenhang ist ein weiteres, ebenso wichtiges wie absolut überraschendes Moment erwähnenswert: Die weiß-rot-weiße Fahne, die viele Jahre lang mit der alten Opposition in Verbindung gebracht worden war, aber in der Gesellschaft keine breite Unterstützung gefunden hatte, ist nun auf einmal wieder zu einem Symbol gesamtnationaler Solidarität geworden. Derzeit identifizieren sich fast alle mit dieser Flagge. Wie ist es dazu gekommen? Ich denke, dass hier Swetlana Tichanowskajas politisches Programm eine Schlüsselrolle gespielt hat. Denn wofür steht die protestierende Zivilgesellschaft, die sich hinter ihrem Programm zusammenschloss im übertragenen Sinne? Für ein *anderes* Belarus. Wir wollen die bestehende politische Ordnung durch eine grundlegend andere ersetzen. Je radikaler und schärfer der politische Antagonismus wurde, desto größer wurde auch das Bedürfnis nach diesem anderen Belarus und dementsprechend auch nach anderen, regierungskritischen Symbolen. Vor diesem Hintergrund hat dieses Bedürfnis auf natürliche Weise zu einer Aufmerksamkeitsverschiebung hin zur weiß-rot-weißen Flagge geführt. Ich sage „natürlich", weil wir keine *andere* Fahne erfinden mussten, sie war ja bereits als wichtiger Teil unserer nationalen Geschichte vorhanden. Die früheren nationalen Symbole haben somit eine neue Bedeutung erhalten. Und es geht hier nicht nur um die Flagge – die Menschen singen ja auch überall das Lied *Pahonia* und andere belarusische Lieder, sie nützen Ornamente der belarusischen Folklore mit ihren charakteristischen Farben usw. Die ist ein sehr heikler und wesentlicher Moment: In unserem Kampf für Demokratie geht es um eine Wiederaufnahme der früheren Bemühungen (im Jahr 1918 sowie in den Jahren 1991–1996), Belarus als souveränen demokratischen Staat zu etablieren. Die historische Aufgabe ist die gleiche, die Situation ist eine andere. Dieser dritte Versuch dürfte erfolgreich sein, weil wir es diese Mal tatsächlich mit einer einzigartigen nationalen Solidarität zu tun haben.

Die asymmetrische Macht der protestierenden Zivilgesellschaft

Die politische Konfrontation in Belarus zeichnet sich durch eine ganz eigentümliche Asymmetrie aus – die Asymmetrie zwischen brutaler physischer Gewalt durch die belarusischen Behörden und dem betont friedlichen Charakter des Protests; zwischen einer systematischen Verletzung des Gesetzes durch die Vertreter des Staates und der ständig wiederholten Forderung der Protestierenden, die Herrschaft des Rechts in Belarus wiederherzustellen. Der friedliche Charakter des Protests ist in der Tat das Kennzeichen dieses Aufstands.

Im Ausland (und insbesondere von Bürgern der Ukraine) hört man sehr oft kritische Stimmen hinsichtlich des friedfertigen Charakters des belarusischen Protests. Ich nehme zur Kenntnis, dass das eine höchst umstrittene Frage ist. Allerdings unterstütze ich diese Strategie und zwar aus mehreren Gründen. Zunächst einmal, weil das autoritäre Regime in Belarus einen extrem breitgefächerten und fest konsolidierten Sicherheitsapparat hat. Zweitens waren Gewalt und Grausamkeit, die sich diese Leute nach Bekanntgabe der offiziellen Wahlresultate zu Schulden kommen ließen, derart brutal und schockierend, dass die physische Gewalt als Mittel der Politik geradezu zum Symbol des Usurpators Lukaschenko und seines Regimes geworden ist.

Als Kern des belarusischen Aufstands lässt sich ein moralisches Trauma ausmachen (die Leute singen: „Wir werden nicht vergessen. Wir werden nicht vergeben"). Im Angesicht der ungeheuerlichen Verletzungen elementarer Menschenrechte haben die Belarusen eine asymmetrische Antwort gewählt. Ihre Antwort ist: Stoppt die Gewalt. Es ist diese moralische Antwort, die zur Basis politischer Solidarität wird. Als Philosophin möchte ich besonders auf das enorme Veränderungspotential einer solchen asymmetrischen Antwort hinweisen. Sie baut auf einer miteinander geteilten moralischen Sensibilität (gleichermaßen individuell wie gesellschaftlich) auf, die dazu führt, dass die Menschen für eine bessere Gesellschaft kämpfen. Solange diese moralische Sensibilität anhält, können wir auf Veränderungen in unserer Gesellschaft hoffen und uns kollektiv dafür stark machen – weiter auf den Straßen demonstrieren und so fort. Ich denke, darin liegt eine wichtige Lektion für moderne Politiker im Allgemeinen: Unsere Gesellschaften müssen moralische Sensibilität entwickeln, die Fähigkeit, Mitgefühl füreinander zu zeigen.

Nirgendwo zeigt sich dieses asymmetrische Verhältnis offensichtlicher als in der Gegenüberstellung unschuldiger Frauen in Weiß, mit offenem Gesicht und Blumen in der Hand auf der einen Seite und den brutalen männlichen Polizisten in Schwarz und dann auch noch mit Gesichtsmasken auf der anderen Seite. Der Protest der weißen Frauen am 12. und 13. August war auf eine Art ein sakraler Moment im Verlauf dieses Aufstands, es war der eigentliche Auftakt des belarusischen Protests, in friedlicher Entschlossenheit unsere Welt zu retten und unser Leben und unsere Würde zu verteidigen. Solcherart friedfertige Standhaftigkeit hat nichts mit Demut zu tun. Unsere Frauen sind stark, und sie zeigen einen wahrhaft bemerkenswerten Mut (es gibt so viele Beweise dafür!). Was sie symbolisieren, das ist die Entschiedenheit: Wir wollen unser Leben in diesem Land ändern und zwar auf der Grundlage eines moralischen Verbots illegaler physischer Gewalt, das heißt auf der Grundlage absoluten Respekts vor Leben und Würde der Menschen.

Darüber hinaus ist solcherart friedliche Entschiedenheit eng verknüpft mit einer Identitätsfrage. Insbesondere schließt unser Protest eine kritische Überprüfung des sowjetischen Erbes ein. Eine der Protestaktionen trug den Titel *Die Kette der Buße*. Sie verband Akrescina, also den inoffiziellen Namen des Untersuchungsgefängnisses, wo die Häftlinge vom 9. bis 11. August gefoltert wurden mit Kurapaty, dem Ort stalinistischer Massenexekutionen unweit von Minsk im Jahr 1941. So wird das Sowjetsystem als historische Basis für das autoritäre Regime Lukaschenkos wahrgenommen. Die grausame Gewalt der heutigen Einsatzpolizei OMON gegen protestierende Bürger wird so nicht nur vergleichend neben die Verbrechen der deutschen Faschisten gestellt, sondern auch historisch verknüpft mit dem repressiven Agieren der NKWD-Offiziere. Diese Reflexionen sind zweifellos nicht nur für Belarus wichtig, sondern für den postsowjetischen Raum ganz allgemein.

Solidarität zwischen den Generationen

Bemerkenswert ist auch die Tatsache, dass die einzigartige gesellschaftliche Solidarität, die im gesamten Land spürbar ist, sich auch als eine Solidarität zwischen den Generationen erweist. Unter den belarusischen Demonstranten gibt es Menschen ganz unterschiedlicher Generationen – ganz junge Leute, aber auch ziemlich alte Leute, und das ist in den Metropolen so und in den kleineren Städten und den Dörfern. Das ist ein wesentlicher Punkt: Es zeigt, dass die moralischen Empfindungen und Werte, die dem Aufstand zugrunde liegen, von verschiedenen Generationen geteilt werden. Das heißt, ihre Reaktionen als Menschen und Bürger auf die traumatischen Erfahrungen der Tage vom 9. bis zum 12. August waren dieselben. Das ermutigt uns, über die Bedeutung des Begriffs des kollektiven Traumas nachzudenken. Ist ein kollektives Trauma dasselbe wie ein geteiltes Trauma? Aus der belarusischen Erfahrung des gemeinschaftlichen, die Generationen umfassenden Protests heraus würde ich sagen, dass das geteilte Trauma – im engen Sinne – eine gesellschaftlich affektive Erfahrung ist, in der die Tatsache des Miteinander-Teilens selbst aufgewertet wird durch eine gemeinschaftliche Beziehung zu dem, was das Trauma auslöst hat. Gleichzeitig ist durch solches Teilen und Zusammenwirken zwischen den Generationen natürlich nicht ausgeschlossen, dass unterschiedliche Generationen unterschiedliche Wahrnehmungen dessen haben, was in Belarus geschieht, die geprägt sind von ihren jeweiligen soziokulturellen (biografischen) Erfahrungen. Hier gibt es ebenfalls eine spezielle Asymmetrie. Während die ältere Generation sich wegen des lang andauernden autoritären Regimes schuldig fühlt, merkt die jüngere Generation nun, dass sie in einer völlig anderen Welt lebt und leben will als derjenigen, die so brutal durch den belarusischen Staat durchgesetzt wird. Die derzeitige Solidarität zwischen den Generationen ist folglich eine ausgezeichnete Grundlage für Dialog und Zusammenwirken, wie sie künftig in einem neuen demokratischen Belarus zu entwickeln sein werden.

Bei dem Neuanfang, den wir erleben, geht es um die Lebendigkeit von Demokratie als einer gemeinsamen Lebensform.

Einzigartig ist hier, dass die demokratische Lebensweise, die in Belarus derzeit entwickelt wird, sowohl ursprünglich liberal-humanistische als auch soziale und nationale Elemente verbindet. Es geht dabei gleichzeitig um die persönliche Freiheit und Würde, den eigenen Wert und gesellschaftliche Solidarität auf horizontaler Ebene sowie Einheit und Souveränität der Nation. Es gibt da einen wunderschönen Slogan: „Bis zu diesem Sommer kannten wir uns nicht." Das ist in der Tat ein unglaubliches Gefühl. Wir kommen aus dem Staunen gar nicht heraus – über die Tatsache, dass wir dermaßen solidarisch sein können, dass wir zusammen zu so dermaßen viel in der Lage sind, dass sich herausstellt, dass es da ein „WIR" gibt. Dieses Staunen ist verbunden mit einer ganz speziellen Freude über unsere Solidarität miteinander. Für mich ist dieses Staunen – diese freudige Entdeckung unserer selbst, die gleichzeitig individuell und gemeinsam mit anderen geteilt ist – ein nicht mehr versiegender Kraftquell.

Aus dem Russischen und Englischen
von Nina Weller und Andreas Rostek

MIT CYBER-PARTISANEN GEGEN LUKASCHENKO

SIMONE BRUNNER

Wenn Sviatlana Marcinovič in einem normalen Land leben würde, dann könnte diese Geschichte von ihrem Mut, ihrem Unternehmergeist und ihrem Erfolg handeln. Von den glitzernden Branchenevents, bei denen erfolgreiche Gründerinnen wie sie weitergereicht werden oder den Presseterminen, bei denen sich Politiker bei einem Foto mit ihnen ein frisches Image verpassen wollen.

Vor eineinhalb Jahren hat die Ingenieurin mit Ende 20 ein Startup für Handy-Applikationen in Minsk gegründet. Seither räumt sie zwar bei internationalen Wettbewerben ab und wird in Fachmedien zu ihrem Erfolg interviewt. Doch Marcinovič lebt derzeit nicht in einem normalen Land. Statt ihre nächsten Schritte als Unternehmerin zu planen, Businesspläne zu erstellen oder nach Investoren zu suchen, sitzt sie mittlerweile auf gepackten Koffern. Es ist vielleicht nur noch eine Frage der Zeit, bis sie ihr Land verlassen muss.

Seit August gehen die Menschen zu Zehntausenden gegen ihren Langzeitpräsidenten Alexander Lukaschenko auf die Straße. Eine beispiellose Protestwelle, auf die Lukaschenko mit einer beispiellosen Repressionswelle geantwortet hat. Mittendrin dabei: der IT-Sektor. Es waren 300 führende IT-Unternehmer, die Lukaschenko wenige Tage nach den Wahlen in einem offenen Brief gedroht hatten, ihre Unternehmen aus dem Land abzuziehen, sollte es nicht zu Neuwahlen und einem Ende der Polizeigewalt kommen. Die *„aitischniki"*, wie sie auch genannt werden, waren die erste Berufsgruppe, die sich offen auf die Seite der Proteste geschlagen hat. Seither schulen sie Überläufer aus dem Staatsapparat um, organisieren Spendenaktionen oder entwickeln Programme für die Oppositionsbewegung. Was wiederum dazu geführt hat, dass der repressive Staatsapparat nicht nur

Aktivisten, Demonstranten und Politiker ins Visier genommen hat – sondern auch IT-Unternehmen.

Strong and scared

„*Not scared to be strong*", „Keine Angst, stark zu sein", ist Marcinovičs Motto auf Facebook. Aber inzwischen hat auch sie Angst. So sehr, dass sie nicht ihren richtigen Namen in diesem Buch lesen will. Immerhin hat sie im Wahlkampf den ehemaligen Leiter des *Belarus Hi-Tech Park*, Valeri Zepkalo, unterstützt, er wurde nicht zu den Wahlen zugelassen und musste außer Landes fliehen. Zwei Mal waren sie und ihr Mann schon kurz davor, das Land zu verlassen. „Sveta, wir fahren nach Kiew", hatte ihr Mann ihr schon einmal geschrieben. „Sveta, jetzt fahren wir nach Polen", ein anderes Mal. Beide Male entschieden sie sich, doch zu bleiben. Aber sie hat Angst, wie sie sagt, „große Angst". Viele ihrer Unternehmenskollegen werden inzwischen abgehört, vielleicht auch sie selbst? Was, wenn es in der Nacht an ihrer Tür klingelt? „Unser Leben hat sich so sehr verändert", sagt sie. „Wir leben jetzt nur noch von Tag zu Tag."

Doch ihr offenes Engagement für die Opposition ist nicht der einzige Grund, weshalb sie Belarus verlassen möchte. Es sind auch die großflächigen Internetblockaden, die ihr Startup an den Rand des Ruins gebracht haben. Als es nach dem Wahlabend zu großen Protesten kam, wurde für drei Tage das Internet im ganzen Land abgedreht, noch immer kommt es regelmäßig zu Ausfällen. Zwei Investoren sind seit dem Shutdown abgesprungen, der Release eines neuen Produkts musste verschoben werden. Für ihre Kunden, die vor allem in den USA und in der EU sitzen, war der Service nicht zugänglich. Wie sehr der Ruf ihres jungen Unternehmens gelitten hat, will sie sich erst gar nicht ausmalen. Derzeit überlegt sie, in welches Land sie ihr Startup evakuieren könnte, um solche Probleme in Zukunft zu vermeiden.

Das „IT-Wunder von Belarus" ist reich an internationalen Erfolgsgeschichten, vom Kriegsspiel *World of Tanks*, das im westbelarusischen Brest entwickelt wurde, bis hin zum Messengerdienst Viber. Belarus galt lange als die „verlängerte Werkbank" für digitale Produkte westlicher Unternehmen wie Adidas oder Coca-Cola. Programmierer in Belarus sind gut, aber billig. Zu Sowjetzeiten wurden hier kluge Köpfe in den technischen und naturwissenschaftlichen Fächern ausgebildet. Wo früher Waffen und Raketen geschmiedet wurden, tüfteln heute Ingenieure an künstlicher Intelligenz und neuen Spielen. Es waren ausgerechnet die Kommunisten, die die Grundlage für den IT-Boom legten: Minsk galt zu Sowjetzeiten als Kaderschmiede für Mathematiker und Ingenieure im Rüstungswettlauf mit dem Westen. Eine Tradition, aus der der boomende IT-Markt noch heute schöpfen kann. Der Unternehmergeist konnte im autoritären Land nicht zuletzt deswegen so gut gedeihen, weil sich über die Jahre ein ungeschriebener Deal zwischen der boomenden Tech-Szene und dem autoritären Staat entwickelt hatte: Ihr mischt euch nicht in die Politik ein, und wir mischen uns nicht in eure Geschäfte ein. Mit den Protesten 2020 wurde dieser Deal aufgekündigt.

Marcinovičs Startup ist klein, aber in Belarus, dem „Silicon Valley Osteuropas", gibt es hunderte, wenn nicht tausende Sviatlanas. Seit 2005 besteht mit dem staatlichen *Belarus Hi-Tech Park* in Minsk eine Sonderwirtschaftszone mit Steuervergünstigungen; 2018 wurden aus dem Park Produkte und Dienstleistungen im Wert von 1,4 Milliarden US-Dollar exportiert, ein Plus von 38 Prozent zum Vorjahr. Zuletzt machten spektakuläre Deals Schlagzeilen, wie die Gesichtserkennungs-App MSQRD, die 2016 von Facebook gekauft wurde oder das Start-Up für Künstliche Intelligenz, AIMatters, das 2017 von Google übernommen wurde. Branchenriesen wie Epam oder Itransition gelten als Kaderschmiede für die künftige Minsker Tech-Elite. Der IT-Sektor sticht auch deswegen hervor, weil er in einer ansonsten recht straff staatlich kontrollierten Wirtschaft der einzig nennenswerte Sektor ist, der wächst – und das rasant: Im Vorjahr sorgte er immerhin für die Hälfte des BIP-Wachstums, der Export hat sich zwischen 2017 und 2019 auf zwei Milliarden US-Dollar verdoppelt. Die IT-Branche machte zuletzt rund sechs Prozent des BIP aus, erst unlängst versprach die Regierung, dieser Anteil werde bis 2023 auf zehn Prozent steigen.

Sonderfall IT

Die IT-Szene ist somit ein Sonderfall in der belarusischen Wirtschaft. Zwischen 60 und 70 Prozent der Wirtschaft werden auch 30 Jahre nach dem Zerfall der Sowjetunion noch immer vom Staat kontrolliert, fast die Hälfte der Bevölkerung ist entweder bei Behörden oder in Staatsbetrieben angestellt. Das hängt freilich mit der Geburtsstunde des „Systems Lukaschenko" zusammen: Es war eine Zeit des Umbruchs, als Alexander Lukaschenko 1994 in das Amt des Präsidenten gewählt wurde. Während in Osteuropa die „wilden Neunziger" ausgebrochen waren – Rubelkrise, Korruption, Arbeitslosigkeit – waren es vor allem die Belarusen, die sich nach den alten Zeiten sehnten. Eine Sehnsucht, die Lukaschenko mit seinen Versprechen, die Korruption zu bekämpfen und das sowjetische Erbe zu erhalten, bedienen konnte. Während andere Regierungen, wie etwa in Polen oder Russland, daran gingen, radikal ihre Wirtschaft zu reformieren („Schocktherapie"), drehte Lukaschenko nicht nur politisch, sondern auch wirtschaftlich die Uhren zurück.

Im Zentrum seiner Wirtschaftspolitik stand das Versprechen, die Privatisierung zu stoppen. Die wenigen Unternehmen, die bereits privatisiert worden waren, wurden wieder verstaatlicht und der weitere Verkauf von Volkseigentum gebremst. Potenzielle Investoren mussten eine lange Liste von Bedingungen erfüllen, um überhaupt als Käufer von Staatsbetrieben in Frage zu kommen: von der Beibehaltung des bisherigen Unternehmensprofils bis hin zu „sozialen Garantien" für die Arbeiter. Was die Unternehmen wiederum unattraktiv machte, die Privatisierung kam praktisch zum Erliegen. Derweil hievte Lukaschenko loyale Apparatschiks an die Spitze der Staatsbetriebe, denen er mit Strafverfolgung drohte, sollten sie Arbeiter entlassen.

Tatsächlich sorgte das System lange Zeit dafür, die Beschäftigung hoch und die Pleitewellen gering zu halten. Das hatte – im Gegensatz etwa zur Ukraine – den für einen machtbewussten Autokraten angenehmen Nebeneffekt, dass sich im Land keine finanziell potenten Machtzentren abseits des Staates bilden konnten, die so genannten Oligarchen, die auch politisch mitmischen wollten. Es ist gerade diese Wirtschaftspolitik, die zum Herzstück des „Systems Lukaschenko" mit seinem ungeschriebenen Sozialvertrag wurde: eine staatlich gesteuerte Wirtschaft mit sozialen Garantien, aber ohne demokratische Teilhabe. Während er seine Bürger vor dem „wilden Markt" und dem „Raubtierkapitalismus" *à la Russe* bewahrte, pries er – kräftig von der Staatspropaganda unterstützt – seine etwas eigenwillig interpretierte „soziale Marktwirtschaft" oder das „belarusische Wirtschaftswunder." Die offizielle Arbeitslosigkeit ist mit 4,2 Prozent nur etwa halb so hoch wie in der Ukraine, aber Experten sprechen von einer „versteckten Arbeitslosigkeit", da sich aufgrund minimaler Sozialleistungen nicht alle Arbeitslosen offiziell registrieren lassen.

Soziale Sowjetwirtschaft?

Fakt ist, dass der sogenannte Gini-Koeffizient Belarus eine geringere soziale Ungleichheit attestiert als etwa der Ukraine oder Russland. Laut Weltbank konnte die Armut im Land zwischen 2000 und 2013 um 60 Prozent verringert werden. Immer wieder versprach Lukaschenko einen Durchschnittslohn von 500 US-Dollar, ein Wert, der laut offizieller Statistikbehörde angeblich bereits im Dezember 2014 mit 621 US-Dollar übererfüllt wurde. Aber seitdem stagniert er und wird insbesondere vor Wahlen immer wieder künstlich angehoben, so Experten. Zuletzt ist selbst der offizielle Wert wieder gesunken, von 533 US-Dollar (Juli 2020) auf 511 US-Dollar (August 2020). Der tatsächliche Durchschnittslohn, vermuten Journalisten vor Ort, sei inzwischen bis auf 300 Dollar abgerutscht. Allzu belastbar sind all diese Zahlen aber nicht.

„Darin besteht der fundamentale Vorteil des belarusischen Modells gegenüber Ländern, die den Weg der marktwirtschaftlichen Reformen eingeschlagen haben", schreibt der belarusische Politologe Valer Karbalievič in seiner Lukaschenko-Biografie: „Die soziale Orientierung seiner Politik war sein ganzer Stolz, sozusagen der Sockel, auf dem viele Jahre sein Image, seine

Zustimmung und seine Legitimität basierte." Was ist jetzt geblieben von Image, Zustimmung und Legitimität?

Dominant ist der Staat noch heute in der Industrie und in landwirtschaftlichen Betrieben, wo der Staatsanteil sogar bei 87 Prozent liegt. Die meisten Exporte gehen nach Russland (knapp 40 Prozent), gefolgt von der EU (30 Prozent). Doch dieses Modell kommt zunehmend an seine Grenzen: ineffiziente Strukturen, verschleppte Reformen, defizitäre Betriebe. Hinzu kommt, dass Lukaschenko durch den Energiestreit mit Russland weiter unter Druck geraten dürfte. Dann nämlich, wenn Russland wie mehrfach angedroht sein Rohöl, das in Belarus verarbeitet und zu Weltmarktpreisen exportiert wird, nicht mehr wie bisher zu Freundschaftspreisen („Öl gegen Küsse") an Belarus liefert, sondern zum üblichen Marktpreis. Rabatte, hieß es zuletzt aus Moskau, soll es *à la longue* nur noch gegen eine tiefere Integration im Rahmen der formell bereits bestehenden Union geben – der sich Lukaschenko jedoch widersetzte. Wegen der blockierten Lage hatte Russland die Öllieferungen nach Belarus zu Jahresbeginn sogar kurzfristig unterbrochen. Vorläufig letzter Stand in diesem Energiestreit: Die Subventionen sollen 2024 auslaufen.

Das Geld dürfte am Ende fehlen, um den belarusischen Sozialvertrag einzuhalten. Die russischen Energiesubventionen sind nämlich eine wichtige Säule der belarusischen Wirtschaft: Das von Russland gelieferte billige Rohöl ist ein wichtiger Devisenbringer für Belarus. Durch eine Kombination aus niedrigem Preis und Zollfreiheit beliefen sich die Subventionen von 2012 bis 2019 auf insgesamt 45 Milliarden US-Dollar, wie das Moskauer Institut für Energetik und Finanzen für Forbes errechnet hat. Andere Schätzungen sind noch höher. Im Jahr des Ölpreishochs 2012 machten die Subventionen sogar 17 Prozent des belarusischen BIP aus. Zum Vergleich: Ungarn erhielt 2019 als größter EU-Nettoempfänger in Relation zum BIP Zahlungen aus dem EU-Budget in Höhe von 4,11 Prozent des BIP, gefolgt von Litauen mit 3,96 Prozent.

Bleiben oder gehen?

Die Auswirkungen von Protesten und Repression nach der sogenannten Wahl auf die Wirtschaft sind derweil noch gar nicht abzusehen. Jedenfalls bringt die aktuelle politische Situation auch den IT-Sektor unter Druck: Angst vor einer Eskalation, die Investoren abschreckt; mögliche weitere internationale Sanktionen, die im Raum stehen, und die nicht nur Lukaschenkos Apparatschiks treffen, sondern womöglich auch das Outsourcing nach Belarus unattraktiv machen könnten. Und schließlich die Internetblockaden, die es nicht nur den Demonstranten erschweren, sich zu organisieren, sondern das Geschäftsmodell von IT-Unternehmen insgesamt zu ruinieren drohen. Die NGO NetBlocks schätzt, dass der Schaden eines kompletten Shutdowns für die belarusische Wirtschaft bei 56 Millionen US-Dollar liegt – und das täglich. Dem Vernehmen nach basteln bereits Nachbarländer an Maßnahmen wie Visaerleichterungen, um die „*aitischniki*" anzulocken.

Doch bleiben oder gehen, das ist für viele aus der Branche längst nicht mehr bloß eine Einnahmen-Ausgaben-Rechnung, sondern schlichtweg eine Frage der persönlichen Sicherheit. Es war zehn Uhr vormittags am 2. September, als unbekannte Männer in Zivil an Viktar Kuvšynaŭs Haustür klopften und ihn festnahmen. Der Produktmanager des Softwareunternehmens PandaDoc kam ins Untersuchungsgefängnis, zugleich fand eine Razzia am Minsker Standort des Unternehmens statt. Nach der Untersuchung wurde gegen ihn ein Strafverfahren wegen „Unterschlagung durch Missbrauch von Dienstbefugnissen in großem Maße" eingeleitet. Die Höchststrafe? Zwölf Jahre Haft.

Das Unternehmen PandaDoc hat sich bei den Protesten bisher besonders hervorgetan. Der belarusische Unternehmensgründer Mikita Mikado, der in den USA lebt, kündigte per Videobotschaft eine Sammelaktion für Überläufer aus Lukaschenkos Sicherheitsapparat an, um diese Polizisten, Soldaten oder Geheimdienstmitarbeiter finanziell zu unterstützen. Es ist gewiss kein Zufall, dass wenige Wochen später vier hochrangige PandaDoc-Mitarbeiter, darunter Kuvšynaŭ, festgenommen wurden. Ein Willkürakt des Regimes, um den Unternehmensgründer Mikado in den USA unter Druck zu setzen, sagt sein Bruder Aliaksandr Kuvšynaŭ. Mit Erfolg: Mikado hat das Programm unter dem Eindruck der Festnahmen wieder eingestellt. Drei Mitarbeiter wurden inzwischen wieder freigelassen, doch Kuvšynaŭ blieb in Haft.

Der Fall PandaDoc sendete Schockwellen in die Branche aus und wurde zu so etwas wie der offenen Kriegserklärung des Regimes an die IT-Szene. Die Konten von PandaDoc wurden inzwischen eingefroren, seine Tätigkeit im Land eingeschränkt. Das Firmenlogo, der weiß-schwarze Pandabär, ist selbst zu einem Symbol der Proteste geworden, unter dem Hashtag *#savepandadoc* haben sich tausende User mit dem Unternehmen solidarisiert. Doch was können Hashtags und Firmensymbole schon ausrichten gegen ein derart repressives System? In der Branche geht die Angst um, dass das PandaDoc-Schicksal auch weitere IT-Unternehmen treffen könnte.

Trotzdem ist der große Exodus zunächst ausgeblieben. Vorerst hat es auch keine weiteren Festnahmen in der IT-Branche gegeben. Aber bleibt das so? Viele Umzugspläne lagern noch immer in der Schublade der Unternehmen. Auch Kuvšynaŭ prüft derzeit Standorte, um sein Startup zu übersiedeln. „Wir hoffen immer noch darauf, dass wir siegen werden und dass es zu den Veränderungen in Belarus kommt, die wir fordern", sagt er. Aber wenn sich die Lage langfristig nicht verändert, „dann sind wir gezwungen, unser IT-Unternehmen woanders anzusiedeln."

Doch ist es wirklich nur Zufall, dass es gerade die IT-Szene ist, die ihr gesamtes finanzielles, intellektuelles und kreatives Kapital hinter die Proteste wirft? Die *„digital natives"*, die dem Regime den Kampf ansagen, wie etwa der 22-jährige Blogger Sciapan Pucila, der aus seinem Warschauer Exil heraus Videos über Polizeigewalt auf seinem millionenfach gefolgten Telegram-Kanal *„Nexta"* hochlädt? Die selbsternannten „Cyber-Partisanen", die mit ihren humorvollen Aktionen Regierungsseiten lahmlegen? Hinter wuchtigen Bauten aus der Stalinzeit, in einer Seitenstraße nahe des Minsker Bahnhofes, liegt der

SStart-Up-Hub *Imaguru*. Zu Sowjetzeiten wurden in dem gelben, langgezogenen Ziegelbau Waffen für die Rote Armee geschmiedet, heute ist er die erste Adresse für Nerds und IT-Gründer. Hier gibt es Vorträge für Unternehmensgründer, Motivationsseminare, Coworking-Plätze und Englisch-Sprachkurse. Am Eingang hängen zwei Uhren – eine zeigt die Uhrzeit von Minsk, die andere die von San Francisco.

„Diese Generation hat das Land verändert"

Tacciana Marynič ist die Frau des ehemaligen Oppositionspolitikers Michail Marynič, der 2001 gegen Lukaschenko antrat, dann drei Jahre in Haft verbrachte und nach einem Herzversagen starb. Als sie bemerkte, dass die politischen Freiräume immer kleiner wurden, je länger Lukaschenko an der Macht war, gründete sie 2013 *Imaguru*. Eine „Insel der Freiheit" im repressivsten Land Europas sollte es sein. International, modern, aber explizit unpolitisch, wenn auch mit einem westlichen, liberalen Unternehmensethos. Vielleicht ist es wirklich diese unterschwellige Europäisierung, unter der in Belarus eine neue Elite herangewachsen ist: international vernetzt, polyglott, gut ausgebildet, kaufkräftig. Eine Branche, in der sich mit einem Durchschnittslohn von umgerechnet 1500 US-Dollar zudem ungleich mehr verdienen lässt als in der drögen Staatswirtschaft, die seit 2008/09 in der Dauerkrise steckt. Im ersten Halbjahr lag der Mindestlohn im Land bei 375 Rubel, umgerechnet 120 Euro.

Zwar ließen sich die „*aitischniki*" zuvor nie zu markigen Sprüchen gegen Lukaschenko hinreißen, doch hinter vorgehaltener Hand spottete man schon früher über den etwas aus der Zeit gefallenen Heugabel-Populisten mit dem Schnauzbart, rollte die Augen über den Ausdruck „letzte Diktatur Europas" und klagte über bürokratische Hürden und fehlende Rechtsstaatlichkeit. Viele Startups wandern ohnehin ab, sobald sich der Erfolg einstellt, ins Baltikum, nach London oder gleich in die USA. Dass es jetzt aber gerade die IT-Szene ist, die zur wirtschaftlichen Speerspitze gegen Lukaschenko wurde, klingt bei Marynič wie nach der Erfüllung eines Lebenstraumes. Ganz so, als sei in all den

Jahren der Workshops, der Hackatons und Talente-Programme nicht nur eine neue Unternehmenskultur im Startup-Hub am Minsker Bahnhof herangereift, sondern auch eine neue politische Generation, die mehr demokratische Teilhabe fordert. „Egal, was noch kommt", sagt Maryničc, „aber diese Generation hat unser Land schon jetzt für immer verändert."

„ABER WO IST DENN DEINE TOCHTER?"

Eine belarusische Gesangsstunde

Yaraslava Ananka

– Hat man in der Menge Losungen geschrien?
– Man hat „Hilfe" geschrien und „Kupalinka" gesungen.
– Haben Sie irgendwelche Losungen geschrien?
– Nein, aber ich habe „Kupalinka" gesungen.
– Zu welchem Zweck haben Sie „Kupalinka" gesungen?
– Während man singt, hat man keine Angst.

„Würdige Lieder"

Der belarusische Protest erhielt erst am 9. August 2020, dem Tag der Wahlen, eine weltweite Resonanz, obwohl schon viel früher regierungskritische Äußerungen der Empörung zu hören waren und viele Aktionen des Ungehorsams stattfanden. Es ist heute schwierig, den genauen Ausgangspunkt der Proteste zu bestimmen. Wie bekannt, wurden die Demonstrationen vom 9. bis 11. August grausam unterdrückt: mit Prügelattacken, mit Gummigeschossen, mit Blend- und Schockgranaten. Mindestens fünf Männer sind in dieser Zeit und später infolge ihrer Verletzungen ums Leben gekommen. Einige Tage danach wurden Details über die Massenfolter in den Untersuchungshaftanstalten bekannt. Damals hatte der Protest weder ein eigenes Gesicht noch eigene Symbole, sogar die weiß-rot-weißen Flaggen, ohne welche die heutigen Bilder von Demonstrationen unvorstellbar sind, waren zu diesem Zeitpunkt sehr selten. Es ist nicht leicht, die Stimme des Protests dieser Tage im August zu rekonstruieren. Jedes Lied wurde von Explosionen, vom Pochen metallener Polizeischilde, von Schmerz- und Verzweiflungsschreien übertönt.

Das erste Lied ertönte wohl am 12. August, als barfüßige und weiß gekleidete junge Frauen auf einen der zentralen Minsker Plätze gingen und dort ein Wiegenlied sangen: Es war *Kalychanka*, ein belarusisches Lied, welches die abendliche TV-Show für die ganz Kleinen beendet. Für einige erklang diese *Performance* verzweifelt in ihrer aufrichtig berührenden Intention, zur Beruhigung und zum Ende der Gewalt aufzurufen. Andere hörten in diesem Schlaflied ein rührendes Trauerlied über das erste Opfer: In der Nacht zuvor hatte das Innenministerium mitgeteilt, dass einer der Demonstranten an seinen Verletzungen gestorben sei; später wurde bekannt, dass es sich um Aliaksandr Tarajkoŭski handelte. Auf jeden Fall war es die erste spontane Gesangsaktion, welche selbst die von der eigenen Gewalt und Straflosigkeit vertierten Sicherheitskräfte nicht zu zerstreuen wagten.

Danach sang man mutiger und strenger, und zwar nicht nur während der geplanten Volksmärsche, sondern auch im Verlauf spontaner Aktionen. Das Repertoire begann sich zu mehr und mehr zu formen, vom Portal *spevy.by* wurde ziemlich schnell und effizient eine Auswahl der beliebtesten Protestlieder unter dem Titel „Würdige Lieder" online gestellt. Nach dem Beginn der koordinierten Bewegungen in den Höfen der Minsker Neubauten, wo sich die Bewohner abends auf Kinderspielplätzen und vor den Garagen zu Festen oder Abendkonzerten versammelten, wurden dann diese „Würdigen Lieder" als Broschüre gedruckt und unter den Teilnehmer*innen verteilt.

Es sangen nun alle und überall, jeder nach seinen Möglichkeiten, aber auch professionell. Noch während der Streiks im August wurden einzelne Kompositionen von Mitarbeitern der belarusischen Philharmonie in einer Solidaritätskette gesungen. Ein paar Tage später wurden Lieder in regulär und überall stattfinden musikalischen Flashmobs weitergetragen: Besucher von Bahnhöfen, Einkaufszentren und Markthallen – also von Räumen mit einer guten Akustik – bildeten „spontan" A-cappella-Chöre und sangen gemeinsam Lieder und Hymnen der Protestbewegung.

Widerstandsrepertoire

Das Repertoire an Liedern selbst begann sich bereits während des Wahlkampfs zu formen, als es noch die Möglichkeit gab, bei den Wahlveranstaltungen von Tichanowskaja, Kolesnikowa und Zepkalo Musikanlagen zu benutzen und Musik in voller Lautstärke zu hören. Für viele, die vor der Bühne standen, waren die Pausen zwischen den Reden eine Möglichkeit, zum ersten Mal die Protestlieder zu hören, sie zu lernen und dann mitzusingen.

Um das Repertoire kurz zu skizzieren, würde ich die Protestlieder in drei Gruppen aufteilen. Zu der ersten gehört die „rebellische" Klassik, das heißt diejenigen Lieder, die bereits bei den Protesten von 2006 und 2010 gesungen wurden – wie *Mahutny Boža (Allmächtiger Herr), Pahonia (Der litauische Ritt)* oder Hits von Musikern, die in Lukaschenkos Belarus verboten waren, wie Liavon Volskis *Try čarapachi (Drei Schildkröten)*, ein Lied, das schon längst zu einem echten Volkslied geworden ist. Die überwiegende Mehrheit der heutigen Demonstranten war jedoch 2006 und 2010 nicht dabei. Daher haben viele in diesem Jahr zum ersten Mal die klassischen Songs gehört, die bei diesen beiden Protestdemonstrationen gesungen worden waren, gehört und sie sich schnell angeeignet.

Zur zweiten Gruppe gehören Lieder, die aus anderen Revolutionen oder Befreiungsbewegungen „entlehnt" wurden – das Lied der polnischen Solidarność *Mury (Mauern)* in der kongenialen Übersetzung ins Belarusische von Andrej Chadanovič. Eine unerwartete Renaissance erlebte auch das Perestroika-Lied *Peremen! (Wandel!)* von Viktor Zoi oder die Tracks des belarusischen Musikers Sergej Michalok, die einst die Ereignisse in Belarus im Jahr 2010 reflektierten und während des Kiewer Majdan beliebt waren – zum Beispiel das Lied *Woiny sweta (Die Kämpfer des Lichts)*, das später in Belarus in *Woiny Swety (Die Kämpfer Swetas)* umbenannt wurde: mit dem Verweis auf den Namen der „Volkspräsidentin" Swetlana Tichanowskaja. Beliebt war und ist ebenfalls Michaloks Vertonung des Gedichts *Nja być skotam (Nicht Vieh sein)* von Janka Kupala, das 2012 bei den Protesten in Moskau populär war.

Und schließlich umfasst die dritte Gruppe jene Lieder, die erst im Jahre 2020 während des Wahlkampfs oder während der Proteste selbst entstanden sind. Viele von ihnen erwiesen sich als kurzlebig, aber manche, wie zum Beispiel *My ne narodec (Wir sind kein Völkchen)* oder *Pravily (Regeln)*, wurden schnell aufgegriffen und in die mentalen Protestliederbücher aufgenommen, gleichberechtigt mit den bewährten Klassikern der ersten und zweiten Gruppe.

Die einen Lieder kennt und singt man mehr, die anderen weniger. Es gibt jedoch ein Lied im Protestrepertoire, das jeder Belaruse aus dem Gesangsunterricht in der Schule kennt, ein Lied, das noch nie zuvor Protestkonnotationen hatte und das zur Überraschung vieler zu einem der Leitmotive des Sommers und frühen Herbstes 2020 sowie zu einer spontanen Hymne des friedlichen Frauenprotests avancierte: *Kupalinka*.

„Ein Volkslied"

Würde man diejenigen, die heute *Kupalinka* singen, nach dem Ursprung dieses Liedes fragen, würde die Mehrheit von ihnen sicherlich sagen, dass es ein Volkslied sei. In philologisch und historisch versierten Kreisen wird *Kupalinka* jedoch mit den Namen des Dichters Michaś Čarot und des Komponisten Uladzimir Teraŭski, der Autoren der Oper *Na Kupalle (In der Johannisnacht)* von 1921, in Verbindung gebracht. Damals erklang das *Kupalinka*-Lied zum ersten Mal in der Version, in der wir es heute kennen. Höchstwahrscheinlich hat Čarot das Lied nicht selbst erfunden, sondern ein vergessenes Folklorelied für ein Musikstück poetisch überarbeitet und leicht angepasst – ein dem Lied *Kupalinka* ähnlicher Text findet sich unter den von Jan Czeczot bereits in der ersten Hälfte des 19. Jahrhunderts gesammelten Volksliedern. Hier ist die aktuelle diskursive Aura des Liedes interessant: Tragisch-wichtig sind heute nicht so sehr die Hintergrundinformationen zum Ursprung des Liedes, sondern das Schicksal seiner Autoren: Sowohl Čarot als auch Teraŭski wurden während des stalinistischen Terrors umgebracht.

In der sanft-elegischen *Kupalinka* gibt es keine einzige männliche Gestalt, das Lied ist durch und durch „mädchenhaft", deminutiv in jedem zweiten Wort:

Kupalinka-kupalinka, ein dunkles Nächtchen,
Ein dunkles Nächtchen, aber wo ist denn dein Töchterchen?

Mein Töchterchen jätet eine Rose im Gärtchen,
Jätet eine Rose, die ihre weißen Händchen sticht.

Sie pflückt Blümchen, pflückt Blümchen,
Flicht Kränzchen, vergießt Tränchen.

Statt eines ganzheitlichen Sujets präsentiert das Lied eine separate, aus dem Kontext herausgerissene und, seien wir ehrlich, altmodisch patriarchalische Episode: Ein schönes belarusisches weißhändiges Mädchen pflückt in einem blühenden Garten eine Rose. Rosendornen stechen das zarte Mädchen, dass es weint. All dies findet vermutlich am Abend der Kupala-Nacht – also in der Johannisnacht, der Sommersonnenwendenacht – statt, wenn unverheiratete junge Frauen nach slawischem Brauch Blumenkränze in Flüsse niederlassen und rituelle Lieder singen: Lieder, die *Kupalinka* selbst ähneln. Ein lyrisches, klagendes Bild einer maximal objektivierten Schönheit vor einer idyllischen Kulisse. Von einem Volkslied sollte man jedoch kaum eine fest formulierte Emanzipationsagenda erwarten. Die offensichtlich resignierende Opferwilligkeit, die mit der schutzlosen Weiblichkeit übereinstimmt, trägt kaum zur Mobilisierung und zum Widerstandsgeist bei.

In diesem Sinne folgt *Kupalinka* jenem Schlaflied, das bei der ersten Frauenaktion am 12. August instinktiv gesungen wurde: Es schläfert ein, beruhigt, entwaffnet, strahlt eine Schwäche aus. Ich würde jedoch meine These schärfer formulieren und *Kupalinka* mehr Subjektivität einräumen: Es ist nicht nur so, dass das Lied perfekt in den Takt der Frauenproteste geriet und zu deren Leitmotiv wurde, sondern selbst, performativ die ästhetische und ethische Intonation der ganzen programmatisch friedlichen, emotionalen und verletzlichen Frauenbewegung vorgab.

Am Rande des Kitsches

Zum Etikett friedlicher prostierender Frauen und Männer, welche *Kupalinka* singen, kamen später rührende Videos hinzu, in denen belarusische Demonstranten ihre Schuhe ausziehen, bevor sie sich auf Bänke stellen, nach ihren Aktionen den Müll aufräumen und während der Protestmärsche vorsichtig die Straße nur bei Grün überqueren. Zu selten und zu zurückhaltend wurden diese (Selbst-)Bilder kritisiert, auch wenn es mehrere Gründe dafür gab: Zu sehr kommunizieren sie Fügsamkeit und Demut, empörend pauschalisierend etwa auch die Geste der Verzeihung, als junge Frauen Polizisten und Soldaten küssten und ihnen Blumen schenkten ebenso wie der Mangel an Gegenwehr bei den Festnahmen und an rhetorischer Härte der Slogans. Es entstand außerdem eine Intonation, die an Selbstgefälligkeit grenzte, die wohl Maria Kolesnikowa unwillkürlich mit ihrem Spruch initiierte, der schnell zu einem geflügelten Wort wurde: „Wir, Belarusen, wir sind unglaublich!" Das *Kupalinka*-Singen ergänzte dieses Bild.

Fairerweise soll hier angemerkt werden, dass jeder Massenkonsolidierungsprozess in gewissem Maße von kitschigen Elementen begleitet wird. Milan Kunderas berühmte Passage über Kitsch aus der *Unerträglichen Leichtigkeit des Seins* hat auch in Bezug auf die Frauenproteste in Belarus ihre Gültigkeit: An sich ist eine Träne der Rührung, die beim Anblick von barfüßigen jungen Frauen, welche *Kupalinka* singen, vergossen wird, noch kein Kitsch, so meine Paraphrase von Kundera. Erst die zweite, narzisstische Träne ist kitschig: Wie schön und süß ist es doch, *Kupalinka* singende Frauen zu beobachten.

Ende August vergaß der belarusische Protest kurzzeitig seine Rolle eines Aktanten und schlüpfte gerne in eine Metaposition, er begann sich begeistert von außen zu betrachten, was in dem lebhaften und schwierigen Prozess der Konfrontation natürlich ein verfrühter selbstgefälliger Luxus war. Die internationalen

Medien konzentrierten sich ihrerseits unermüdlich genau auf die medial schönen und wirksamen Bilder von Frauenaktionen mit Blumen und Luftballons, auch wenn dadurch die Fakten und Bilder der in den ersten Tagen des Protests getöteten und misshandelten Männer verdrängt wurden.

Subversive Bedeutungen

Gleichzeitig begann man, in *Kupalinka*, wie in jeden Protesttext, subversive Inhalte hineinzuinterpretieren, was unter anderem zu vielen spektakulären sentimentalen Visualisierungen führte: Die mit Rosendornen verwundeten weißen weiblichen Hände wurden mit der weiß-rot-weißen Flagge verglichen, zumal der rote Streifen auf der Flagge von Anfang an metonymisch mit Blut assoziiert wurde. Viele Wandgemälde und Performances der Proteste bauten beinahe klischeehaft auf den Bildern eines weiß gekleideten Mädchens mit Spuren blutender Wunden auf.

Es wurde aber auch bald klar, dass der belarusische Protest doch nicht zu einer *Selfie-Revolution* degradiert. Denn die Gewalt der Machthabenden eskalierte weiter. Bereits im September, unmittelbar nach der Entführung von Maria Kolesnikowa, fand in Minsk ein spontaner Frauenmarsch statt, dessen brutale Auflösung keinen Zweifel ließ, dass die Sicherheitskräfte von diesem Moment an auch bei den Frauenaktionen hart eingreifen und sie verhindern werden. Und es war kein Kitsch mehr, als sich in den sozialen Netzwerken ein Video verbreitete, in dem Frauen, umzingelt von der Polizei und an die Wand gedrückt, kämpferisch in einer Menschenkette standen und *Kupalinka* sangen.

Damals fand die entscheidende Semantisierung des bisher harmlosen *Kupalinka*-Liedes statt. Am Tag der Entführung von Kolesnikowa reimte sich die Frage aus dem Lied „Wo ist deine Tochter?" mit der Frage „Wo ist unsere Mascha?". Und es ist bemerkenswert, wie die Auftaktfrage des *Kupalinka*-Liedes („Wo ist deine Tochter?") auch einen anderen, älteren politischen Intertext ins Leben gerufen hat. „Wo ist Gontschar?", „Wo ist Sawadski?", „Wo ist Krassowski?": Mit diesen Fragen auf den Plakaten, die an die Namen der 1999–2000 verschwundenen Politiker und Journalisten erinnerten, hatten Regimegegner in den 2000er und 2010er Jahren protestiert. Mit und nach diesen Konnotationen änderte sich die vorherige und ohnehin brüchige idyllisch-melancholische Aura von *Kupalinka*. Und sogar die geheimnisvolle Johannisnacht, von der das Lied handelt, wurde zum Ort der Furcht und des Zitterns, zum Chronotopos der Angst.

Epilog über die Angst

Abschließend über die Angst: Die Angst ist ein sehr persönliches, sehr besitzergreifendes Gefühl. Die eigene Angst ist immer eine Erniedrigung. Wo die Angst beginnt, endet die sentimentale Metaposition. Der Sinn der Angst ist, eine Gemeinschaft zu zerschmettern und zu vereinigen, jeden mit seiner eigenen Erniedrigung alleine zu lassen. Die Angst kann man als okkasionelles Antonym der Solidarität bezeichnen, die per definitionem kollektiv und gemeinschaftlich ist. Deshalb wollen wohl die Sicherheitskräfte mit ihren Einschüchterungen in Belarus jede Manifestation jenes Bildes unterbinden, das Kundera arrogant Kitsch nannte. Wohl daher wird in Belarus jede Form der konsolidierenden Sentimentalität, sei es eine weiß-rot-weiße Flagge an der Wand in einem Innenhof, sei es eine Frau mit einer Blume oder sei es ein als Karaoke gesungenes Protestlied, sofort durch Einschüchterung und Erniedrigung unterdrückt.

Die – nach Swetlana Tichanowskaja – vielleicht zweitbekannteste belarusische Lehrerin Hanna Sieviaryniec beschreibt eindrucksvoll, wie die Angst während der Märsche allmählich schwächer wird: Wenn du allein bist, ist die Angst konzentriert und stark, dann triffst du auf dem Weg zum Marsch andere Mitprotestierende und marschierst mit ihnen mit, und deine eigene Angst scheint unter allen verteilt zu sein, bis sich schließlich kleine Kolonnen zu einer riesigen, endlosen vereinigen – und dann verschwindet die Angst.

Eine andere Form einer solchen Verteilung und Verdünnung der Angst ist das gemeinsame Singen. Als Reflex und Rezept gegen die Angst. Der Dialog, den ich als Motto diesem Essay vorangestellt habe, ist eine freie Nacherzählung des Verhörs des Dichters und Musikers Uladź Liankievič, der auf jenem spontanen Frauenmarsch anlässlich der Entführung von Kolesnikowa festgenommen wurde. Und das ist kein einmaliges Zeugnis: Meine Freundinnen, die an Frauenmärschen teilnahmen, beschreiben sehr lebhaft und emotional zuerst das lähmende Grauen, als sie in der von den bis an die Zähne bewaffneten Polizisten umzingelten Menge standen. Und dann, um diese stumme Erstarrung zu brechen, fingen sie an, leise zu singen: „Wo ist denn deine Tochter?" Wie einst bei der Gesangsstunde in der Schule, wenn die eigene Stimme zunächst zittert, aber dann im Chor, mit anderen Stimmen verschmilzt, Stimmen, welche das harmlose Lied *Kupalinka* singen – diese melancholische Marseillaise des heutigen Belarus.

WIR BRAUCHEN KEINE STARKE FÜHRUNG – WIR BRAUCHEN EINE STARKE GESELLSCHAFT

Olga Shparaga, Darja Amiaĺkovič

Unser Treffen mit der Philosophin Olga Shparaga, die auch Mitglied des Koordinationsrates ist, fand vor ihrer ersten Verhaftung statt. Wir sprachen über die neue Solidarität, die Kreativität der belarusischen Aktionen, über „EVAlution" und die Frauenbewegung, die zum Phänomen und Gesicht des gesellschaftlichen Protests geworden ist. Im Kontext der jüngsten Ereignisse klingt die Stimme einer der herausragendsten belarusischen Intellektuellen noch eindringlicher: „Der Gedanke daran, wie leidenschaftlich wir alle gemeinsam Veränderungen wollen, wie solidarisch und aufopferungsvoll wir dabei sind, rührt zu Tränen. Noch nie habe ich mein Land so sehr geliebt wie jetzt", schrieb Olga auf ihrer Facebook-Seite nach ihrer Haftentlassung am 6. Oktober.

Die Philosophin wurde erneut festgenommen, als sie zum Zweck einer Aussage (zum Gespräch) in der Abteilung für Innere Angelegenheiten erschien. Am Montag, dem 12. Oktober, verurteilte ein Gericht sie zu 15 Tagen Arrest.

Olga, wir beobachten derzeit einen großen Aufbruch und einen Zusammenschluss der verschiedensten Bevölkerungsgruppen. Kann man diese Bewegung als eine besondere, neue Form der Solidarität bezeichnen?

Meiner Auffassung nach wurde bereits während des Wahlkampfes sichtbar, dass sich eine neue soziale Energie entfaltete und Bahn brach. Nach den Wahlen, als die Menschen auf die Fälschungen und den Terror der Staatsmacht reagieren mussten, gewann diese Energie schon eine neue Qualität. Es wurde klar, dass die Gesellschaft nicht mehr zum zum früheren *Status* zurückkehren würde. Die Menschen spürten die Freisetzung dieser gewaltigen Energie und begannen auf unterschiedlichste Weise, diese Freisetzung und den Solidarisierungsprozess zu verteidigen. Und ja, wir sehen jetzt, wie sich die Formen verändern, wie sie sich weiterentwickeln, welchen Fortschritt es gibt.

Was ist in Ihren Augen das Wichtigste an dieser Solidarität?
Es ist genau jene Form der Solidarität, die die Philosophen verteidigen. Die Menschen solidarisieren sich um die Idee des Menschen als Mensch willen, um der Menschlichkeit willen. Sie finden, dass nicht ein einziger Mensch es verdient, grausam behandelt, seiner Grundrechte und Freiheiten beraubt zu werden. Und wir sehen, wie diese Idee Menschen aller Berufsgruppen, Altersstufen und Geschlechter vereint – sie wollen aktive Bürger und Bürgerinnen sein und bringen das zum Ausdruck. Die Menschen wollen nicht in einem autoritären System leben und sind bereit, zur Erreichung dieses Ziels eine gemeinsame Sprache zu finden.

Wie viel wurde nicht schon über die belarusische Gesellschaft debattiert, ihre Atomisierung, den Mangel an Diskussionserfahrung und an Vertrauen, und plötzlich zeigte sich, dass die Menschen über Offenheit, Beharrlichkeit und den Wunsch verfügen, etwas zusammen zu machen und daran auch Freude zu haben. Das ist schlichtweg überwältigend. Jetzt werden viele Diskussionen geführt: Sollen alle Kräfte vereint werden, um den politischen Gefangenen bei der Traumabewältigung zu helfen; ist es in Ordnung, dass sich die Menschen allabendlich in ihren Innenhöfen treffen, um positive Gefühle zu teilen? Meiner Meinung nach ist das alles wichtig. Die Menschen brauchen auch positive, emotionale Unterstützung, da in ihr die Suche nach der gemeinsamen Sprache und der Aufbau eines vertrauensvollen Miteinanders Ausdruck findet. Ja, es ist diese neue Form der Solidarität, die der belarusischen Gesellschaft bislang fehlte.

Sie haben zwei zentrale Punkte benannt: Zum einen den Zusammenschluss der Menschen auf der Basis humanistischer Werte, zur Verteidigung der Menschenwürde; zum anderen ihr Versuch, die für autoritäre Gesellschaften typische Vertrauenskrise in der Gesellschaft zu überwinden. Haben wir es bei dieser Krise mit einem postsowjetischen Erbe oder doch mit dem Ergebnis des unter Lukaschenko errichteten autoritären Systems zu tun?

Mit einem autoritären Erbe. Wie kann man es charakterisieren? Einerseits wurde ein Großteil der Institutionen nicht reformiert. In der Armee herrscht als Relikt aus Sowjetzeiten noch immer die *Dedowschtschina*, also die Schikanierung jüngerer Wehrpflichtiger durch längergediente Soldaten, in den Universitäten fehlt die akademische Freiheit, bei allen Entscheidungen hält die Machtvertikale. Man könnte meinen, das alles sei sowjetisches Erbe, doch Lukaschenko hat seine Vorstellung von einem politischen und sozialen System in das Modell eingebracht. Das zentrale Merkmal des belarusischen Autoritarismus ist meiner Ansicht nach die herablassende Haltung gegenüber den Menschen. Wenn das Staatsoberhaupt den an COVID erkrankten Menschen sagt, sie seien selbst schuld, dann hat sein Verhältnis den Menschen gegenüber schon das nächste „Niveau" erreicht. Für den Staat ist es von Vorteil, wenn die Menschen in ihrem Umfeld atomisiert sind, einander misstrauen, wenn sie zuhause sitzen und darauf warten, dass jemand anders alles für sie erledigt.

Wie kann man diese Trägheit, dieses Vermächtnis überwinden?

Mir scheint, dass hier die Praxis die beste Antwort ist. Vertrauen muss praktiziert werden. Nicht umsonst wird es in demokratischen Ländern an Schulen und Universitäten gelehrt, indem verschiedenste Gemeinschaftsprojekte umgesetzt werden.

Erwähnenswert sind hier die Entwicklungen, die es in den letzten zehn Jahren in vielen Bereichen gegeben hat: in der IT-Branche, in der Privatwirtschaft, in kulturellen Initiativen … Symbolisch für die Entwicklung des Kulturbereichs steht eine Vielzahl an Veranstaltungsorten: die Kastryčnickaja-Straße in Minsk, auch Initiativen in anderen Städten. Mir scheint, dass diese Menschen, die Erfahrung mit dem anderen Belarus haben und daran glauben, dass Belarus auch anders sein kann, durchaus eine Rolle gespielt haben und zu Leitfiguren geworden sind. Mittlerweile haben sich ihnen viele andere, ganz verschiedene Gruppen angeschlossen, und man kann sagen, dass immer mehr Menschen diesen neuen Status als aktive Staatsbürger tatsächlich leben.

Und doch gibt es noch einen Teil der Gesellschaft, der in einer anderen Realität lebt und kein Bedürfnis verspürt, etwas zu verändern. Diese Menschen beschuldigen den progressiven Teil, ihnen die Stabilität zu entziehen. Was kann man diesem paradoxen Argument entgegensetzen, wo es doch praktisch keinen Sozialstaat mehr gibt? Besonders im Laufe des letzten Jahres ist das ja sehr deutlich geworden.

Lassen Sie uns zunächst einmal diese Gruppe genauer betrachten. Ich halte sie für sehr heterogen. Es gibt da eher wenige eifrige Lukaschenko-Unterstützer, zum großen Teil sind es Frauen, die im Staatsdienst beschäftigt sind. Sie haben wahrscheinlich ein geringes Einkommen, müssen sich um ihre Kinder kümmern, oft auch zusätzlich noch um die betagten Eltern. Daher ist die Angst, Unterstützung zu verlieren und ohne Einkommen dazustehen, sehr groß. Diese Gruppe hat einen sehr hohen Beschäftigungsgrad. Wenn diese Frauen außerhalb von Minsk leben, haben sie oft auch keine Zeit, das Internet zu nutzen. Daher bleiben die neuen Bande der Solidarität für sie im Unsichtbaren, sie wissen nicht, wer sie unterstützen könnte. Das Regime wiederum beutet sie aus und droht ihnen mit dem Verlust des Einkommens. Genau so funktioniert auch die Propaganda, die verkündet, neue Machthaber würden sich nicht mehr um schutzbedürftige Bevölkerungsgruppen sorgen.

Wir haben in dieser Gruppe also Menschen, die dank Lukaschenko Karriere gemacht und einen sozialen Aufstieg erlebt haben und dadurch dem System loyaler gegenüberstehen. Sie müssen auf eine bestimmte Weise angesprochen werden. Gleichzeitig gibt es die Ausgebeuteten, die Geiseln des Systems Lukaschenko – mit ihnen muss man wieder anders sprechen. Wir müssen hier zugeben, dass diese konkrete Gruppe im alternativen Diskurs überhaupt nicht adressiert wird. Was passiert mit dem Schulsystem, mit der Gesundheitsversorgung, den Schutzbedürftigen – auch dazu muss es ein Narrativ in der Gesellschaft geben, nicht nur zu Privatisierung und politischen Freiheiten. Diese Ansprache fehlt tatsächlich.

Sind Sie eine Befürworterin des Sozialstaats?
Ja, der funktionierenden Modelle wie in Deutschland oder Schweden. In Belarus, da haben Sie Recht, ist er tatsächlich schon seit Langem erodiert, was sich zum einen in der COVID-Situation zeigte, aber auch, als die halbe Stadt plötzlich ohne fließendes Wasser war. Die Regierung erwies sich als handlungsunfähig und sagte uns: „Das ist euer Problem." Eine undenkbare Reaktion für einen Sozialstaat! Der gesamte Beamtenapparat, die Ministerien – wofür gibt es sie denn? Viele Menschen, davon bin ich überzeugt, stellten sich genau in diesen Situationen die Frage: Wofür haben wir denn diesen Staat? Wären wir ohne ihn nicht besser dran?

Wenn wir über Zukunftsmodelle sprechen, ist die Minimierung des Sozialstaats der falsche Schritt. Es ist kein Zufall, dass vergleichbare Positionen weltweit gerade in Kritik geraten. Die Covids, die Pandemien, werden weitergehen, daher bedarf es eines funktionierenden Gesundheitssystems sowie allgemein der Unterstützung der Menschen. Der Staat sollte nicht Ideologien pflegen, sondern Menschen helfen. Es gibt verschiedene Institutionen, die bei einem sinnvollen Steuerumlagesystem gut funktionieren würden. Ich denke, wenn wir jetzt für die Vorstellung eines Sozialstaatsmodells kämpfen, kämpfen wir dadurch auch für unsere neuen Unterstützer.

Wir sind jetzt hier in Asmaloŭka, einem Stadtteil, der für seine Solidarität und Kreativität bekannt ist. Gerade durch kulturelle Initiativen – ich erinnere mich an so sympathische, von den Bewohnern organisierte Veranstaltungen wie das „Katze im Fenster"-Festival oder das „Marmeladen-Fest" – konnte der Stadtteil seinen Bestand und die Wahrung der Bewohnerinteressen erkämpfen. Inwiefern ist Kreativität eine funktionierende Waffe? Ich stelle die Frage vor dem Hintergrund des enormen Kreativitätsausbruchs, den wir in unterschiedlichsten Ausdrucksformen momentan in der belarusischen Bevölkerung beobachten können, allen voran natürlich bei den Protesten.
Kreativität ist sehr wichtig. Vor allem hat Kreativität mit Freiheit zu tun. Sie ist eine Möglichkeit, diese Energie freizusetzen, die, wie wir sehen, sowohl eine soziale wie auch eine politische Fließ-

richtung nimmt. Wir haben gesehen, wie unsere Künstler auf die Situation reagiert haben, wie Antanina Slabodčykava blitzschnell ein Symbol für die Revolution geschaffen hat – aber auch andere künstlerische Botschaften. Wir sehen, wie hilfreich die auf der Kommunikationsebene sind. Einerseits ist es eine Freisetzung von Energie, andererseits sind das alles Kommunikationsformen. Die Symbolik, die gerade entsteht, zum Beispiel die Flaggen der Minsker Stadtteile, das zeugt von einer gemeinsamen Sprache. Die gemeinsam erschaffenen Symbole sind wie ein neues Alphabet. Jede Gemeinschaft hat ihre eigene Sprache, ihr Alphabet.

Waren die Erfahrungen aus dem Stadtteil Asmaloŭka Ihrer Ansicht nach von Bedeutung für diese Bewegung? Hier wurden ja in einem der ersten Fälle eigene Rechte geltend gemacht. Oder entstehen diese Kreativität und der Ideenreichtum ganz von selbst, aus diesem Bedürfnis nach Freisetzung von Energie und nach dem Recht auf die eigene Stadt?
Ich denke, dass alles, was hier passiert ist, seine Rolle gespielt hat. Schwer zu sagen, in welchem Maße die Erfahrungen aus Asmaloŭka Auswirkungen auf andere hatten, aber einen Einfluss gibt es. Ich nehme an, dass sich irgendeiner die erste Stadtteilflagge ausgedacht hat und dann andere unterstützend hinzukamen. Grundsätzlich wird es in Zukunft darum gehen, die Interessen verschiedener Bevölkerungsgruppen zu artikulieren und Einfluss auf die Regierung auszuüben. Durch den Erfahrungsaustausch zwischen verschiedenen Hausgemeinschaften und Communities wird diese Idee weiterentwickelt. Auch im Kulturbereich gibt es Unterstützung: Wir sehen, wie der Künstler Vladimir Tsesler dabei hilft, die Symbolik der einzelnen Stadtteile zu entwickeln. Das ist großartig. Wir haben also bereits ein kollektives Projekt, ein soziales Kunstwerk vor uns, das den Menschen Freude bereitet.

Kreativität ist also ein Instrument zur Schaffung einer neuen Gesellschaft?
Zweifellos. Und mir scheint, dass der kreative Raum den Menschen dabei hilft, das vertrauensvolle Miteinander aufzubauen, über das wir vorhin bereits sprachen. Wir wollen eine neue Gesellschaft, und in der Idee der Kreativität steckt genau diese

Bewegung – etwas Neues zu schaffen, das es zuvor nicht gab, etwas neu zu erfinden. Kunst und Kreativität sind wichtige Bestandteile, sie helfen uns, Neues zu denken und regen die Vorstellungskraft an. Irgendetwas im eigenen Stadtteil entwickeln, eine noch nie dagewesene Initiative zu gründen, solche Visionen zu aktivieren. Die Philosophen nennen das *social imagination*. Sie wurde hier aktiviert. Kunst und Kreativität beflügeln diese soziale Vorstellungskraft, unterstützen und stimulieren sie.

Ich fasse zusammen: Kreativität ist in unserem Kontext sowohl die Sprache der Kommunikation als auch Schaffung von etwas Neuem, man könnte sogar sagen, eine Prognose des Neuen und gleichzeitig die Sprache der Einflussnahme.
Und der Freiheit.

An dieser Stelle möchte ich auf die Kreativität der Frauenbewegung zu sprechen kommen, die zum Gesicht und Phänomen der belarusischen Proteste geworden ist. Die Frauen denken sich diesen grandiosen Marsch aus, versammeln sich zu Menschenketten in weißer Kleidung und mit Blumen ... Über die belarusischen Frauen spricht jetzt die ganze Welt: weil sie mutig, klug und kreativ sind.
Tatsächlich steckt in all dem das Element der Performance. Und gleichzeitig ist uns klar, wie riskant das alles ist, weil es mit dem Risiko körperlicher Gewalt einhergeht. Das ist wirklich ein hochinteressantes Phänomen.

Wo liegen die Ursprünge dieser Sprache des weiblichen Protestes, dieser Solidarität? Ich würde gern mit Ihnen die Entstehung dieses Prozesses beleuchten und skizzieren.
Ich denke, dass wir hier tatsächlich über einen längeren Prozess sprechen. Alles begann mit der Solidarisierung um das Gemälde „Eva" von Chaim Soutine. Das war noch im Juni. Diese Bewegung wurde hauptsächlich von Frauen getragen, weil viele Frauen – Künstlerinnen, Kuratorinnen – im Umfeld dieser Kunstsammlung von *Belgazprombank* wirkten. Überhaupt gibt es im kulturellen Bereich viele Frauen, so auch in den Projekten, die Viktor Babariko unterstützte. Die Frauen begannen, dieses

Gemälde zu nutzen und zu adaptieren, viele fotografierten sich als Eva oder trugen T-Shirts mit dem Bild.

Identifizierten sie sich mit ihr?
Ja. Und wohlgemerkt war es kein Bild einer halbnackten Frau auf einem Sofa, sondern eben Eva. Diese strenge, ernsthafte, vielleicht sogar missbilligende, herausfordernde Person wurde zum Gesicht der solidarischen Frauen. Und danach folgten Bilder von Demonstrationen der Schwäche.

Die Frauen in Weiß?
Ja. Mit Blumen. Nachdem die Machthaber den Terror entfacht hatten, versammelten sich die Frauen am 12. August vor dem Kamaroŭka-Markt. Das war ein Bild von Weiblichkeit, von Schwäche. Gleichzeitig aber auch ein Symbol dafür, dass selbst in der Schwäche eine Stärke liegt. Und unsere Revolution – der friedliche Protest – bringt ja gerade zum Ausdruck, dass auch die Schwachen Widerstand leisten und für ihre Rechte kämpfen können. Als die Frauen am 12. August ihre Menschenkette bildeten, wussten sie nicht, wie die Einsatzkräfte reagieren würden. Aus heutiger Sicht wissen wir, dass die Frauen nicht inhaftiert wurden, dass sie weniger Gewalt ausgesetzt waren, aber tatsächlich weiß ich, dass diese Frauen existenzielles Entsetzen erlebten, als Aufseher herumliefen und nicht klar war, wie es enden würde. In dieser Geste liegt sowohl große Selbstaufopferung als auch die Manifestation der Tatsache, dass Schwäche Stärke sein kann.

Das ist wahr.
Diese Reaktion kündigte letztlich an, dass die Revolution friedlich verlaufen könnte. Dass wir friedliche, kreative Wege gehen und uns zur Verwirklichung dieser humanistischen Grundwerte solidarisieren würden. Und unsere Werte, unsere Freunde und unsere Nächsten bis zuletzt verteidigen.

Und die Frauenmärsche waren dann die nächste Etappe?
Ja, da kam schon eine aktive Haltung der Frauen zum Ausdruck. Feministische Gruppen und die LGBT-Community waren vertre-

ten; der Marsch wurde zur Demonstration der Tatsache, dass es das weibliche Subjekt gibt. Die Frauen sprechen nun nicht mehr als Opfer. Der Marsch demonstriert die gesellschaftliche Aktivität.

Der weibliche Protest hat ganz unterschiedliche Gesichter, und das ist großartig, denn die Frauen an sich sind ja auch sehr unterschiedlich. Wir haben verschiedene Interessen, Bedürfnisse, aber das Thema Gewalt hat alle im Protest geeint. „Eva" wurde „verhaftet". Die Männer wurden inhaftiert – die Frauen gingen gegen die Willkür der Gewalt auf die Straße. Die Frauen bringen zum Ausdruck, dass diese Gewalt die gesamte Gesellschaft betrifft. Und sie tun das mit verschiedenen Losungen.

Wichtig ist, dass die Plakate, die zunächst von Feministinnen beim Frauenmarsch getragen wurden (zum Beispiel „Wer schlägt, wird einsitzen"), später auch bei den allgemeinen Protestmärschen auftauchten. Das Plakat für ein Gesetz gegen häusliche Gewalt wurde zum Symbol eines Zustandes, den heute die ganze Gesellschaft erlebt. In der Figur der Frau, die im patriarchalen System systematischer Gewalt ausgesetzt ist, findet sich heute die Mehrheit der Gesellschaft wieder. Die Frauen sind nicht zufällig zum Gesicht der Proteste geworden – sie haben bereits Erfahrung darin, über Gewalt zu sprechen, über Gewalt, die sie selbst oder ihre Kinder erleben. Und dieses Schutzhaus, das Frauen mit Gewalterfahrung zur Verfügung steht, benötigt heute eigentlich die ganze Bevölkerung. Das ist vielleicht die Erkenntnis.

Die Parallelen sind überzeugend. Dabei ist doch interessant: Sobald die Frauen begannen, aktiv ihre Meinung zu sagen, sobald sie zu Subjekten wurden, begannen auch die Machthaber, gewaltsam gegen sie vorzugehen. Vorher hatten sie herablassend reagiert, mit dieser Rhetorik: „Was schickt ihr denn die Mädchen vor?". Was können Sie dazu sagen?

Warum hat Swetlana Tichanowskaja diese Wahlen in vielerlei Hinsicht gewonnen? Weil Lukaschenko sie nicht ernst nahm. Anders die Gesellschaft. Maria Kolesnikowa zerriss ihren Pass und durchkreuzte damit die Pläne der Machthaber. Die Frauen haben also erzwungen, dass man sich mit ihnen auseinandersetzt. Da für die Machthaber aber Auseinandersetzung automatisch Gewaltanwendung bedeutet, war die Antwort folgerichtig.

Wobei sich, und das ist wichtig, der Charakter der Proteste dadurch nicht verändert hat. Der Koordinierungsrat plant keinen Staatsstreich, die Frauenmärsche sind völlig friedlich, aber da all diese Initiativen in der Gesellschaft Unterstützung finden, können sie nicht mehr ignoriert werden. Das Abhalten des regierungsnahen Frauenforums war ja bereits eine Reaktion darauf, da musste eine Antwort her. Das Regime musste sagen: Schaut, es gibt auch andere Frauen im Land, nicht nur „die da".

Dabei werden Formate aus dem Volk verwendet und in einer blassen, entstellten Variante nachexerziert.

Ja, die Regierung schaut bei der Gesellschaft ab. An ihren Symbolen und Versuchen, selbst Demonstrationen abzuhalten, sieht man, was mit Kreativität passiert, wenn sie nicht von unten kommt, sondern von der Regierung in Auftrag gegeben wird. Heraus kommen *jabat'ki* [sprachlich ungünstiger Propagandaslogan der Systemanhänger, A. d. Ü.].

Nach der Frauenbewegung möchte ich nun zu unseren Anführerinnen kommen – Swetlana Tichanowskaja und Maria Kolesnikowa. Vor einiger Zeit hat das Europäische Parlament eine Resolution zur Situation in Belarus ergänzt und den wichtigen Beitrag hervorgehoben, den Politikerinnen leisten. Hierzu möchte ich erwähnen, dass Swetlanas ursprüngliche Rolle zu Beginn ihrer politischen Karriere die einer Frau war, die ihrem Ehemann folgt. Mir scheint, dass auch ihr Bild ein interessantes Phänomen ist, das sowohl von der patriarchalen als auch der fortschrittlichen Bevölkerung wahrgenommen und auf jeweils eigene Weise aufgenommen wurde. Was denken Sie dazu?

Ich stimme dem zu. Ich würde aber eher über den Wahlkampfstab als Phänomen sprechen, als es ihn noch gab. Das Gute an ihm war, dass verschiedene Frauen auftraten. Jede von ihnen arbeitete mit einer bestimmten Zielgruppe. Maria Kolesnikowa vertrat eine aktive Position, in einem Interview bezeichnete sie sich als Feministin. Swetlana Tichanowskaja vermittelte, dass sie sich selbst nicht in der Politik sieht. Veronika Zepkalo war die Managerin, mit einer Botschaft an alle Frauen in der Wirtschaft. Ich denke, die Kraft lag in diesem Wahlkampfstab.

Swetlana ist vor allem ein Symbol für die Selbstüberwindung. Ihre Reaktion ist der der gesamten belarusischen Gesellschaft sehr ähnlich, die sich ebenfalls selbst überwindet und daraus Energie schöpft. Das ist großartig. Ich glaube, die Menschen haben sich selbst in ihr wiedererkannt. Vielleicht wollten die Belarusen gar nicht an diesen Wahlen teilnehmen, eine aktive Position einnehmen, aber es ergab sich eine Situation, die sie zu Protesten veranlasste: die Wahlfälschung, der Terror, den die Regierung entfachte ... Die Menschen haben Angst, es ist schwierig, den Alltag und das Protestgeschehen in Einklang zu bringen, und dennoch tun sie es und kämpfen vereint.

Ich glaube, dass Swetlana Tichanowskaja immer noch ein Spiegel ist, in den die Gesellschaft schaut und sich selbst sieht. Sie sagt: Wir sind keine Politiker, aber wir können nicht tatenlos bleiben, weil wir nicht im Autoritarismus leben wollen und können.

Und gleichzeitig sagt Swetlana, dass in der Zukunft irgendein anderer, starker Anführer ihren Platz einnehmen wird.
Ich bedaure es, das zu hören. Meiner Meinung nach brauchen wir keine starke Führung, wir brauchen eine starke Gesellschaft. „Wir wollen nicht auf Führer hoffen", diese Ansicht höre ich auch von vielen anderen aktiven Leuten. Die Erfahrung sagt, dass ein starker Führer uns und unsere Forderungen vielleicht nicht anhört. Es ist wirklich wichtig, dass ein politischer Führer unser Partner ist, einer von uns. Das ist heutzutage auch nicht in allen demokratischen Staaten der Fall. Auch dort gibt es einen Bruch zwischen den Bedürfnissen der Menschen und den politischen Bewegungen und Parteien, die diese zu vermitteln versuchen.

Hier würde ich gern an Maria Kolesnikowas berühmten Ausspruch anknüpfen: „Belarusen – ihr seid unglaublich". Er enthält eine wichtige Feststellung: Alles war ihr braucht, Belarusen, ist der Glaube an euch selbst. Ist es nicht so?
Wenn wir auf den Gedanken zurückkommen, dass unsere Gesellschaft sich in einem Zustand der Gewalt befindet, (erinnern Sie sich an Lukaschenkos Aussage: „Die Liebste gibt man nicht

her"), dann mangelt es ihr an Vertrauen in die eigene Stärke. Es gibt verschiedene Formen von Gewalt – physische, ökonomische, psychologische, und es fällt oft schwer zu erkennen und anzuerkennen, dass man Gewalt unterworfen ist, welcher Form auch immer. Frauen müssen sich oft rechtfertigen, weil sie nicht wissen, wie sie einen Ausweg aus dieser Situation finden können. Und ich habe von Anfang an den Eindruck, dass das feministische Konzept des *Empowerment*, das Vertrauen auf die eigenen Kräfte, auf alle Menschen in einer vergleichbaren Situation Anwendung finden kann. „Ich trete heraus aus dieser Missbrauchsbeziehung", sagen die Frauen heute. Und nun betrifft dieses Heraustreten heute die gesamte Gesellschaft. Und ja, dafür muss man auf die eigenen Kräfte vertrauen.

Das ist eine wichtige Parallele, aber es stellt sich natürlich die Frage, wie es weitergeht. Unsere Gesellschaft verändert sich, aber stehen die Chancen, dass die Frauen, über die wir heute gesprochen haben, und Frauen im Allgemeinen, in der Politik bleiben, wenn das Regime einmal fällt?

Ich denke, dass die Frauen, die dieses Problem sehen, dafür kämpfen sollten. Genau diese Aufgabe haben wir uns auch in der Koordinierungsgruppe im Frauenrat gestellt. Wir halten die belarusische Gesellschaft für patriarchal. Ja, im Moment verändert sich einiges, aber das bedeutet nicht, dass es morgen keinen Sexismus mehr geben wird und Männer sich nicht mehr herabwürdigend gegenüber Frauen verhalten. Daher ist es sehr wichtig, dass die Frauen, die das verstehen, die Feministinnen, die Frauen zusammenbringen, ihnen helfen, ihre Interessen und Probleme zu artikulieren und zu begreifen und sie darin bestärken, dass ihre Probleme eine Berechtigung haben. Ich wiederhole mich, diese Probleme betreffen die gesamte Gesellschaft. Häusliche Gewalt ist nicht nur ein Problem der Frau, sondern eine Frage der zukünftigen Generationen. Wenn nämlich in einem Segment der Gesellschaft Gewalt zugelassen ist, heißt das, dass sie auch in den anderen Segmenten zugelassen und akzeptiert werden wird. Mir scheint, dass das Schicksal der Frau von dieser feministischen Dimension, dem feministischen Teil der Frauenbewegung abhängt.

Warum ist Geschlechtergerechtigkeit so wichtig?

Wenn in einer Gesellschaft Männer und Frauen nicht gleichgestellt sind, welche Gleichstellung kann es dann zwischen anderen Gruppen geben? Zwischen verschiedenen Altersgruppen, Berufsgruppen? Wie können sie einander anerkennen, wenn die Überzeugung herrscht, dass die Frau dem Mann in vieler Hinsicht unterlegen ist? Aus diesem Grund wird die Gleichstellung der Geschlechter in demokratischen Ländern so verteidigt – weil sie für das gesamte soziale Gefüge von Bedeutung ist.

Eine letzte Frage, Olga. Wer ist Ihr Präsident?

Für mich ist der Präsident oder die Präsidentin eher eine technische Figur. Wie schon gesagt, er oder sie sollte einer oder eine von uns sein. Eine Person, die offen und empfänglich für die Probleme verschiedenster Bevölkerungsgruppen ist. Ich denke, ausschlaggebend sind nicht die guten Managementfähigkeiten, sondern die Kommunikation, die Fähigkeit zuzuhören und Kompromisse einzugehen. Natürlich sind auch Werte wichtig, dabei denke ich vor allem an die inklusive Gesellschaft. Dabei sollte in Politik, Wirtschaft und Bildung auf institutioneller Ebene ein System geschaffen werden, in dem nicht nur bestimmte Gruppen Vorteile und Sozialleistungen erhalten, sondern keine Gruppe ausgeschlossen wird.

Sehen Sie eine solche weibliche Person?

Julia Mickievič kann ich mir als Präsidentin vorstellen.

P. S. Die Feministin und Menschenrechtsanwältin Julia Mickievič befand sich zu diesem Zeitpunkt ebenfalls in Haft.

Das Interview erschien am 13.10.2020
auf der Online-Plattform „Reformacija" (reform.by).
Mit freundlicher Genehmigung von reform.by und Alexander Adamiants

Aus dem Russischen von Tina Wünschmann

DOKUMENTE

Arbeiter des Minsker Automobilwerks, 13. August 2020

„Am 13. 08. 2020 fand ein Treffen der streikenden Beschäftigten mit der Werkleitung statt. Tausend bis anderthalbtausend Beschäftigte versammelten sich auf dem Werksgelände unweit des Haupttores. Journalisten wurden nicht zugelassen. Vom Dialog zwischen den Arbeitern und der Werkleitung gibt es jedoch einen Audio-Mitschnitt. Ein Mikrofon wird gereicht, verschiedene Arbeiter, der Geschäftsführer des MAZ, der Leiter einer der Werkhallen, der Vorsitzende der Werksgewerkschaft sowie der technische Werkleiter kommen zu Wort.

ARBEITER: Wir fordern, dass Herr Lukaschenko in sein Flugzeug steigt und das Land bestenfalls verlässt.

ARBEITER: Heute hätten die Ergebnisse der Wahlen verkündet werden sollen, aber der Präsident hat irgendetwas vor und spielt auf Zeit. Wenn wir ein echtes Arbeitskollektiv sind, dann müssen wir bis zum Ende durchhalten. Seit 26 Jahren haben wir heute erstmals eine reale Chance, den Diktator zu stürzen.

ARBEITER: Wenn das Volk durch den Streik seine Ziele erreicht, dann gehen wir wieder an die Arbeit und die Produktivität wird steigen.

ARBEITER: Wir sind das Volk, wir müssen miteinander leben, wir dürfen uns nicht in eine Vertikale, Parallele oder in sonst etwas teilen lassen. Wir müssen friedlich und freundlich zusammenhalten. Aber genau hier müssen wir die Menschen unterstützen, die wieder aus den Gefängnissen entlassen werden. Es ist schrecklich sich das anzuschauen. Die Menschen in den Nachbarhäusern des Akrescina-Gefängnisses werden die Schreie der Häftlinge nie vergessen. Wir müssen erreichen, dass er [Lukaschenko] geht.

ARBEITERMENGE: Geh weg! Geh weg! Geh weg! ...

GESCHÄFTSFÜHRER MAZ: Ich sehe das etwas anders. Ein Kollege sagte hier gerade, dass es danach mit Begeisterung wieder an die Arbeit geht. Aber so läuft das nicht. Ich verstehe, dass wir jetzt euphorisch sind, mit den weißen Fähnchen winken, nach der Tichanowskaja rufen. Aber die Autos, die wir produzieren, verkaufen sich beschissen in der Ukraine, in Usbekistan, in Kasachstan und in Russland. Es geht hier nicht um

Begeisterung. Es gibt eine Menge anderer Fragen, die in Form von Aufträgen und Verträgen abgestimmt, vereinbart und ausgearbeitet werden müssen. Es ist leicht, die weiße Fahne zu schwenken, herumzurennen und zu schreien. Es ist viel schwieriger, Papiere zu schreiben und seine Arbeit zu machen. Deshalb ist nicht alles so schön, wie es scheint. Nur unsere Arbeit, zu der ich euch auffordere und die ihr verweigert, kann uns in Zukunft retten – das ist unsere Aufgabe. Arbeit, Arbeit, Arbeit. Ihr werdet jetzt sagen: ‚Sie sind der Chef, deshalb fordern Sie das von uns!' – aber Leute, ich schaue einfach weiter voraus als ihr.

ARBEITERIN: Sie als Geschäftsführer, sagen Sie uns allen hier Anwesenden: Können Sie garantieren, dass wir nicht mit einer Lohnstreichung rechnen müssen, dass wir nicht gekündigt oder sonstwie bestraft werden? Das wurde nämlich schon so einigen angedroht.

GESCHÄFTSFÜHRER: Diese Frage habe ich gestern beantwortet – niemand wird irgendwie bestraft werden. Gestern habt ihr mir gesagt, dass ihr mir vertraut. Wir führen einen ehrlichen Dialog miteinander. Ich sagte, dass wir um 12 Uhr miteinander sprechen werden? Ich bin gekommen, und wir reden ehrlich und offen miteinander. (…)

ARBEITER: Wir stecken in einem System von Sklavenverträgen. Wir können jederzeit rausfliegen. Warum sagt Lukaschenko – ich sage nicht, dass er der Präsident ist, er ist nicht legitim –, dass wir genauso ein europäischer Staat wie England sind? Wenn ein Mensch gekündigt wird, dann gebt ihm eine Beihilfe für die ersten drei Monate. Gebt ihm, wie im Westen, eine Abfindung für sechs Monate, damit er von etwas leben kann, während er sich eine neue Arbeit sucht. Sonst ist das alles nur leeres Geschwätz.

ARBEITER: Die Beziehung zwischen Volk und Obrigkeit kann in einem Staat auf zweierlei Weise laufen: Entweder befolgen sowohl das Volk als auch die Obrigkeit die Gesetze, oder die Obrigkeit unterdrückt das Volk mithilfe dieser Gesetze. Einen dritten Weg gibt es nicht. Was in Belarus vor sich geht, brauche ich nicht zu erklären. Deshalb muss es einen Machtwechsel und eine Systemänderung geben. Ihr habt gerade alle sehr gut gesehen, dass die Ungerechtigkeit gegenüber nur einem Menschen, am Ende eine Gefahr für alle wird. Wir werden nicht mehr bloß verprügelt, wir werden umgebracht. Warum? Weil wir zu lange geschwiegen haben. Unsere Hauptforderung ist, dass Lukaschenko geht. Wir haben einen gewählten Präsidenten: Tichanowskaja. Aber seinen Befehlen zu folgen ist ein Verbrechen. (…)

WERKHALLENLEITER: Seit sechs Jahren arbeiten wir ohne Prämien, sechs Jahre lang haben wir diesen Erfolg, der sich in den letzten andert-

halb Jahren eingestellt hat, herausgekratzt. Deshalb komme ich jeden Tag um 6 Uhr mit euch zur Arbeit, um sicherzustellen, dass dieses Werk weiter ausgelastet ist. Nach dem 20. August wird es Probleme geben. Was werdet ihr uns dann sagen? Die Konkurrenz wird unseren Platz einnehmen. Denkt gut darüber nach, was wir hier gerade tun.
ARBEITER: Niemand wird arbeiten, wir streiken!
Der Gewerkschaftsvorsitzende verliest einen Brief mit den Bitten der Arbeiter.
ARBEITER, ZWISCHENRUF: Die Belegschaft bittet nicht, die Belegschaft fordert!
VORSITZENDER DER WERKGEWERKSCHAFT: Alle anderen Fragen … Die Gewerkschaft arbeitet innerhalb des bestehenden gesetzlichen Rahmens und des Tarifvertrags. Sie reguliert die Arbeitsbeziehungen im Werk. Und die Tatsache, dass einem irgendwelche politischen Entscheidungen aufgedrängt werden und die Menschen irgendwohin geführt werden sollen … Zieht doch die Gewerkschaft nicht in irgendwelche anderen Sachen rein. (…)
ARBEITERIN: In unserer Werkhalle arbeitet eine wundervolle junge Frau. Am 9. August wurde sie verhaftet, am 11. August wurde sie zum Glück freigelassen. Sie hat zwei Tage Fehlzeiten, und nun will man sie deshalb kündigen.
GESCHÄFTSFÜHRER: Dem Gesetz nach war sie faktisch nicht an ihrem Arbeitsplatz. Aber ich habe euch gesagt, dass ich keine repressiven Maßnahmen ergreifen werde. Wir werden mit dieser jungen Frau alles klären.
TECHNISCHER WERKLEITER: Ich werde euch nicht dazu überreden, auseinander zu gehen, eure Forderungen zu ändern, nicht zu irgendetwas aufzurufen. Lasst uns das mal so machen: Ihr wählt fünf bis sechs Leute von euch aus. Sie formulieren die Forderungen. Gestern habt ihr gesehen, dass der Geschäftsführer keine leeren Versprechen macht. Bringt eure Forderungen zu Papier und die werden an die Präsidialverwaltung weitergegeben. Kollegen, lasst uns hier nicht weiter herumreden. Ihr stellt die Forderungen, wir geben sie weiter.
GESCHÄFTSFÜHRER: Ihr geht wieder an die Arbeit und ich fahre in die Präsidialverwaltung. Ich werde euch nicht betrügen. Ich werde es weitergeben.
ARBEITER, ZWISCHENRUF: Versteht doch, das ist keine Versammlung! Das ist ein Streik! Wenn Lukaschenko zurücktritt, gehen wir wieder an die Arbeit."

Auf charter97.org
Aus dem Russischen von Wanja Müller

Swetlana Tichanowskaja,
Videobotschaft vom 14. August 2020

„Liebe Freunde!
In den letzten Monaten haben wir das Unmögliche geschafft. Vor sechs Monaten glaubte niemand daran, dass die Belarusen sich zusammenschließen und den alten Machthabern ‚Nein' sagen können. Aber es ist passiert. Wir sind zu den Wahllokalen gegangen, und wir haben unsere Wahl getroffen – nach Recht und Gesetz, friedlich und in Würde.

Ich möchte all den Menschen danken, die an meiner Seite waren: meiner Mannschaft, den Wahlkampfstäben von Valeri Zepkalo und Viktor Babariko. Ich möchte jedem Menschen danken, jedem Wähler, der für mich und für Veränderungen in unserem Land gestimmt hat. Die Befürworter des Wandels sind die Mehrheit. Dafür gibt es dokumentierte Beweise – die Kopien der Stimmauszählungsprotokolle. Dort, wo die Wahlkommissionen die Stimmen wahrheitsgetreu ausgezählt haben, lag die Unterstützung für mich bei 60 bis 70 Prozent. Und in Novaja Baravaja waren es 90 Prozent. Die Belarusen werden nie wieder mit der alten Macht im Amt leben wollen. Die Mehrheit glaubt nicht an *seinen* Sieg.

Wir haben immer gesagt, dass wir unsere Wahlentscheidung nur mit legalen, gewaltlosen Mitteln schützen werden. Und als die Menschen friedlich auf die Straßen gingen, haben die Machthaber diesen Protest in ein blutiges Gemetzel verwandelt. Die Lage ist kritisch. Mit Schmerz sehe ich auf das, was in den letzten Tagen in unserem Land passiert. Für mich, und ich bin mir sicher, für jeden von Euch, jeden Befürworter des Wandels, ist das menschliche Leben das wertvollste Gut.

Wir müssen die Gewalt auf den Straßen der belarusischen Städte beenden. Ich fordere die Machthaber nachdrücklich auf, dies zu beenden und zu einem Dialog überzugehen. Ich bitte die Bürgermeister aller Städte, am 15. und 16. August friedliche Massenversammlungen in jeder Stadt zu organisieren.

In den Straßen unserer Städte finden neue friedliche Aktionen statt – ‚Ketten der Solidarität' von Frauen mit Blumen. Absolut gewaltfrei. Sie zeigen der ganzen Welt, dass wir, Belarusen, offene, ehrliche Menschen sind und dass wir gegen Gewalt sind. Ich danke allen Sicherheitskräften, die sich geweigert haben, kriminelle Befehle zu befolgen, die gegen die eigenen Bürger gerichtet sind. Ich möchte denjenigen danken, die keine Angst mehr hatten und in Streik getreten sind. Ich danke den Arbeitern der Belarusischen Metallwerke, der Minsker Werke für Elektrotechnik, den Arbeitern des Minsker Automobilwerks MAZ, den IT-Unternehmen aus dem belarusischen *Hi-Tech Park* und all den anderen Belegschaften, die sich angeschlossen haben.

Lasst uns gemeinsam unsere Wahl verteidigen. Unterschreiben Sie dafür, dass Sie für mich, Swetlana Tichanowskaja, gestimmt haben. Der Link wird unter dem Video zu finden sein. Bitte, bleiben Sie nicht unbeteiligt. Unsere Stimmen müssen gehört werden."

Auf Youtube
Aus dem Russischen von Wanja Müller

Arciemij Erzbischof von Hrodna und Vaŭkavysk,
14. August 2020

"Wahrhaftige Väter, liebe Brüder und Schwestern in Christus!

Wir durchleben einen sehr schwierigen Abschnitt unserer Geschichte, und dieser ist bereits durch Gewalt und vergossenes Blut überschattet – was wir in unserem friedlichen und ruhigen Belarus unter keinen Umständen erwartet hätten. Und doch ist es passiert. (...)

Das Blut der Opfer und das schwere Leiden der Menschen in diesen Tagen haben also diejenigen auf dem Gewissen, die die Wahrheit selbst getötet oder andere dazu gezwungen haben! Dass man so NICHT HANDELN DARF, wenn man sich orthodoxer Christ nennt, das haben unsere Priester angemahnt und an das Gewissen appelliert und an Gottes Gebote erinnert! Aber leider hat man auf sie zuallerletzt gehört.

Nun steht uns ein schwieriger Weg zur Überwindung der politischen Krise und in Richtung einer moralischen Reinigung bevor. Dies ist nicht ohne aufrichtige und tiefe Reue möglich, der wir uns alle werden befleißigen müssen! Damit wir für uns selbst um Vergebung bitten können und allen anderen vergeben können!

Und die Erfahrung der letzten Tage, als statt der verprügelten Männer, Söhne und Brüder, ihre Frauen, Mütter und Schwestern mit Blumen und einem Lächeln auf die Straße gingen, diese Erfahrung zeigte, dass das geistliche Gesetz: ‚Lass dich nicht vom Bösen überwinden, sondern überwinde das Böse mit Gutem' (Röm 12,21) – funktioniert! Die Liebe hat den Frieden zurückgebracht und die Gewalt aufgehalten! Ist das etwa kein Wunder? Ich danke vielfach allen, die diese wunderbare Lösung gefunden haben und erbitte den Segen Gottes für euch! (...)"

Öffentlicher Appell an den Klerus und an
die Gemeinde der Diözese Hrodna
Aus dem Russischen von Wanja Müller

Erklärung des Koordinierungsrats vom 7. September 2020

Unter Berücksichtigung der brutalen Festnahmen von Aktivisten, von Teilnehmern friedlicher Aktionen und unbeteiligter Passanten, darunter Studenten, Bewohner der Wohnsiedlung des Minsker Traktorenwerks, Anwohner der Stadt Hrodna, Mitarbeiter des OSWOD (Verein der belarusischen Rettungsschwimmer – A.d.Ü.), Cafébesucher und viele andere; und unter Berücksichtigung der Tatsache, dass am 07.09.2020 Maria Kolesnikowa, Mitglied des Präsidiums des Koordinierungsrates, Anton Radniankoŭ, Pressesprecher, Ivan Kraŭcoŭ, Exekutivsekretär, entführt wurden; am 05.09.2020 Volha Kavaĺkova, Mitglied des Präsidiums des Koordinierungsrates, gewaltsam außer Landes gebracht wurde; am 31.08.2020 ein Strafverfahren gegen Lilija Ulasava, Mitglied des Präsidiums des Koordinierungsrates, eingeleitet wurde; am 24.08.2020 Siarhiej Dylieŭski, Mitglied des Präsidiums des Koordinierungsrates inhaftiert und wegen Ordnungswidrigkeit unter Arrest gestellt wurde – hält es der Koordinierungsrat für notwendig, diese Erklärung abzugeben:

An friedlichen Aktionen, die seit dem 09.08.2020 auf dem gesamten Territorium der Republik Belarus stattfinden und die Meinung der Mehrheit zum Ausdruck bringen, ist eine so hohe Zahl von Menschen beteiligt, dass die Behörden zum Zwecke ihrer Unterdrückung dazu übergegangen sind, offen Methoden des Terrors anzuwenden.

In ihrem Versuch, die Mehrheit einzuschüchtern und diese dazu zu bringen, auf ihre öffentliche Meinungsäußerung zu verzichten, verfolgen die Behörden die Aktivisten mit exemplarischer Brutalität und nehmen willkürlich beteiligte Bürger fest, wobei Spezialeinsatzmittel angewendet werden.

Es ist offensichtlich, dass all diese Methoden widerrechtlich sind und zu keinem anderen Ergebnis führen, als die Situation zu verschärfen und die Krise zu vertiefen.

Friedliche Aktionen finden dezentral und ohne Führungsfiguren statt. Der gegen die Teilnehmer von Protestaktionen angewandte Terror ist nutzlos. Die Menschen, die sich an Protestaktionen beteiligen, haben weniger Angst vor der Gewalt, mit welcher die Behörden sie persönlich bedrohen, als vielmehr vor einer Zukunft in einem rechtsfreien Staat, vor einer Zukunft, die sie und ihre Nächsten erwarten wird, wenn sich die Situation im Land nicht ändert, wenn Recht und Demokratie nicht wiederhergestellt werden.

Die Mitglieder des Koordinierungsrates reichen heute beim Ermittlungskomitee eine Anzeige zu allen Tatbeständen rechtswidriger Handlungen ein, die von Sicherheitskräften am 06.09.2020 und an anderen Tagen begangen wurden.

Eine besondere Aufmerksamkeit möchten wir in dieser Erklärung auf Handlungen einer Gruppe unbekannter Personen richten, die am Abend [des 06.09.2020] in Minsk an der Adresse Praspiekt Pieramožcaŭ 3 stattgefunden haben. Diese Personen trugen keine Uniform und keine weiteren Erkennungszeichen, ihre Gesichter waren maskiert, ihre Identifikation erschwert, sie haben sich weder vorgestellt noch mit Dokumenten ausgewiesen, stattdessen zeigten sie während einer friedlichen Aktion offen verschiedene Waffen und setzten ohne irgendeine Aufforderung Schlagstöcke ein und verprügelten Zivilisten. Einer Erklärung der Pressesprecherin des Innenministeriums, V. M. Čamadanava, zufolge, sind diese Personen Mitarbeiter der Sicherheitsbehörden. Angeführt wurden diese Personen vom Oberst der Polizei, M. M. Karpiankoŭ, dem Chef der Hauptabteilung des Innenministeriums zu Bekämpfung der organisierten Kriminalität und Korruption, der persönlich die Glastür eines Cafés eingeschlagen hat.

Die Anwendung von Spezialeinsatzmitteln und Gewalt gegenüber Teilnehmern von friedlichen Aktionen und zufällig anwesenden Passanten, gegenüber Personen, die keine Gegenwehr ausüben und sogar gegenüber jenen, die bereits auf dem Boden liegen, um ihre friedlichen Absichten zu demonstrieren, stellt einen Machtmissbrauch und eine Überschreitung der Amtsbefugnisse dar (Art. 426, StGB RB).

Wir halten es für notwendig aufzuklären, mit welchem Ziel die widerrechtlichen Befehle erteilt wurden – zur Bestrafung für die politische Auffassung der Bürger, zur Einschüchterung der Bevölkerung oder zur Provokation ungesetzlichen Handelns: abhängig von der Zielsetzung kommt eine weitere strafrechtliche Haftung hinzu.

Wenn Gewalt und Leid von einer Person verursacht wird, die von Amts wegen auftritt und zum Ziel hat, Bürger für ihre politische Auffassung zu bestrafen, so nehmen wir an, dass sich diese Person nach Art. 128 StGB RB strafbar macht (Verbrechen gegen die Sicherheit der Menschheit).

Wenn Gewalttaten mit dem Ziel begangen werden, Bürger einzuschüchtern, sie zum Verzicht auf politische oder öffentliche Aktivitäten zu nötigen oder die Bevölkerung einzuschüchtern, wenn solche Taten mit einer Bedrohung von Menschen oder der Androhung schwerwiegender Folgen begangen werden, können diese zusätzlich als terroristische Handlungen qualifiziert werden (Art. 289, StGB RB).

Wenn Beamte der Strafverfolgung unbegründet Gewalt anwenden, um bei friedlichen Demonstranten Gegengewalt zu provozieren und damit den Einsatz von Waffen zu rechtfertigen, können solche Handlungen zusätzlich als Versuche qualifiziert werden, sozialen Unfrieden zu schüren (Art. 130, StGB RB)

Der Koordinierungsrat hebt hervor, dass alle Handlungen, die von Personen von Amts wegen begangen werden, die Gewaltanwendung beinhalten und darauf abzielen, die politischen und sozialen Aktivitäten der Bürger zu unterdrücken, als Verbrechen gegen die Sicherheit der Menschheit zu qualifizieren sind, für die es keine Verjährungsfrist gibt und die in jedem Land der Welt strafrechtlich verfolgt werden. Der Koordinierungsrat stellt fest, dass die Befolgung widerrechtlicher Befehle und Weisungen die ausführende Person nicht von der Haftung entbindet, dass die Nichtbefolgung widerrechtlicher Befehle aber rechtmäßig ist.

Der Koordinierungsrat fordert die Behörden erneut nachdrücklich dazu auf, das Offensichtliche anzuerkennen und Maßnahmen zu ergreifen, um Recht und Demokratie in der Republik Belarus wiederherzustellen.

Um Maßnahmen zur Überwindung der Krise zu ergreifen und erste Schritte zur Erfüllung der vom Koordinierungsrat formulierten Forderungen vorzuweisen, ist es dringend notwendig:

1. Alle Verbrechen, die seit dem 09.08.2020 gegen friedliche Demonstranten verübt wurden, die unter anderem zum Tod von Menschen oder zu ihrem Verschwinden führten, zu ermitteln und zu untersuchen sowie sicherzustellen, dass die Öffentlichkeit täglich objektiv über den Fortschritt der Ermittlungen informiert wird.
2. Zuverlässige Informationen über die Wahlergebnisse vom 09.08.2020 für jedes einzelne Wahllokal zu veröffentlichen. Alle dokumentierten Hinweise auf Wahlfälschung zu untersuchen und zu prüfen, ob strafbare Handlungen nach Art. 192 StGB RB vorliegen, der Wahlprozesses widerrechtlich beeinflusst wurde und, unter anderem aber nicht ausschließlich, ob die Stimmenauszählungen und die Protokolle über das Wahlergebnis verfälscht wurden, ob Zwang gegenüber den Mitgliedern der Wahlkommissionen seitens der Vertreter von staatlichen Behörden angewandt wurde.
3. Politische Repressionen zu beenden und nach gesetzlich festgelegten Verfahren die Haftstrafen in allen Strafverfahren zu Massenunruhen, organisierter Störung der öffentlichen Ordnung zu ändern oder aufzuheben und zwar gegenüber allen in dieser Sache beschuldigten Personen, die seit dem 10.05.2020 festgenommen wurden, unter anderem Viktor Babariko, Sergej Tichanowski und andere Personen, die als politische Häftlinge anerkannt wurden (http://spring96.org/

be/news/49510). Aus der Haft sind alle widerrechtlich festgenommenen Personen zu entlassen, die sich an friedlichen Aktionen beteiligt haben oder Personen, die wegen ihrer Beteiligung an friedlichen Aktionen wegen einer Ordnungswidrigkeit unter Arrest gestellt wurden.
4. Die Repressionen gegen Mitglieder des Koordinierungsrats sind zu beenden. Sofort freizulassen sind Maria Kolesnikowa, Lilija Ulasava, Andrej Jahoraŭ, Anton Radniankoŭ, Ivan Kraŭcoŭ. Darüber hinaus muss zugesichert und garantiert werden, dass Volha Kavalkova, Paviel Latuška und Swetlana Tichanowskaja die Möglichkeit haben, frei ins Land zurückzukehren. Der Koordinierungsrat bittet alle Bürger, sich den Provokationen nicht zu ergeben, auf Gewalt nicht mit Gegengewalt zu reagieren und sich dafür einzusetzen, dass alle Verbrecher ausschließlich auf dem Rechtsweg zur Rechenschaft gezogen werden.

Aus dem Russischen von Wanja Müller

Swetlana Alexijewitsch, 9. September 2020

Von meinen Freunden und Gesinnungsgenossinnen und -genossen im Präsidium des Koordinationsrates ist keiner mehr da. Alle sind entweder im Gefängnis oder wurden rausgeschmissen und unfreiwillig außer Landes gebracht. Heute war der letzte dran: Maxim Znak.

Erst wurde unser Land erbeutet, dann die besten von uns gekidnappt. Doch an die Stelle der aus unserer Mitte Gerissenen treten Hunderte andere. Nicht der Koordinationsrat revoltiert. Das ganze Land revoltiert. Ich möchte wiederholen, was ich immer sage: Wir haben keinen Umsturz geplant. Wir wollten keine Spaltung in unserem Land zulassen. Wir wollten, dass in der Gesellschaft ein Dialog beginnt. Lukaschenko sagt, dass er nicht mit der Straße redet. Aber die Straße, das sind hunderttausende Menschen, die jeden Sonntag und jeden Tag auf die Straße gehen. Das ist nicht die Straße. Das ist das Volk.

Die Menschen gehen mit ihren kleinen Kindern auf die Straße, weil sie glauben, dass sie gewinnen.

Wenden möchte ich mich auch an die russische Intelligenzija – nennen wir sie doch aus alter Gewohnheit einfach so. Warum schweigt ihr? Nur einzelne Stimmen von Unterstützern hören wir. Warum schweigt ihr, wenn ihr seht, wie ein kleines, stolzes Volk zertrampelt wird? Wir sind doch immer noch eure Brüder und Schwestern.

Und meinem Volk möchte ich sagen, dass ich es liebe. Dass ich stolz bin.

Da, es klingelt schon wieder jemand an der Tür, den ich nicht kenne …

Über das belarusische PEN Center
Aus dem Russischen von dekoder.org

Olga Tokarczuk, Warschau, 9. September 2020

Ich erinnere mich an die Zeit, als man im kommunistischen Polen den Oppositionellen die Freilassung aus dem Gefängnis versprach, wenn sie emigrieren würden. Das Land, in dem ich lebe, war seinerzeit spezialisiert darauf, Menschen mit solchen Methoden zu verjagen.

Insofern erstaunt es mich nicht, wenn die Regierung in Belarus ihre widerständigen Bürgerinnen und Bürger dazu zwingt, das Land zu verlassen. Dieses Muster ist mir bekannt, ebenso das ihm innewohnende Paradox. Denn dieses Versprechen der Freiheit ist letztlich eine Form der Gefangennahme. Während die Entscheidung, im Land zu bleiben – wo Verfolgung, Verhaftung und repressive Racheakte gegenüber Angehörigen drohen –, zum Ausdruck wirklicher Freiheit wird.

In meinem Land wie auch in vielen anderen Staaten des Warschauer Paktes war diese Form des Heldentums lange Zeit eine Domäne der Männer. Jedenfalls erzählt es die geschichtliche Überlieferung so. Das freie Belarus aber ist heute eine Frau.

Alexander Lukaschenko sagte einmal: „Unsere Verfassung ist so beschaffen, dass ein Mann die Last der Regierung kaum zu tragen vermag. Wollte man sie einer Frau aufbürden – die Arme müsste zusammenbrechen." Nun habe ich eine schlechte Nachricht für Sie, Herr Lukaschenko, die zugleich eine gute ist für die Welt: „Die Arme bricht nicht zusammen, ja, mehr noch: Sie erkämpft für Belarus die Freiheit."

Ich bewundere die Zehntausende demonstrierender Frauen, die die Männer vor Angriffen der OMON-Einheiten schützen. Ich denke an die belarusischen Politikerinnen, deren Namen nun die ganze Welt kennt, und die zum Symbol für den Kampf für Demokratie geworden sind. Ich denke an Maria Kolesnikowa, die entführt wurde und dann ihren Pass zerriss, um nicht über die Grenze in die Ukraine abgeschoben zu werden. An Swetlana Tichanowskaja und Veronika Zepkalo, die zur Emigration gezwungen wurden. An Volha Kavalkova, die ebenfalls gegen ihren Willen das Land verlassen hat.

Am meisten denke ich an Swetlana Alexijewitsch, die herausragende Schriftstellerin und Nobelpreisträgerin, die – wie ich jetzt höre – als letztes Mitglied des oppositionellen Koordinierungsrats noch in Freiheit ist. Liebe Swetlana, ich möchte, dass Du weißt – wenn es möglich wäre, ich stände zusammen mit den unabhängigen Journalistinnen und Journalisten, die Dich schützen wollen, vor Deinem Haus. Die Hände zu Fäusten geballt.

Aus „Gazeta Wyborcza". Aus dem Polnischen von Lothar Quinkenstein

Ljudmila Ulitzkaja, an Swetlana Alexijewitsch,
10. September 2020

Liebe Swetlana!
Belarus erlebt heute das, was aller Wahrscheinlichkeit nach auch Russland in einiger Zeit wird erleben müssen. Für uns alle sind die Ereignisse der letzten Wochen in Belarus ein Modell unserer nahen Zukunft. Und zwar ein gutes Modell.

Es hat sich gezeigt, dass ein ruhiges und, wie uns immer schien, recht träges Volk auf den unheilvollen Appetit des Regimes, verkörpert von einem völlig unfähigen Diktator, sehr wachsam reagiert. Es hat auf eine äußerst würdige Art und Weise seine Meinung kundgetan bei Demonstrationen von zigtausend Menschen auf dem Platz vor der Präsidentenresidenz. Friedlichen Demonstrationen, ohne zerschlagene Scheiben und brennende Autos.

Diesem Protest liegt, wie mir scheint, ein Gefühl der eigenen Würde zugrunde, von Menschen, die sich nicht mehr abfinden wollen mit dem Regime eines vor unbegrenzter Macht Durchgedrehten – eines beschränkten und ungebildeten Mannes.

Keine einzige Minute meines Lebens mochte ich Macht. Nicht die von Stalin, nicht die nach Stalin, nicht den Reigen der nachfolgenden Führer, nicht die postsowjetischen Regierungen, nicht die putinsche.

Doch die Erfahrung als sowjetischer Mensch, der den Großteil seines Lebens unter den Paukenschlägen schamloser Propaganda gelebt hat, machte mich umfassend immun. Schon oft habe ich gesagt: Ja, wir leben heute in goldenen Zeiten, wenn man unser Leben mit dem Leben unserer Eltern und Großeltern vergleicht. Der Eiserne Vorhang ist kollabiert, die Grenzen sind offen, Informationen aus aller Welt, die in sowjetischer Zeit immer unter Verschluss blieben, strömen nur so zu uns, und jeder, der sie bekommen will, schaltet einfach seinen Computer an. Verhaftungen sind akkurat und punktuell, ohne stalinsche Wucht.

Die Ereignisse in Belarus haben mein idyllisches Bild vom Leben zerstört: Es ist klar geworden, wie das Regime die Zähne zeigt, wenn es sich in seiner unbegrenzten und unrechtmäßigen Existenz bedroht fühlt.

So erstaunlich es auch sein mag: Die belarusischen Bürger reagieren sensibler auf die Unmoral und die Schamlosigkeit des Regimes. Die eigene Würde überwiegt nun Trägheit, Angst und eben jenes soziale Faulenzen, das das Leben in weiten Teilen des gesamten postsowjetischen Raums prägt.

Wir alle – ich spreche von meinen Freunden und Gleichgesinnten, von denen es nicht wenige gibt – verfolgen höchst gespannt alle Nachrichten, die derzeit aus Belarus kommen. Wir wissen von den Verhaftungen und von den neuen, wunderbaren Führungsfiguren. Und uns ist klar, dass in eurem Land ein Ereignis stattgefunden hat, das morgen auch in Russland stattfinden kann.

Ich sende dir herzliche Grüße, wünsche Gesundheit und Kraft, wünsche dir, dass du in einem Land lebst, das frei ist von einem dummen und ekelerregenden Regime. Und mir, meine Liebe, wünsche ich dasselbe.

Ich umarme dich,
Ljusja Ulitzkaja

Aus dem Russischen von dekoder.org

Erklärung der Feministischen Gruppe im Koordinierungsrat, 12. September 2020

„Wir wurden nicht bezahlt" und „Wir hassen euch kostenlos" sind zwei der wichtigen Slogans bei den Samstags-Frauenmärschen und bei den allgemeinen sonntäglichen Protestkundgebungen.

Ein Beitrag, der am 12. September von einem der staatlichen Fernsehsender gezeigt wurde, zielte darauf ab, die Aktivitäten des IT-Unternehmens PandaDoc und des Frauenrechtszentrums „Jejo prawa" [„Ihre Rechte"] zu diskreditieren und die Leute davon zu überzeugen, dass alle Märsche und Protestaktionen aus dem Ausland finanziert werden.

Tausende von Frauen schließen sich den Protesten an, sie spüren die Bedeutung und Wichtigkeit der Ereignisse in Belarus. Frauen mit ganz unterschiedlichen beruflichen und religiösen Hintergründen nehmen mit ihren Slogans und Forderungen an den Märschen teil, sie wissen, dass die Zeit gekommen ist, ihre Bedürfnisse und Interessen zu äußern.

Die Frauenprotestbewegung in Belarus existiert dank der Stärke, des Mutes und des politischen Willens der Frauen in Belarus und wird nicht aus dem Ausland finanziert.

Im Namen der Frauengruppe „Fem" und im Namen aller Teilnehmerinnen der friedlichen Solidaritätsaktionen erklären wir:

- Wir unterstützen das Recht der Frauen und der gesamten belarusischen Gesellschaft, ihre Meinungen und Forderungen mit allen rechtmäßigen Mitteln zum Ausdruck zu bringen.
- Wir unterstützen unsere Kolleginnen von „Jejo prawa" voll und ganz bei ihrer sehr wichtigen Arbeit zum Schutz der Frauenrechte.
- Wir glauben, dass die Solidarität, die Stärke und die Tapferkeit der Frauen in Belarus heute konsolidierende Komponenten der gesamten Protestbewegung sind.

Wir lassen uns nicht aufhalten, wir lassen uns nicht brechen!

Auf der Homepage des Koordinierungsrates rada.vision
Aus dem Russischen von Nina Weller

Ingo Schulze, Berlin, 6. Oktober 2020

„Liebe belarusische Freundinnen und Freunde,
ich bin hierher gekommen, um, wie es auf einem Plakat dort steht, ebenfalls zu sagen: Willkommen Frau Präsidentin!

Wir bewundern die friedlichen Demonstrantinnen und Demonstranten! Ich darf von ‚wir' sprechen, weil zumindest mir noch niemand begegnet ist, der Sie, die für eine demokratische Wahl mit so viel Mut und Souveränität auf die Straßen gehen, nicht bewundert und hofft, dass Sie Ihre Ziele mit gewaltlosen Mitteln erreichen werden.

Gerade in Ostdeutschland wissen viele, was es bedeutet, ungenehmigt und begleitet von Einschüchterung und Androhung von Gewalt auf die Straße zu gehen. Sie haben es, so viel lässt sich schon sagen, schwerer als wir vor 31 Jahren. Sie werden einen langen Atem brauchen. Und wir möchten Ihnen und Euch, auch wenn die Proteste in Belarus sonntags nicht mehr unter den Topnews sein sollten, auch einen langen Atem der Solidarität versprechen.

Sie haben bereits Ihr Land und sich selbst verändert. Diese Selbstermächtigung so vieler Menschen in Belarus wird sich nicht mehr ungeschehen machen lassen. Aber auch wenn Sie schreckliche Erfahrungen gemacht haben oder machen müssen, ich ahne, dass Sie letztlich mit niemandem auf der Welt tauschen wollen, auch wenn das mitunter verlockend sein mag.

Wir bewundern Sie aber auch dafür, wie Sie demonstrieren, weil Sie sich nicht zum Feind machen lassen, weil Sie sich gegen Einmischungen ganz gleich von welcher Seite verwahren und Ihre Gegner, die mitunter brutal sind und offenbar vor nichts zurückschrecken, immer noch als Landsleute behandeln, mit denen man auch in einer besseren Zukunft zusammenleben muss.

Ihr Kampf für demokratische Rechte und Freiheiten ist aber auch für uns selbst hier in Deutschland eine Ermutigung, unter wesentlich leichteren Bedingungen konsequenter für Frieden und Freiheit, für Demokratie und soziale Gerechtigkeit, für ökologisches Wirtschaften und für Pressefreiheit einzutreten, denn das eine hängt untrennbar mit dem anderen zusammen.

Sie wissen, dass nicht immer diejenigen, die die Kastanien aus dem Feuer holen, sie auch essen werden. Sie wissen, welchen Verlauf Revolutionen nehmen können. (…)

Beim Besuch von Swetlana Tichanowskaja, vor dem Brandenburger Tor

Swetlana Tichanowskaja, Ultimatum des Volkes,
13. Oktober 2020

Vor zwei Monaten sind wir aufgewacht, wie an einem gewöhnlichen Sonntag und sind wählen gegangen. Und wir haben alle für den Wandel gestimmt. Vor zwei Monaten war unser letztes normales Wochenende. Wir sind auf die Straßen gegangen um unsere Stimmen zurückzugewinnen und haben stattdessen Geschosse, Schlagstöcke, Gefängniszellen und die zynischen Lügen des Regimes bekommen. Sie fragen uns, während sie zuschlagen: „Ihr wollt den Wandel?" Sie sagen uns: „Da habt ihr den Wandel".

Wir antworten: Das ist kein Wandel. Ihr habt uns immer schon weggesperrt, jetzt sperrt ihr uns noch mehr weg. Ihr habt uns immer schon Angst eingejagt, jetzt macht ihr uns noch mehr Angst. Ihr habt immer schon Männer geschlagen, jetzt schlagt ihr auch Frauen, Kinder und Alte. Versucht nicht, das als Dialog auszugeben. Das ist Staatsterror. Und jeder, der sich noch nicht dafür entschieden hat, auf die Seite des Volkes zu wechseln ist ein Komplize des Terrors. Erklärt öffentlich, dass ihr dieses Regime nicht mehr unterstützt. Wendet euch an uns über Stiftungen, per Brief oder auch über Bekannte. Wenn ihr das nicht tut, heißt das, dass jetzt unsere Großväter und Großmütter mit euren Händen verprügelt werden. Euretwegen wurden sie gestern mit Waffen bedroht, vielleicht das erste Mal seit ihrer schrecklichen Kindheit im Krieg.

Wir haben oft gesagt, dass wir bereit sind für Dialog und Verhandlungen. Aber ein Gespräch hinter Gittern ist kein Dialog. Sein Volk zu verprügeln, nachdem man Verhandlungsbereitschaft bekundet hat, ist auch kein Dialog. Lukaschenko zerschlägt seine Zukunft und versucht Beamte, *Silowiki* und das gesamte belarusische Volk mit sich zu ziehen. Aber wir werden das nicht zulassen.

Zwei Monate Gewalt, Gesetzlosigkeit und politische Krise liegen hinter uns – und wir haben genug davon. Zum 25. Oktober setzen wir das Ultimatum des Volkes.

Das Regime hat 13 Tage Zeit, drei verpflichtende Forderungen zu erfüllen:

1. Lukaschenko muss seinen Rücktritt erklären.
2. Die Gewalt auf den Straßen muss vollständig aufhören.
3. Alle politischen Gefangenen müssen freigelassen werden.

Wenn unsere Forderungen bis zum 25. Oktober nicht erfüllt werden, geht das ganze Land mit dem Ultimatum des Volkes friedlich auf die Straße. Und am 26. Oktober beginnt ein landesweiter Streik in allen Betrieben, die Blockade aller Straßen, der Umsatzeinbruch in den staatlichen Geschäften. Ihr habt 13 Tage, um drei Forderungen zu erfüllen. Wir haben 13 Tage, um uns vorzubereiten, und die ganze Zeit über werden die Belarusen ihren friedlichen und beharrlichen Protest fortführen.

Ihr versucht, das Leben in unserem Land lahmzulegen und versteht nicht, dass Belarus stärker ist als das Regime. Wenn ihr auf einen Befehl gewartet habt – hier habt ihr den Befehl. Und die Frist zur Erfüllung läuft bis zum 25. Oktober.

Auf Telegram
Aus dem Russischen von Judith Strzelczyk

DIE WURZELN DER GEWALT

Iryna Ramanava

> „Wir machen selbstverständlich humanen Gebrauch von Waffen, auch von Schusswaffen."
> *(Mikalaj Karpiankoŭ, Chef der Hauptabteilung des Innenministeriums zur Bekämpfung von organisierter Kriminalität und Korruption in einem Interview für den Fernsehsender „Belaruś 1")*

Vom 9. bis 11. August wurde die Welt Zeuge unerhörter und unbegründeter Gewaltexzesse gegen Menschen, die friedlich ihren Protest gegen die Methoden und die Ergebnisse der Präsidentschaftswahl in Belarus zum Ausdruck bringen wollten. Alle stellten sich die Frage, wie es dazu hatte kommen können. Hier versuchten ja keine Kolonialtruppen, ihre Ländereien blutig zu befrieden, hier agierte keine Besatzungsarmee in Feindesland. Die eigenen Leute, Männer „von nebenan" zündeten Blendgranaten, feuerten gezielt mit Gummigeschossen, setzten Wasserwerfer und anderes Spezialgerät ein, malträtierten mit Schlagstöcken und schweren Kampfstiefeln junge Männer und Frauen in T-Shirts, deren einziges Vergehen es war, sich versammelt zu haben, um ihrer Unzufriedenheit mit dem Verlauf der Wahlen in ihrem Land Ausdruck zu verleihen.

Vor den Augen der Weltöffentlichkeit wurde hier eine breit angelegte Strafaktion ausgeführt, eine von langer Hand vorbereitete Operation mit dem Ziel, einen möglichst großen Teil der Zivilbevölkerung einzuschüchtern und zu demoralisieren. Menschen wurden und werden bis heute nicht nur bei Massenversammlungen aufgegriffen, sondern auch in Hauseingängen und sogar Innenhöfen. Und dann wurde deutlich, dass ein „Awtosak" nicht einfach ein Fahrzeug ist. Schon in diesen Gefangenentransportern begannen die Misshandlungen: Die von den Prügeln bei ihrer Festnahme bereits traumatisierten Gefangenen wurden in denkbar unbequemen Stellungen fixiert und weiter brutal geschlagen. Und beim Verlassen des *Awtosak* folgte ein Spießrutenlauf, bei dem weiter zugeschlagen wurde.

Ganz gezielt sollten maximale körperliche Schädigungen herbeigeführt werden mit Schlägen gegen die Knie, den Hals, den Kopf, die Wirbelsäule oder die Geschlechtsteile. Häftlinge beschrieben, wie ihnen das Blut aus dem Mund sprudelte und sie darum baten, dass man ihre letzten Worte an die Eltern auf Video aufzeichnete. Inhaftierte wurden übereinandergestapelt man ist auf ihnen herumgesprungen, hat sie genötigt, sich an Ort und Stelle zu entleeren, sie mit Schlafentzug und nächtlichen Massenprügeleien gefoltert, sie lauter Musik ausgesetzt, sie erniedrigt, sie höchst einfallsreich und „virtuos" gedemütigt. Vergewaltigungsandrohungen, Gewalt, Verletzung der Geschlechtsteile, Zwangsrasur, öffentliche Entblößung. Die Kleidung von Häftlingen wurde mit Nummern versehen, mit rot und gelb wurden sie „unterschiedlichen Kategorien" zugeordnet.

Die Gesamtzahl der Opfer im Zusammenhang mit den Kundgebungen ist nicht exakt auszumachen. Das Medienprojekt *Mediazona* hat die verfügbaren (höchstwahrscheinlich lückenhaften) Daten zu Minsk und dem Sondergefängnis Žodzina für August und September ausgewertet. Demnach kamen allein in Minsk mindestens 1.376 Personen durch den Einsatz der Sicherheitskräfte zu Schaden. Ein Drittel der Betroffenen trug mittelschwere Traumata und Verletzungen davon. Mehr als 600 Personen wurden nicht während der Kundgebungen, sondern erst anschließend in den Polizeirevieren oder im Akrescina-Gefängnis geschlagen. Mindestens drei Fälle von sexueller Gewalt sind dokumentiert, eines der Vergewaltigungsopfer war minderjährig. Fast 200 Personen erlitten Schädel-Hirn-Traumata und Gehirnerschütterungen. 40 Personen wurden durch Gummigeschossse verwundet. Durch einen solchen Schuss in die Brust kam am 10. August auch der 34-jährige Aliaksandr Tarajkoŭski ums Leben, der bei der Metrostation Puškinskaja mit erhobenen Händen auf eine Kette von Mitgliedern der Sondereinheit „Alpha" zugegangen war. Über die Hälfte der Opfer zog sich die Verletzungen in Gefängnistransportern, Polizeirevieren oder den Gefängnissen in Akrescina bzw. Žodzina zu, in Situationen also, da sie keinen Widerstand leisteten und keinerlei Bedrohung für die Sicherheitskräfte darstellten. Viele wurden gleich mehrfach geschlagen: bei der Festnahme, im Transporter oder auf dem Revier und schließlich im Gefängnis. In einigen Fällen erstreckten sich die Misshandlungen über mehrere Tage, wie *Mediazona* zu entnehmen ist.

Ganz offensichtlich wurde von oben vorgegeben, wie brutal die Proteste erstickt werden sollten, wurde dort die Stellschraube der Gewalt reguliert. Aus zahlreichen Zeugenaussagen geht hervor, dass ein entsprechender Befehl für den 9.–11. August vorlag: Die Einsatzkräfte der Miliz, des OMON und des Innenministeriums hatten direkte Order, zu foltern und die Gefangenen maximal zu demütigen, außerdem hatte man ihnen zu verstehen gegeben, sie müssten für ihr Vorgehen keinerlei Konsequenzen tragen. Dieser strukturelle Faktor trug dazu bei, dass die Einsatzkräfte ihrem Sadismus freien Lauf ließen. Ein erneutes Aufflammen der Gewalt war nach dem Besuch Lukaschenkos im Untersuchungsgefängnis zu beobachten.

Die breit angelegte Strafaktion weist deutliche Parallelen zu terroristischen Maßnahmen auf: Einsatz von Gewalt zur Einschüchterung und Demoralisierung, völlige Entrechtung von Opfern und Angehörigen, Geheimhaltung der Information über den Aufenthaltsort, willkürliche Auswahl der Opfer, Entmenschlichung, Rechtfertigung von staatlicher Seite als Kampf gegen den Feind, Straffreiheit für die Folterer. Die reflexhafte Reaktion der Gesellschaft lautete: Faschisten, Nazis, Gestapo. Das kann kaum verwundern, bedenkt man die hierzulande vorherrschende geschichtspolitische Fixierung auf die Zeit des Zweiten Weltkriegs (bzw. des Großen Vaterländischen Krieges), auf seine Opfer und die Heldentat des Volkes. In Belarus herrscht ein Kriegskult, der alles überstrahlt, die Lehrpläne dominiert und im Bildungswesen weitergetragen wird. Die totalitäre Vergangenheit und der Stalinismus sind im öffentlichen Diskurs nie aufgearbeitet worden, sie galten eher als verstaubt und überholt. Doch innerhalb kürzester Zeit nach Beginn der friedlichen Proteste und dem Versuch ihrer gewaltsamen Niederschlagung war der NKWD-Vergleich immer häufiger zu hören, wurde der Sicherheitsapparat mit NKWD-Schergen verglichen.

Im Belarus des Jahres 2020 richtete sich die Gewalt anders als 1937 nicht gegen bestimmte Personengruppen, die als Bedrohung empfunden wurden, vielmehr wurde willkürlich und unterschiedslos zugeschlagen. Allenfalls war das Vorgehen in seiner Brutalität mit dem des NKWD vergleichbar. Da das Repertoire der Strafmaßnahmen bei allem Erfindungsreichtum begrenzt ist, lässt sich hier jedoch kaum von einer direkten „Traditionslinie" sprechen.

Unabhängig von der Frage, inwieweit Strukturen wie KGB, Innenministerium oder Armee reformiert wurden oder auch nicht, ist aber festzustellen, dass sie als Organe der Repression eingesetzt werden. Der KGB hat in Belarus bekanntlich nicht nur den Namen beibehalten, er versteht sich auch als Nachfolger und Wahrer der Tradition, was in Publikationen zu Jahrestagen, der Verwendung von Symbolen oder der Selbstdarstellung etwa im Internet deutlich wird.

Die Kontrolle der staatlichen Sicherheitsorgane obliegt dem Präsidenten höchstselbst, der Ministerrat verfügt lediglich über Vollmachten, die der Präsident an ihn delegiert. Die Anknüpfung an Vorgängerinstitutionen auch bei Abzeichen und Symbolen ist auch bei den anderen Sicherheitsorganen in Belarus nicht zu übersehen. Der ehemalige Innenminister Ihar Šunievič zeigte sich bei der Parade zum Tag des Sieges am 9. Mai wiederholt in NKWD-Uniform. Er erklärte dazu, er trage sie „aus Respekt vor den Mitarbeitern der Organe der Abteilung Inneres, die in der schwierigen Nachkriegszeit ihren Dienst getan haben". Mikalaj Karpiankoŭ, Chef der Hauptabteilung des Innenministeriums zur Bekämpfung von organisierter Kriminalität und Korruption, sagte unlängst in einem Interview: „Wir stehen an vorderster Front, fast wie 1941." Die Leiter dieser Behörden stellen sich also selbst in die Tradition der „ruhmreichen sowjetischen Vergangenheit".

Wie konnte es nun hier und heute zu diesen Gewaltexzessen kommen? Tatsächlich wären sie auch schon früher jederzeit möglich gewesen. In Belarus gab es auch vorher schon Morde,

Vergewaltigungen und Folter in den Reihen der Miliz, nur wusste die Öffentlichkeit nichts davon, wollte nichts davon wissen oder reagierte schlicht nicht darauf. Der Aktivist Mikalaj Dziadok erklärte am 13. 10. 2020 in seinem Blog, dass sich die Aktionen früher gegen konkrete, eher kleinere Bevölkerungsgruppen gerichtet hatten (Roma, Anarchisten, Ultras, LGBT etc.): „Leider hat die Gesellschaft nicht begriffen, dass die auf eine bestimmte Gruppe beschränkten staatlichen Repressalien früher oder später auf die nächste Gruppe angewendet werden, sodann auf immer weitere und, sobald sich das Regime insgesamt gefährdet sieht, auf die gesamte Gesellschaft. Genau das ist jetzt geschehen. Das belarusische Volk hat erst erkannt, in welchem Land es lebt, als die repressiven Maßnahmen, die jahrzehntelang gegen Randgruppen zur Anwendung kamen, es schließlich selbst betrafen."

Die auf zahlreichen Kanälen vermittelte Haltung des Regimes lautet bekanntlich, die aktuell angewendete maßlose Gewalt sei unabdingbar, um den zivilen Frieden wiederherzustellen. Demütigende Sanitär- und Lebensbedingungen in den Gefängnissen, keine Informationen zu Verlegungen oder dem weiteren Verfahren, keine Benachrichtigung der Angehörigen, keine Möglichkeit, sich dem Lärm zu entziehen, rund um die Uhr brennendes Licht, rund um die Uhr unter Beobachtung des alles sehenden Auges der Überwachungskamera, ständige Durchsuchungen – für all diese Maßnahmen gibt es keine rationale Erklärung und kann es keine geben, alleiniges Ziel ist die Erniedrigung. Die Gerichtsverhandlungen sind eine schlampig choreografierte Farce mit Zeugen in Sturmhauben, zugeschaltet über Skype und mit willkürlichen Urteilen.

Die moralische Basis für diejenigen, die Gewalt ausüben, liefert das von der gegenwärtigen Politik weidlich genutzte Feindbild. Die Protestierenden werden nicht nur als Drogensüchtige, Prostituierte, als Vieh und liederliche Gestalten dargestellt, sie sollen zudem Freischärler, Extremisten und bewaffnete Gefährder sein. Den Uniformträgern hat man erklärt, die Protestierenden würden von westlichen Strippenziehern bezahlt, und sie würden nicht nur den Sicherheitskräften und deren Familien eine düstere Zukunft bereiten, sondern dem gesamten Land.

Mag sein, dass die absolute Mehrheit der Uniformträger derlei Aussagen nur oberflächlich und unreflektiert zur Kenntnis nimmt, aber wer schwierige und sozial unerwünschte Dinge tut (etwa Blendgranaten wirft), braucht zumindest irgendeine Rechtfertigung dafür.

Regimegegner werden zunächst dämonisiert und dann im Konkreten in den belarusischen Gefängnissen dehumanisiert. Nicht einmal ihre Leiden werden ihnen zugestanden. Die Bilder von gewaltsam aufgelösten friedlichen Demonstrationen und die Fotos von Folteropfern erklärte Lukaschenko für inszenierte Fälschungen. In deutlichem Kontrast dazu steht die Haltung des Regimes zu den „Helden" aus den eigenen Reihen. Im offiziellen Diskurs sind sie stets in der Minderheit, ständig in Gefahr, immer wieder listigen Attacken des Gegners ausgesetzt, der vorzugsweise aus dem Hinterhalt zuschlägt etc. Sie sind immer im Recht, weil sie sich immer nur verteidigen und sie stehen „auf der richtigen Seite der Geschichte", auf Seiten der „Erniedrigten und Beleidigten", in deren Namen sie alle anderen erniedrigen und mit Füßen treten dürfen.

Gewalt ist Teil der menschlichen Natur. Aber während sie in offenen Gesellschaften in ihre Schranken gewiesen wird, tritt sie im isolierten Rahmen der Streitkräfte in kondensierter Form auf. In der Armee prägt die Extremerfahrung das Bewusstsein. Die Gewalt bildet dort das Rückgrat des Wertesystems, wird zur Ideologie und formt schließlich die Identität der Armeeangehörigen. Bis vor kurzem ging noch fast die Hälfte der erwachsenen Bevölkerung durch den Armeedienst, war also der Erfahrung des Überlebenskampfes in extremen Gruppen ausgesetzt. Die meisten Männer dienen nur zwei Jahre, reden aber ihr ganzes Leben darüber. Miliz- und OMON-Karrieren beginnen unmittelbar nach dem Armeedienst, diese Menschen stecken also seit ihrem 19. Lebensjahr in einem System der Gewalt. Dass dies eine starke Prägung der Persönlichkeit mit sich bringt, ist unvermeidlich.

Die Führung der Sicherheitsorgane obliegt Personen, die in besonderer Weise Härte, Zynismus, Unmenschlichkeit und blinden Gehorsam verkörpern. Deshalb haben sie keinerlei Schwierigkeiten damit, Misshandlungen und Morde anzuordnen und anschließend wie Innenminister Karajeŭ oder sein Erster Stellvertreter Kazakievič rundheraus zu lügen und zu behaupten, das sei alles erfunden und erlogen.

Zum gegenwärtigen Zeitpunkt gibt es keinerlei rechtliche, geschweige denn institutionelle Mittel, die zumindest der Gewalt gegen die Zivilbevölkerung Einhalt gebieten könnten. Und für bestimmte Teile der Bevölkerung ist ein Dienst bei den bewaffneten Organen durchaus attraktiv: Die *Silowiki* sind gegenüber der Zivilbevölkerung in vielerlei Hinsicht deutlich besser gestellt (Kredite, Bonuszahlungen, Staatszuwendungen, relativ hohe Gehälter, relativ hohe Rente bereits ab 45 Jahren).

Alle, die für die Strafaktionen verantwortlich sind, müssen zur Rechenschaft gezogen werden, das steht außer Frage. Aber solange das Gewaltsystem unangetastet und der zivilgesellschaftlichen Kontrolle entzogen bleibt, solange die Gesellschaft ihre Werte und Haltungen nicht überdenkt und keine Institutionen zur Kontrolle der bewaffneten Organe schafft, ist ein Ausweg nicht in Sicht.

Aus dem Russischen von Thomas Weiler

DIE AUF DEN STRASSEN TANZEN

Tania Arcimovich

… davor hatte sie geschrieben:
„In meiner Vorstellung fand ich mich mitten auf dem Oktoberplatz wieder, einem Platz, der sich an offizielle Militärparaden erinnert, an Aktionen zivilen Widerstands und brutal erstickte Proteste. Je mehr ich diesen Ort beschreiben wollte, desto klarer wurde mir, dass ich erst auf den Platz gelangen würde, wenn ich zuvor mein Zuhause verstanden und gefunden hatte, jenen Ort, dem ich mich verbunden fühle und an dem ich ich selbst sein kann. Die Suche nach einem solchen Ort, zu dem ich eine emotionale Bindung verspüre, führte mich weit hinaus aus der Stadt, in den Wald von Chatyń, wo unsere Familie mehrmals im Jahr in die Pilze ging."*

… danach hatte sie gesagt:
Am 11. September wurden meine Schwester mit einer Freundin und ich im Gebäude des Minsker Regionalgerichtes festgenommen, wo wir das Streikkomitee von Belaruskali unterstützen wollten. „Salihorsk – ihr seid das Salz der Erde", hieß unsere Losung. Wir bekamen jeweils zehn Tage, fünf davon habe ich in Akrescina verbracht, fünf im Gefängnis in Žodzina. Zuallererst möchte ich tun, was mir jetzt am Wichtigsten erscheint: beschreiben, welche Bedingungen die Häftlinge aktuell vorfinden und wie ihre Familien ihnen helfen können.**

… davor hatte sie geschrieben:
„Der Wald von Chatyń ist ein Ort der Geborgenheit, der sich über Jahre hinweg kaum verändert hat und der bei aller Flüchtigkeit der Pflanzenwelt doch ein Ort der Stabilität, des Friedens und der Ruhe geblieben ist, der ein Gefühl von Familie und Zuhause bewahrt hat. Vielleicht lässt sich so erklären, weshalb mich die Suche

nach einem Bindungsort an den Waldrand geführt hat und nicht an meinen damaligen Wohnort."*

… danach hatte sie gesagt:
Die Gefängnispakete haben zwei wichtige Funktionen. Die erste liegt auf der Hand: Befriedigung körperlicher Bedürfnisse (Wasser, Hygiene, warme Sachen). Die zweite (und das war eine Entdeckung für mich) ist ein unglaublicher psychischer Halt. Die Pakete sind im Grunde der einzige Kontakt mit der Realität außerhalb der Gefängnismauern. Angesichts des emotionalen Schocks, der schwierigen äußerlichen Bedingungen und der psychischen Gewalt (Ungerechtigkeit, grober Umgang, Manipulationen, teilweise Lügen von Seiten des Personals, Erschießungswitze) vermitteln die Pakete Fürsorge, Zuneigung, Unterstützung, das Gefühl, wertvoll und unverzichtbar zu sein … Zum Beispiel wie das Brot geschnitten ist, wie die Socken eingepackt sind. Der Rasierwassergeruch deines Mannes auf einer Buchseite oder der vorgelesene Brief deiner Mutter lassen allen Mädchen in deiner Zelle garantiert Tränen der Freude in die Augen steigen.**

… davor hatte sie geschrieben:
„Wenn du einen Pilz abgeschnitten hast, ist ein Teil des Stiels noch in der Erde zu sehen. Inga, merk dir das: Es ist wichtig, dass du das Löchlein mit Moos zudeckst, damit die anderen Pilzsammler deine Stelle nicht finden."*

… danach hatte sie gesagt:
– Warme Klamotten: ein weiter Wollpullover, zwei paar Strümpfe, eine warme Hose, je wärmer die Sachen sind, desto besser. Ich habe zum Beispiel im Wollpullover, zwei Strickjacken und einer richtigen Jacke geschlafen. Nicht alle Zellen sind so kalt, aber manche sind einfach eisig.
– Ohrstöpsel sind sehr hilfreich. Nachts, wenn neue Häftlinge kommen, brüllt das Personal die ganze Nacht auf den Gängen herum (die kommunizieren nur so), die Zellentüren sind auch laut. Einschlafen ist schwierig. Ohrstöpsel können helfen. Packt nicht nur ein Paar ein.

– Schlafmasken. In der Zelle brennt immer Licht, nachts nicht ganz so hell.
– Hygiene. Alle Dinge sollten angenehm riechen. Dann kann man die Dinge riechen und nicht den Urin.
– Essen: Brot (gibt es reichlich im Gefängnis, ist aber nicht dasselbe, gutes Brot ist zugleich Essen, Duft und ein Gefühl von Zuhause), Wasser – je mehr, desto besser, Wurst (für Vegetarier vegan), bei Süßigkeiten am besten Trockenobst und Nüsse, im Gefängnis gibt es immer nur Kohlenhydrate – Grütze, Grütze, Grütze. Und wenn man mal einen Apfel oder eine Gurke durchbringt, feiert die ganze Zelle!
– Bücher. Meistens kriegen alle schwere, philosophische Bücher mit, Tiefsinniges und Belehrendes zu Selbstüberwindung und geistiger Stärkung. Aber in Haft will man vor allem Zeit totschlagen und in einer anderen Wirklichkeit sein. Also besser Harry Potter statt Hermann Hesse. Je simpler und spannender das Buch, desto besser. Sehr gut gehen auch Zeitschriften wie „Aus aller Welt" oder so, mit Bildern, weil du in Žodzina zum Beispiel weder Himmel siehst noch Grün. Sich da in der Zeitschrift einen Wasserfall auf Bali anzusehen, ist toll.
– Briefe. Wenn du 15 Tage bekommen hast, kommen fast keine Briefe rein. Die müssen durch die Zensur. Nach Akrescina zu schreiben, ist sinnlos, ganz selten ist in Žodzina mal was angekommen, aber das ist die Ausnahme. Einmal haben die Mädels ein Telegramm bekommen. Die einzige Möglichkeit für Nachrichten ist also, Karten oder Briefe in den Paketen zu verstecken. Das ist natürlich der kostbarste Teil des Pakets und wird dann Dutzende Male gelesen.
– Sentimentales. Anton hat mir im letzten Päckchen zehn koreanische Gesichtsmasken geschickt. Wir Mädels lagen dann mit diesen Masken auf dem Gesicht in der Zelle und haben geredet. Da geht es nicht um Hautpflege, du kannst dich einfach mal als Mensch fühlen. Eine meiner Handcremes roch nach „L'Oréal aus den Neunzigern". Als ich die aufgetragen hatte, kamen die Mädels alle an, schnüffelten und sagten: „Mama, das riecht wie Mamas Creme."**

... davor hatte sie geschrieben:
„*Meinen Wald bevölkern Schatten und Schemen von Bekannten und Fremden. Meine Einsamkeit ist im Gewühl. Stumme Spaziergänge sind praktisch zahlreiche Gespräche. Es gibt kein Schweigen.*"*

... danach hatte sie gesagt:
Die psychische Verfassung ist schwierig und schwankend. Negativ sind: unbegründete Schuldgefühle, Autoaggression, Scham, Angst vor Unbekanntem, Panikattacken, Stockholm-Syndrom, der zudringliche Gedanke, was am 9. bis 11. August geschehen ist, die hundertfachen Misshandlungen, könnten auch dir zustoßen, die Kommunikation mit dem sadistischen Personal, die Unmöglichkeit, sich zu schützen. Positiv sind: das Solidaritätsgefühl, die innere Überzeugung, im Recht zu sein, die Freude über neue, unglaubliche Bekanntschaften, die Wärme durch die Unterstützung der Mädels, die rasche Vertrautheit, die Kraft gemeinsamen Singens.
Die Physis: Frieren (deshalb konnten wir vor dem ersten Paket mit warmen Sachen in unserer Zelle kaum schlafen), Hunger und Durst (in der ersten Zeit kriegt man das Gefängnisessen und das Wasser aus dem Hahn kaum runter), Mangel an frischer Luft und Sonne, in Žodzina auch an Himmel, Alpträume oder dauernde Wachträume, verfrüht einsetzende Menstruation, fehlende Waschgelegenheiten, fehlendes Warmwasser (nicht immer, aber bei uns gab es an einem von zehn Tagen heißes Wasser), unhygienische Verhältnisse.
Das erste Paket ist sehr wichtig, es befriedigt die Grundbedürfnisse. Bis zum ersten Paket hat man einen schwierigen Weg hinter sich gebracht: die Verhaftung selbst und der Stress auf dem Revier. In unserem Fall fünf Stunden mit dem Gesicht zur Wand zu Propagandaunsinn, geht auch glimpflicher (Aula), geht auch härter (zu fünft in der Einzelzelle).**

... davor hatte sie geschrieben:
„*Und ich hörte die Stimme des vierten lebendigen Wesens sagen: Komm und sieh!*
Und ich sah, und siehe, ein fahles Pferd, und der darauf saß, dessen Name ist »der Tod«; und das Totenreich folgt ihm nach".

Die Apokalypse beginnt mit dem Bombardement des Waldes. Der Lebensraum wird zum Todesraum. Der Retter Wald wird zum Schlachtfeld Wald.*

Ich war nicht dort. Warum ich nicht dort war, ist ein Kapitel für sich. Aber ich war es doch. Ich war mit auf den Plätzen in den Körpern meiner Waldschwestern. Ich schaute mit ihren Augen, hörte mit ihren Ohren und schrie mit ihren Stimmen. Mein Körper war ein Teil ihrer Körper geworden. Ich schwieg, aber mein Schrei tönte durch die breiten Straßen und die labyrinthischen Höfe. Wir waren zusammen. Der Platz, in den sich die ganze Stadt verwandelt hatte, war unser Raum geworden, in dem wir uns als ein Ganzes wahrnahmen. In dem wir atmeten, lächelten, schrien, sangen und glaubten. Ich war dort mit ihnen, mit meinen Waldschwestern, und dieses Gefühl der Nähe war größer als eine politische Agenda es je sein könnte. Ganz egal, ob sie nun Kochtöpfe schwenkten, Motorrad fuhren, auf Stöckelschuhen spazieren gingen oder radikale Losungen skandierten. Hier mein Lieblingsspruch: „Patriarchat, du bist im Arsch!" Ich sah ihn in den Händen einer meiner Schwestern. Lächelte ihr zu und stellte mich neben sie. Ein Aufstand, der mehr will, als frei zu werden von einem Autokraten ... Aber was heißt es denn, von etwas frei zu werden? „Schwesterlichkeit" müsste endlich auf den Plaketten über die Menschenrechte stehen.

Vor Jahren war ich mit ein paar bekannten belarusischen Intellektuellen im Auto unterwegs. Sie diskutierten über die künftige Hymne eines zukünftigen, freien Belarus. Einer von ihnen, inzwischen eine historische Figur, die ich sehr schätze, sang ein paar Zeilen von Brüderlichkeit und Heimatliebe. „Und als Frau darf man nicht?", fragte ich vorsichtig. „Darum geht es doch gar nicht! Das ist doch ein Bild!" „Ach so", sagte ich, „dann lasst uns doch Schwesterlichkeit singen, wenn es keinen Unterschied gibt." Schweigen. Sie blickten das „Fräulein" an, was war auch von der zu erwarten? Damals wusste noch niemand, was ein paar Jahre später geschehen würde. Wusste es nicht und hätte es bestimmt nicht geglaubt. Die Zeit ist gekommen, da man sich für die belarusischen Feministinnen begeistert. Noch. Nicht?

In ihrem für die feministische Bewegung programmatischen Text *Das Lachen der Medusa* befand Hélène Cixous, es sei „unerlässlich, dass die Frau sich selbst schreibt: dass die Frau von der Frau ausgehend schreibt und die Frauen zum Schreiben bringt, zum Schreiben, von dem sie unter Gewaltanwendung ferngehalten worden sind, wie sie es auch von ihren Körpern waren; aus denselben Gründen, kraft desselben Gesetzes, mit demselben todbringenden Ziel. Es ist unerlässlich, dass die Frau sich auf und in den Text bringt – so wie auf die Welt, und in die Geschichte –, aus ihrer eigenen Bewegung heraus." Zwischen mir und der Entstehung dieses Textes liegt ein Abgrund, als Cixous ihn schrieb, war ich noch nicht geboren. Inzwischen ist so viel geschehen, dass ihre Worte eigentlich wie aus einem fernen Zeitalter klingen müssten. Mich packt das blanke Entsetzen, da jedes ihrer Worte meiner persönlichen Erfahrung und der tausender Frauen in den unterschiedlichsten geografischen Breiten entspricht. Da der Raum, in dem ich meine Stimme hören kann, das Schreiben ist, da ich für ein eigenes metaphysisches Zimmer, selbst für einen Schreibtisch, immer noch kämpfen muss. Also schreiben, dachte ich, schreiben und andere zum Schreiben anregen, denn uns bleibt allein das Aneinanderfügen von Buchstaben, einen nach und über dem anderen, um auszusprechen, zu artikulieren, bewusst zu machen, festzuhalten und in die Geschichte einzugehen. Und sei es in die eigene.

Was im August 2020 in den belarusischen Städten und im Epizentrum Minsk begonnen hat, ließ mich wieder an das Schreiben denken. Ermüdet von der Stille ihrer geschriebenen und vorgestellten Texte gingen die Frauen auf die Straße. Am Morgen des 12. August, nach der äußerst brutalen Auflösung friedlicher Protestaktionen und den schockierenden Zeugnissen über die zurückliegenden und noch anhaltenden Vorfälle in den Gefängnissen, wurde ich einer Chatgruppe in einem sozialen Netzwerk hinzugefügt, wo der Vorschlag aufkam, am Kamaroŭski-Markt ganz in Weiß gekleidet und mit Blumen in den Händen eine Menschenkette zu bilden. Ich war hunderte Kilometer weit weg und konnte das Geschehen nur verfolgen. Wenige Stunden später ging durch die Medien, dass sich mehrere hundert Frauen in Weiß in der Innenstadt versammelt hätten. Auf ihren Transparenten stand: „Hört auf, uns zu schlagen!" und „Keine Gewalt mehr!" Als die Miliz kam, legten die Frauen die Blumen auf den Asphalt und gingen still auseinander. Nach dem brutalen Forte war das ein unerwartetes Piano für diejenigen, die ihre verbrecherischen Befehle erteilt hatten. Die Ausführenden schwiegen. Niemand rührte die Frauen an. Ich schaute im Chat nach: Er war nun umbenannt in: „Wir entfernen uns." Und weg waren sie. Am selben Tag tauchten in mehreren Stadtvierteln Frauen in Weiß auf. Und bereits am nächsten Morgen zogen sie auf den Straßen an Orte, die früher vermeintlich niemals das Zeug gehabt hätten, zu einem „Platz" zu werden: Kamennaja Horka, Puškinskaja, Dziaržynskaja, Uručča … von den Rändern hinaus ins ganze Land. Zunächst waren es nur wenige Frauen, aber weitere schlossen sich an, und schon standen sie zu Dutzenden und Hunderten, wurden noch mehr, und die Kette der Solidarität wurde länger und länger. Die Stadt summte vom Hupen der Autos.

So ergoss sich das Schreiben der Frauen auf die Straßen, die Buchstaben wurden zu Körpern, die Frauen tanzten.

Dann wurde ein Marsch für den Samstag angekündigt. Vorher waren an den Sonntagen etwa hunderttausend Menschen zum nationalen Solidaritätsmarsch gekommen. Und nun war plötzlich dieser „Frauensamstag" da, fast zufällig, und die Frauen waren auf den Straßen der Stadt und zogen los. Wenn die Sonderpolizei ihnen den Weg versperren wollte, bogen sie ab oder liefen mitten hindurch. Sie lachten und gingen einfach weiter. Später stellte jemand die Route dieses Frauenmarsches ins Netz – sie sah aus wie ein verwinkeltes Labyrinth, die Buntstiftzeichnung eines Kindes, das seine Abenteuer in den unendlichen Weiten des Ozeans festgehalten hat. Anders als bei den sonntäglichen Märschen, die zu symbolträchtigen Gebäuden führten (Regierungsgebäude, Palast der Unabhängigkeit, Akrescina-Gefängnis), war hier kein Ziel auszumachen: Wohin wollt ihr? In den sozialen Medien wurde über weibliche Logik gewitzelt, da wäre sie mal wieder zu sehen. Doch an eben jenen Samstagen geschah das Unerhörte: Die Frauen machten sich ihren Tanz bewusst. Sie zogen auch am nächsten Samstag wieder los, und am übernächsten, wieder und wieder, und sie hörten auch nicht damit auf, als der Repressionsapparat sie an Mauern drängte, zuschlug und sie haufenweise ins Gefängnis steckte. *Sie tanzten, und sie waren nicht aufzuhalten, nicht einzufangen, nicht zu bändigen.*

Gerald Siegmund und Stefan Hölscher schreiben in ihrer Einführung zu *Dance, Politics and Co-Immunity*: „Dance becomes a rehearsal space for possible ways of entering the social and of positioning oneself with others within its sphere. The dancing body, accepting the gap between itself and the social order, becomes a supplement to difference that fills its absence with pleasure and jouissance forever in excess of its reasonable demands, thereby critically exposing and sometimes even mocking its current state of legislation while engaging with it." Der Tanz der Frauen auf den Straßen blieb unverständlich für Außenstehende und für diejenigen, die ihn unterbinden wollten. Aber das war keine Geste der Verhöhnung, das Ziel ihres gemeinsamen, vielfältigen und gemeinschaftlichen Tanzes war der Tanz selbst: von Freude erfüllte Körper, die sich den öffentlichen Raum zu eigen machten und manifest wurden. Und eben die Empfindung des gemeinsamen Tuns (wahrhaft tanzen kann man nur gemeinsam) brachte die unvergleichliche Freude am Handeln hervor, oder mit Hannah Arendt gesprochen: *Acting is fun.*

Siegmund und Hölscher schlagen vor, den politischen Tanz von der Politik des Tanzes zu unterscheiden. Während der politische Tanz zunächst traditionelle Vorstellungen vom Wesen des Tanzes und seiner Erscheinungsformen aufbricht, strebt die Politik des Tanzes eine radikale Neubewertung der Politik als solcher an. Während die Autoren *Policy* verstehen wollen als die Reproduktion hegemonialer Machtverhältnisse in bereits existierenden institutionellen Strukturen, sehen sie in *Politics* Praktiken, die den Raum der *Policy* in Frage stellen, indem sie seiner Oberfläche einschreiben, was bislang keinen Raum hatte. So betrachtet zielt die Politik des Tanzes darauf ab, das Unsichtbare, das niemals existiert haben würde, sichtbar zu machen.

Und noch ein nächster Schritt: Der politische Tanz der Frauen auf den Straßen von Belarus soll den Übergang zur Politik dieses Tanzes einläuten, bei dem die Manifestierung nicht nur des Körpers als eines Symbols gegen Gewalt und Ungerechtigkeit im Mittelpunkt steht, sondern auch die Forderungen dieses und weiterer Körper, die aus dem bestehenden Raum der *Policy* ausgeschlossen sind. Frauen brauchen gleiche Rechte und Chancen wie Männer. Belarus braucht gesetzliche Regelungen zur häuslichen Gewalt, zu einer verpflichtenden Erziehungszeit für Väter, zur Entgeltgleichheit, zur Anhebung der Gehälter in den praktisch vollständig von Frauen getragenen Bereichen Kultur, Bildung und Fürsorge, zum Schutz vor sexueller Belästigung und sexistischer Werbung, zur Verhinderung „gläserner Decken" in der Berufswelt, zu einer tatsächlichen Überprüfung der Geschlechtergerechtigkeit, damit kein Personaler im Bewerbungsgespräch mehr auf die Idee kommt, nach Kindern oder Kinderwunsch zu fragen ... Es gibt sicher noch viele solcher Punkte, die angesprochen werden müssen, laut angesprochen. Damit später, wenn der Aufstand gesiegt hat, und er wird siegen, die Frauen nicht wieder in die Küchen und Sandkästen verbannt werden und sich nächtens um ihre Weiterbildung kümmern müssen. Damit ihr Tanz, der gerade so viele inspiriert und bewegt, sich nicht in das Schreiben im Verborgenen zurückverwandelt.

In der belarusischen Geschichte fehlen die Geschichten der Partisaninnen. Die sowjetische Ideologiemaschine hat den Partisanenmythos zum Monument erstarren lassen, eingemauert in Massen von Marmor und Granit. Es gab Partisaninnen, sogar viele (Tamara Vershitskaya beziffert in *Jewish Women Partisans in Belarus* den Anteil der Partisaninnen in Belarus für das Jahr 1944 mit 16 Prozent, das wären mehr als 45.000 Frauen), aber sie kommen in der Geschichtsschreibung praktisch nicht vor. Sie sind verschwunden, vergessen worden, nur mehr Dekoration für die heroische Performance der „wahren Partisanen". Im Bewusstsein der Allgemeinheit firmiert die Partisanin eher als Köchin in der Feldküche, als Krankenschwester, als Freundin, mit der man seine Liebe teilen kann, selten als Untergrundkämpferin, und als solche wurde sie zum Partisanen, da das ungeschriebene Gesetz galt, dass Waffen als Mangelware den Männern vorbehalten waren. In Büchern über die belarusische Partisanenbewegung im Zweiten Weltkrieg treten Frauen meist als „Opfer" auf oder als diejenigen, die nicht selbst entscheiden, die von anderen eingesetzt werden, etwa als Spione. In letzter Zeit schreiben Wissenschaftlerinnen wie Elena Gapova, Almira Ousmanova oder Andrea Peto eine andere (Gender-)Geschichte des belarusischen Widerstandskampfes. Die Partisanin will heraus aus dem „Nichtsein". Und nun gleicht sie denen, die auf der Straße tanzen. Sie tanzen, und dieser Tanz bekräftigt die Unmöglichkeit der Subordination, den Widerwillen gegenüber einer Rückkehr in die Vergangenheit, selbst wenn diese Vergangenheit einem dereinst als „Zukunft" verkauft werden soll.

Ich schreibe diesen Text als Frau und über Frauen. Ich schreibe über das Frausein als meine eigene Erfahrung. Aber die Partisaninnen sind für mich eher eine Metapher für die vielfältigen unterdrückten Gemeinschaften (Frauen, LGBTQ+, ethnische Minderheiten, Kinder, Menschen mit Besonderheiten), deren Rechte vielerorts bislang kaum artikuliert werden oder nur auf dem Papier existieren, so auch in Belarus. Daher tanzten und tanzen in meinen Augen auf den Straßen belarusischer Städte all jene physisch oder symbolisch den Tanz, die jahre- und jahrzehntelang im Verborgenen geschrieben oder sich den Gedanken, sie könnten schreiben, gleich gänzlich verboten hatten.

Danach unterhielten wir uns. Wir sprachen über Gewalt, ob es Abstufungen von Gewalt gebe, oder ob sie in jedem Fall Gewalt sei und nicht zu ertragen. Ob man nicht abwarten müsse, Widerstand zu leisten, bis sie ein bestimmtes Maß überschreite. Gefängnis ist Folter. Und ich habe verstanden, dass wir als Gesellschaft solche Bedingungen in unserem Land zugelassen haben. Bisher ging das nur irgendwen irgendwo etwas an, wir nahmen es gar nicht wahr. Aber jetzt haben wir tausende unschuldiger Zeugen. Und das ist entsetzlich. Aber kann man zulassen, dass ein Mensch, der zum Beispiel gestohlen hat, so etwas mitmacht? Wir saßen mit solchen richtigen Kleinganoven ein, für die ist das normal. Also haben wir *als Gesellschaft zugelassen, dass Menschen gefoltert werden, und er oder sie fand, das müsse so sein ... Als ich las, dass sie LGBTQ und Transmenschen verhaftet haben, machte ich mir große Sorgen, ich wusste ja, was da drinnen los ist. Vor allem kannte ich die totale Homophobie des Systems ... Meine Zellengenossinnen und ich waren uns einig, dass der Name jedes und jeder Einzelnen in Gedenktafeln eingraviert werden müsste, wenn das alles vorbei ist. Komisch, nicht? Wir saßen da und stellten uns die Zukunft vor. Bestimmt konnten wir gar nicht anders. Oder?****

Die zu Beginn des Essays verwendeten Zitate stammen aus dem in pARTisanka № 34' 2020 erschienenen Text „Silent Hunting" von Inga Lindarenka (*), in Absprache mit der Autorin aus deren Blog (**), sowie aus einem privaten Gespräch (***).

Aus dem Belarusischen von Thomas Weiler

Volha Hronskaya

Wir haben jetzt seit einem Monat jeden Tag: Wahltag.
Wir wählen zwischen Angst und Gewissen, Angst und Scham,
 Angst und Würde …
Die Liste lässt sich fortsetzen. Rausgehen oder nicht. Etwas
 sagen oder nicht.
Unterschreiben oder nicht.
Sein oder nicht sein.
Philologen wissen, das Hauptwort in dieser Phrase ist „oder".
Wir haben die Wahl.
Jeder für sich, jeden Tag.
Ohne Stimmzettel und ohne Wahlbeobachter.

Minsk, 11. September 2020
Aus dem Belarusischen von Nina Weller

Hanna Komar

„der rettungsring des sommes wurde ausgesondert"
Kaciaryna Makarevič

in den stadtpfützen schwimmen lernen –
sonst gehst du unter,
wenn der herbst mit seinen schauern kommt.

die sandsäcke auf den sommerbarrikaden
will man mit wasserwerfern fortschwemmen.
der rettungsring ist durchlöchert,
die reifen der wasserwerfer aber auch …

Minsk, Juli 2020
Aus dem Belarusischen von Thomas Weiler

DER ANGSTSTEIN

Julia Cimafiejeva

Ich habe Angst.
Ich bin daheim.

Als Erbstück erhielt ich
meine Angst –
eine Familienreliquie,
ein wertvoller Stein,
weitergegeben
von Generation zu Generation.

Unser Feldstein ist schlicht und rund,
gestohlen einst
von des Gutsherren Land.

Der Stein hat keinen Mund,
er kann weder schreien
noch sprechen.
Der Stein hat kein Gedächtnis,
bleibt ewig Fötus,
der lediglich langsam
und unerbittlich
wächst.

Einer nach dem anderen nähren wir den Stein
durch die lange Nabelschnur der Ahnen:
Urgroßmütter und Urgroßväter,
Großväter und Großmütter,
Mutter und Vater,
und schließlich ich –
nun ist es an mir.

Die Regeln der Pflege sind einfach:

– zuerst trägst du
den Stein am Herzen,
er trinkt dein Blut und
saugt deine Lebenskraft.
Der Stein gewöhnt dir ab
aus voller Brust zu atmen;

– danach lässt du den Stein
höher steigen,
deine Kehle verstopfen
und deine Worte sieben.
Der Stein gewöhnt dir ab
zu sagen, was du willst;

– und schon kommt die Angst hervor,
umwickelt als steinerne Nabelschnur
deinen Hals, hängt sich an deine Brust und
ist dein ewiges Gegengewicht.

– Ach, wie schön! Haben Sie den von Ihrer Großmutter?
– Ja.
– Geben Sie gut darauf Acht.
– Unbedingt.

Aus dem Belarusischen von Tina Wünschmann

Vera Burlak

Ein Traumbild.
Finsternis, vollkommene, unbezwingbare Finsternis.
Du streckst die Hand aus in die Finsternis, tastend, ob dort etwas ist,
und du ertastest Hände, Hände,
und jemand drückt deine Hand.

Minsk, 12. September 2020
Aus dem Belarusischen von Thomas Weiler

Volha Hapeyeva

was kann ich schon? einer allein
was kann ich schon? eine allein
die mitarbeiter der stadtreinigung
wachen früh auf
und müssen sich sehr einsam fühlen
auf diesen menschenleeren straßen und prospekten

den ganzen morgen versuchen sie die fahrbahn
von zwei großen lachen zu säubern
darin gespiegelt
der rote himmel der nach eisen schmeckt
und sie wiederholen ihr mantra
was kann ich schon? einer allein
was kann ich schon? eine allein

11. August
Aus dem Belarusischen von Thomas Weiler

MEINE HEIMAT

Julia Cimafiejeva

wir alle dachten, du seist eine frau,
blauäugig, weizenhaarig,
lebensspendend,
die allen vergibt
und alle erträgt.

wir dachten, du seiest wie die gottesmutter,
da du ein fast gottgewähltes volk
geboren hast.

armselig kamst du aus dem dunklen dorf,
in deinem leinenbündel trugst du,
wie eine puppe, deine selbstgefertigte,
aus holz geschnitzte,
für die ohren der städter grobe
sprache.

du littest, keiner zog dich in betracht,
keiner hörte dir zu. von dir, verachteter,
wandten selbst deine eigenen kinder
ihre reinen gesichtchen ab. doch
du
ertrugst alles, die zähne zusammengebissen.
arme du, arme.

doch wir bemerkten nicht,
die augen in über dich geschriebene
bücher vergraben,
wie du die zähne fletschtest,
wie du khakifarbene hosen anzogst,
wie du auf deinen kahlrasierten schädel
einen spezialhelm setztest und dir einen bart anmaltest.
wie du den schlagstock nahmst,
als sei er dir nachgewachsen.
und nun schwenkst du ihn vor unseren augen,
damit keiner zweifelt an deiner veränderten
geschlechtlichen identität.
alle sollen wissen, dass du festhältst
an deinen traditionellen werten:
schlagen, verderben, verachten, gebären,
töten, vergessen, zerbrechen, erbauen
eine riesige mauer aus glasmetall,
dahinter unsere finstere vergangenheit zu verbergen,
uns abzugrenzen
von unserer finsteren zukunft.

du warfst uns alle in eine waagschale,
und setztest dich selbst in die andere
in deiner glänzenden ausstattung
mit wasserwerfern und waffentransportern,
panzern, flugzeugen, flammenwerfern,
kriegsmaschinen
und todestraktoren.

so wird stabilität geschaffen.
so wird das gleichgewicht gehalten.
wir armen, wir armen.

doch

stinken deine füße nicht in den hohen stiefeln?
juckt nicht dein kahler schädel unter dem helm?
niest du nicht von all dem staub,
wenn du uns durch das panzerfenster anschaust?
fürchtest du nicht, dass der tod trotz allem kommt
und dich entblößt?

Aus dem Belarusischen von Tina Wünschmann

DIE NATION IM SCHRANK

Maryna Rakhlei

Das Land unter weiß-rot-weißen Fahnen ist im Aufruhr und nicht mehr wiederzuerkennen. Auch wenn diese Revolution in Belarus nicht vorhersehbar war, nichts kommt von nichts. Der emotionale und sehr nationale Aufbruch kam plötzlich, hat aber eine längere Reifezeit hinter sich.

Sie ist ein wichtiges Wahrzeichen der neuen Zeiten in Belarus: die historische weiß-rot-weiße Flagge, die seit August 2020 über den vielen friedlich Protestierenden weht. Noch nie gab es so viele dieser Farben auf belarusischen Straßen. Weiß-rot-weiß wurden die offiziellen belarusischen Farben erst nach dem Zerfall der Sowjetunion, als 1991 diese Fahne die sowjetische ersetzte. Aber schon 1995 hisste man wieder eine andere Fahne. Wo hat man jetzt die alten Flaggen her? Sie waren dort, wo sich die belarusische nationale Identität befand: versteckt im Schrank. Und beide wurden gleichzeitig herausgeholt.

Die Belarusen sind lange ein unsichtbares Volk gewesen. Ihr Land hatte keinen Namen und fließende Grenzen, war Teil des Großfürstentums Litauen, Teil Großpolens und später des Russischen Reichs. Sie waren die *Hiesigen*, ohne Einfluss und Stimme. Eine nationale Identität im 19. Jahrhundert herauszubilden, war für sie undenkbar, dieses Territorium war multinational, multireligiös und multilingual. Es gab alles – nationale Bewegungen, große Dichter und Künstler – die auf Polnisch, Jiddisch oder Russisch ihre Werke schufen und sich nicht als Belarusen verstanden. Die aber wussten, wo sie herkamen und wo sie zuhause waren, die *Hiesigen* eben.

Unter der deutschen Besatzung im Ersten Weltkrieg wurde die belarusische Unabhängigkeit zum ersten Mal ausgerufen – hier taucht auch zum ersten Mal die weiß-rot-weiße Fahne auf, übernommen aus der Zeit des Großfürstentums Litauen und als

Reminiszenz an die Farben der nationalen Stickmuster. Die Belarusische Volksrepublik wurde 1918 von den Deutschen geduldet und war kurzlebig, wie die Besatzung selbst. Aber möglicherweise wurde nur dank dieses jähen Versuchs der national denkenden Elite 1919 in der Sowjetunion eigens eine Belarusische Sozialistische Sowjetrepublik gegründet. Über die Flagge wurde, wie über alle anderen politischen und sozialen Fragen auch, in Moskau entschieden, eine rot-grüne, mit einem Streifen weißem Stickmuster. Ohne politisch eine Nation zu werden, bekamen die Belarusen einen Eigennamen.

Die nationale Lethargie hat allerdings lange angehalten; der eiskalte Moloch der Sowjetunion erlaubte keinen Frühling. Erst Mitte der 1980er brach da etwas auf, eine Welle nationaler Bewegungen unter der weiß-rot-weißen Fahne schwappte durchs Land, man dachte, der Volksgeist sei erwacht. Es waren allerdings die Eliten, es waren Wissenschaftler, Historiker und Enthusiasten, die in den Dörfern Lieder und Geschichten sammelten – um eine nationale Geschichte zu schreiben. Es waren Romantiker, für die Freiheiten und Werte wichtiger waren als Brot und Spiele. Und das zu einer Zeit, als Brot Mangelware war.

Der Sowjetunion hat Belarus gleich zweimal seine formale Unabhängigkeit zu verdanken: bei der Gründung 1919 und bei dem friedlichen Zerfall 1991. Dabei wollte die Mehrheit gar nichts davon wissen; kein Wunder, dass die Belarusen in der ersten freien Wahl 1994 wenn nicht für eine Rückkehr in die Sowjetunion, dann doch im Wesentlichen für den Erhalt der sowjetischen Strukturen stimmten und Alexander Lukaschenko als ersten Präsidenten wählten.

Das wäre nicht so dramatisch gewesen, hätte Lukaschenko den neuen Staat mit der Idee einer Nation verbunden. Er gehörte aber weder zur politischen noch zur intellektuellen Elite und konnte dem Volk das bieten, was es damals in der Tat am meisten wollte: eine Art Sowjetsystem ohne Sowjetunion. Schnell wurden die sowjetischen Staatssymbole wieder eingeführt, die weiß-rot-weiße Flagge wurde wieder entfernt. Die Befugnisse des Präsidenten wurden erweitert, Russisch war nun zweite Staatssprache, und die Todesstrafe blieb …

26 Jahre konnte sich das autoritäre Regime weitgehend unbestritten an der Macht halten. Dem Volk reichte der sogenannte Gesellschaftsvertrag, mit Angst geschnürt: Die Regierung kümmerte sich um die einfachen Menschen, und die verzichteten als Gegenleistung auf politische Freiheiten. Keine freie Presse und keine Versammlungsfreiheit, nichts Neues, ganz in der sowjetischen Tradition.

Aber die ganze Zeit lag die weiß-rot-weiße Fahne im Schrank. Wurde nicht als Staubfänger weggeworfen, wurde nicht ersetzt. Sie blieb ein Symbol, ein Traum von einer Nation. Das Volk, das lange für sich selbst unsichtbar war, lauschte warmen Strömen unter dem Eis. Langsam wurde das Interesse stärker. Seit den ersten 2000er Jahren, als sich die Belarusen daran gewöhnt hatten, ein eigenes Land zu haben, wollten sie nun wissen, was vor der Sowjetunion da war und wer sie, die Belarusen, eigentlich sind. „Globus Belarus" ist ein Symptom dafür, eine damals gegründete Website, in der fast jede Stadt, jedes Dorf Erwähnung findet und wo alte Gebäude und selbst Ruinen erfasst und beschrieben sind.

Nach der Annexion der Krim 2014 explodierte dann das öffentliche Interesse geradezu. Die russische Einmischung in der Ukraine war ein Weckruf für die Belarusen. Man sagt, Wladimir Putin hätte mehr für die ukrainische Nationalidee getan als die ukrainischen Nationalisten. Und das stimmt auch im Fall von Belarus. In der Ukraine wollten sich nach der Majdan-Revolution die Träger des Aufstands auch im normalen Leben sozial oder politisch engagieren; Tausende von Initiativen, Gruppen, NGOs zu allen möglichen Problemen waren das Ergebnis. In Belarus gab es Hunderte neuer Gruppen – mit dem wichtigen Unterschied, dass sie aufblühten, weil sie nicht vom Staat daran gehindert wurden. Die Ziele des Regimes und der Zivilgesellschaft waren hier dieselben: nicht von Russland verschlungen werden.

Leute kamen zusammen, um Belarusisch zu lernen, auf der Suche nach Relikten selbst aus der Steinzeit das Land zu bereisen, lokale Lieder zu singen, traditionelle Feste zu feiern und über das gemeinsame kulturelle Erbe zu reden. Die Belarusen und Belarusinnen gruben ihre eigenen Familiengeschichten aus, gingen in Archive, lasen Bücher und Artikel zu historischen Themen. Wichtiger Teil dieses Phänomens war das „Horizontale", also die Erkenntnis, dass man etwas für sich selbst *und* für die Gesellschaft tut, beziehungsweise, dass etwas, das einem selbst zugutekommt, wichtig für das Land sein kann. Die Geschichte des Landes wurde jetzt lebendig durch Hunderte Familiengeschichten.

Ein weiterer beredter Katalysator (oder schon ein Symptom?) der Nationsbildung war die Umbettung von Kastuś Kalinoŭski in Vilnius im November 2019. Mehrere Tausend Belarusen fuhren damals mitten in der Woche nach Litauen, um an der Zeremonie zu Ehren dieses Aufständischen gegen die russische Herrschaft aus der Mitte des 19. Jahrhunderts teilzunehmen. Mittlerweile spielte eine nationale Rückbesinnung in der belarusischen Gesellschaft eine große und mit großen Emotionen verbundene Rolle – als hätte sich die belarusische Lethargie in nichts aufgelöst.

Eine neue wichtige und nationale Herausforderung für die belarusische Gesellschaft war die Pandemie. Das Coronavirus eroberte im Frühjahr 2020 die Welt und kam mit aller Wucht nach Belarus, für Lukaschenko allerdings blieb es unsichtbar – und irrelevant. Er weigerte sich demonstrativ, die Gefahr anzuerkennen, die mit dem Virus verbunden ist, und ignorierte die schwerwiegenden Konsequenzen für das Land und das Leben der Menschen. Und wieder reagierte die Gesellschaft: Von den starren Machtstrukturen im Stich gelassen, sammelten die Leute Spenden für Krankenhäuser, gingen in Selbstisolierung, achteten auf Familienmitglieder, aber auch auf Nachbarn. Diese Solidarität schien in der Situation plötzlich selbstverständlich, war aber nicht unbedingt erwartet worden.

In diesem Sinne sind die Proteste nach der Wahl eine logische Fortsetzung der sozialen und horizontalen Bewegungen der letzten Jahre. Eine massive Mobilisierung und Politisierung breiter Schichten der Gesellschaft folgt auf 26 Jahre autoritärer Macht, lange Jahre der Stagnation und nun eine Pandemie, die die Versäumnisse dieser autoritären Macht überdeutlich werden ließ. Belarusen und Belarusinnen, die zu sich gefunden hatten, fühlten sich plötzlich stark genug, ihr eigenes Schicksal in die Hand zu nehmen – und keine erneut gefälschte Wahl mehr zu akzeptieren. Die Besinnung auf sich selbst als Nation befeuerte nun den Zorn.

Die Welt hat Bilder eigener Art gesehen – Protestierende in Belarus, die an der roten Ampel warten, die Fahrradwege freilassen, die Müll wegräumen. Die Demonstrationen waren friedlich, kreativ und ordentlich. Die Belarusen hatten sich selbst entdeckt, jetzt konnte die Welt die Belarusen entdecken. (Allein die Tatsache, dass deutsche Medien jetzt Belarus sagen …!)

Die Proteste zeigten zwei Seiten der Belarusen: Nach Jahren der Beherrschung und Unterdrückung, ob durch Großpolen, Russisches Reich oder Sowjetunion, konnte das Volk nur *friedlich* reagieren. Es spielt nach allen möglichen und unmöglichen Regeln gegen einen, der keine Mittel scheut und im Zweifel einfach zuschlägt. Die vielen Demonstrationen, Kolonnen von Frauen, Behinderten, Rentnern oder Studierenden, sind betont zivilisiert. Man trägt Weiß, man bringt Blumen, es gibt keine gemeinen Parolen, ganz so, als solle niemand beleidigt werden. Vielleicht ist das der natürliche Weg für die belarusische Nation sich zu wehren, so wie er aus der eigenen Geschichte folgt.

Dabei zeigen sich Belarusen durch diese Proteste als schöne und starke Nation: positiv, aktiv, liebevoll, wehmütig, mitfühlend; mit viel Ausdauer, Elan, Anziehungskraft und Zielstrebigkeit; solidarisch gegen Unrecht, Gewalt, Druck. So moralisch, dass Kant seine Freude gehabt hätte.

Noch am Anfang des großen sozialen Trubels um die Präsidentschaftswahl 2020 hatte man zwei Flaggen in der Hand, die „Unpolitischen" gingen zu Demonstrationen mit der offiziellen Fahne, die national „Bewussten" mit der historischen Flagge. Als die offizielle Fahne durch die überbordende Gewalt des Staates kompromittiert wurde, verschwand sie sofort. Das weiß-rotweiße Zeichen der Zugehörigkeit aber trägt man weiter, als Fahne, als Abzeichen an der Jacke, man stellt es im Fenster aus, hebt sich damit ab und zeigt es nach außen. Als hätten die Belarusen als Nation schon gewonnen – selbst wenn die Pattsituation im Land noch eine ungewisse Zeit weiterbestehen mag.

KEINE LUST MEHR, GATTINNEN VON PARTISANEN ZU SEIN

Diana Siebert

Früher einmal, da sprach man in Deutschland nicht viel von den Belarusen. Und schon gar nicht von den Belarusinnen. Seit den 50er Jahren floss dort nicht viel Blut. Nicht einmal die Shoah wurde dort gedanklich verortet. Und Verbrechen der Wehrmacht gab es beim „Russlandfeldzug".

Unsichere nationale Identität – schwache Zivilgesellschaft

Eine ausgeprägte belarusische Identität hatten zu Beginn des 20. Jahrhunderts nur wenige belarusische Bauernfamilien. Im Ersten Weltkrieg haben sie in vormoderner Weltsicht keinen besonderen Grund gesehen, für „Zar, Glaube und Vaterland" in den Krieg zu ziehen, wollten vielmehr ihre bescheidene Scholle und ihr Dorf verteidigen. Dies blieb so auch im Bürgerkrieg und im Polnisch-Sowjetischen Krieg 1919–1920, und selbst im Zweiten Weltkrieg, dem Großen Vaterländischen, als die Bauernfamilien im Osten des Landes mehrheitlich schon zehn Jahre in Kolchosen gelebt hatten.

In den 1920er und 1930er Jahren war das Land zwischen Polen im Westen und der Sowjetunion im Osten aufgeteilt. Beide Staaten strebten zwar spätestens ab 1930 eine schnelle und nachhaltige Industrialisierung an. Doch eben nicht für die belarusischen Lande. Größere Städte wie Minsk (als Hauptstadt der BSSR), Brest, Hrodna, Homieĺ oder Viciebsk wuchsen auf Kosten der kleineren jüdischen Shtetl sowie aufgrund der Einwanderung von polnischen bzw. schon damals russischen Staatsbeamten; die Dörfer und Weiler erlebten hingegen das sogenannte „natürliche" Bevölkerungswachstum. Belarus blieb bäuerlich, die Bauernfamilien als große Mehrheit der Bevölkerung blieben belarusisch. Die Jüdinnen und Juden wanderten aus wirtschaftlichen und politischen Gründen in großen Scharen aus, wenn auch nicht in Massen.

Man kann nicht sagen, dass die polnischen bzw. sowjetischen Staatsorgane den Bauernfamilien ihre belarusische Identität ausgetrieben hätten. Ganz im Gegenteil spielte vielmehr zumindest die Kommunistische Partei der Sowjetunion die belarusische Karte: Verdopplung des BSSR-Territoriums durch Eroberungen im Zuge des Hitler-Stalin-Pakts 1939 bis 1941 und die BSSR als Gründungsstaat der Vereinten Nationen 1944/45.

Mehr noch: Viele belarusische Familien blieben misstrauisch, wenn sie auf ihre Belarusizität angesprochen wurden. Denn diese Nation wurde in beträchtlichem Maße von außen geschaffen: Vom 19. Jahrhundert an und noch bis 1939 sprachen viele Vertreter der polnischen „Hochkultur" die Belarusen – und das war oft sogar liebevoll gemeint – als Teil der „historischen Nation" Polen-Litauen an, der auf einem Stadium von Folklore stehen geblieben sei. Und die Sowjetstrategen in Moskau buken *sich* die Belarus: Durch die Herstellung einer Sowjetrepublik, durch ihre Doktrin „national in der Form, aber sozialistisch im Inhalt", und durch die Entindividualisierung, Kollektivierung, Reinigung, Säuberung, Zentralisierung und Sowjetisierung des zumeist zwar antifaschistischen, aber vielschichtigen Partisanenkampfes in den belarusischen Landen hin zu einer „allgemeinen Volkspartisanenbewegung". Nationsbildung als (post-)koloniales Kreml-Projekt.

Die Territorialisierung der belarusischen Gebiete erfolgte also de facto von oben, von Moskau aus. Zwar hatte die belarusische Nationalbewegung bei der Ausrufung der bürgerlichen Belarusischen Volksrepublik (auch übersetzbar als: Belarusische Nationalrepublik, BNR) im März 1918 an Fahnen, Wappen, Briefmarken und Landkarten mit dem Staatsterritorium gedacht, aber keine funktionierende Post aufbauen, keine Münzen in Umlauf bringen und vor allem keine nennenswerten Streitkräfte bilden können. Die Nationalbewegung war gescheitert. Sie hatte noch Einfluss im sowjet-belarusischen Staatsapparat, und da eher in den Bereichen Kultur und Geografie – bis zu ihrer Vernichtung in drei Repressionswellen zwischen 1930 und 1937.

Nicht nur die Territorialisierung, auch die Ethnisierung erfolgte von Staats wegen. Vor dem Zweiten Weltkrieg und der Shoah war Belarus eine multiethnische, multireligiöse, multikulturelle Gegend. Sich als belarusisches Volk, gar als belarusische Nation zu verstehen, konnte da fast zwangsläufig nur über eine abgrenzende ethnozentrische Politik erfolgen. Während die Katholik*innen und Jüd*innen über ein Bewusstsein religiöser Besonderheit schon verfügten, während zudem Pol*innen, Jüd*innen und Russ*innen ihre Identität zunehmend ethnisierten, impfte Moskau den belarusischen Bauernfamilien ihr Volkszugehörigkeitsbewusstsein nicht nur ein, weil jedes Individuum (seit 1932 auch im Inlandspass) einer „Nationalität" *(nacional'nost')* anzugehören hatte; sondern auch, um den bewussten Polonisierungstendenzen Warschaus entgegenzuwirken und den Boden dafür zu bereiten, 1939 nach der deutsch-sowjetischen Vernichtung der Republik Polen in deren Ostteil eine auf das Doppelte vergrößerte BSSR einzurichten.

Nachdem 1941 die Deutschen die Sowjetunion überfallen und die Juden vernichtet hatten, hielten sie das Gebiet der BSSR für drei Jahre lang besetzt. Unterhalb der schwächer werdenden deutschen Herrschaft kämpfte jeder gegen jeden. Schließlich der Sieg der Roten Armee, und Freude mehr über das Ende des Kriegs als über die erneute Sowjetherrschaft. Seither sind die Belarusinnen und Belarusen dafür bekannt, dass sie „alles, bloß nicht wieder einen Krieg" wollen. Sehen so Sieger aus?

*

Wir, die ausländischen Insider*innen, haben uns seit 1994 erklärt, warum die Republik Belarus keine Farbenrevolution, keinen Politikwechsel, nicht einmal einen Machtwechsel erlebt hat. Wir haben die Begründungen tief in der Geschichte gesucht. In der nationalen (also: politischen) Geschichte, in der Sozial- und Wirtschafts-, ja in der Alltagsgeschichte. Wir haben gewusst: Abwesenheitscode – so der Titel eines vielgelesenen Buches von

Valentin Akudowitsch – heißt gerade nicht, dass etwas inexistent ist, sondern dass sich eine unsichtbare Antithese herausbilden kann.

Denn nach dem Zweiten Weltkrieg hatten die Belarusinnen und Belarusen noch viel länger die Nase vom Krieg gestrichen voll als die Bewohner*innen der Nachbarländer. Dies führte zu etwas außerhalb des Landes Unverständlichem, weil Ungewöhnlichem: In der sowjetischen Belarus wurde die mächtige Sowjetunion, die BSSR als Partisanenrepublik und ihr Sieg im Krieg mit allen Schikanen gefeiert, aber die Bevölkerung nahm aus dem Krieg eine Partisanenhaltung mit in die Zeit Breshnewscher Stabilität: Der Untergrund wurde ins bürgerliche Privatleben transformiert. Aber die Partisanenmentalität blieb. Allerdings nur mit einer ihrer zwei Seiten: kein Heroismus aus dem Untergrund, aus dem Wald heraus mehr, das war nur noch etwas für das Museum des Großen Vaterländischen. Aber umso deutlicher herrschte die andere Seite: das Sich-nicht-Zeigen, das Verschwinden, das Sich-Ducken, das Sich-Unsichtbarmachen, wenn man nicht gewinnen kann. Wer will, nenne es die weibliche Seite des Partisanismus. Die führte zu einer allgemeinen Haltung der berühmten belarusischen *pamiarkoŭnasć*, zu einer Mischung von Macht-mir-nichts-aus, Mäßigung, Besonnenheit, Nachgiebigkeit, Angemessenheit und Gutwilligkeit.

Offiziell galten bis in die späte Sowjetunion hinein Menschen, die im zweiten Weltkrieg nicht gekämpft hatten, die sich hatten gefangennehmen lassen, die also keine Veteranen waren, wenn nicht als einzusperrende Verräter (1940er Jahre), dann doch als *mirnye ljudi,* als friedliche Bevölkerung. Im Krieg kamen fast alle Jüdinnen und Juden und ein Viertel der Gesamtbevölkerung um. Und dennoch schien der Krieg kein weibliches Gesicht zu haben: Es konnte einem zwar auffallen, dass über die Shoah, die rassistische Vernichtung der Juden, nicht geredet werden durfte, sie vielmehr unter „Vernichtung der friedlichen Bevölkerung" eingeordnet wurde. Weniger fiel auf, dass damit auch die jüdischen und nichtjüdischen Frauen gemeint sein konnten.

Nur wenige Jüdinnen und Juden überlebten die Shoah. Und nach 1945 organisierten die sowjetischen und kommunistischpolnischen Behörden einen Bevölkerungsaustausch, durch den die polnischen Bewohner der BSSR nach Polen und die belarusischen aus den östlichen Gebieten des heutigen Polen in die BSSR umsiedelten. Dadurch war die BSSR zu einem fast monoethnischen Staat geworden. Auch deshalb, und nicht nur wegen der nun von Moskau forcierten Industrialisierung, konnte Belarus eine sowjetische Musterrepublik ohne nationale Feindschaften werden. Aber die Intelligenz der jüdischen, polnischen, russischen und belarusischen Ethnien war vernichtet oder vertrieben.

Das bedeutet: Es gab zuerst das Territorium der BSSR, während sich die Belarusen in ihrer Mehrheit noch nicht als Nation begriffen. Eine Parallele zu dem Slogan von 1861: „Italien haben wir geschaffen. Jetzt müssen wir die Italiener schaffen!". Erst der Sieg im Krieg, dann die Nation.

Das Land als Sowjetrepublik – die besondere Beziehung zu Russland

Doch der Vergleich mit Italien hinkt. Denn in Italien und in Deutschland ging es im 19. Jahrhundert um einen Zusammenschluss souveräner und möchtegern-souveräner Territorien. Im Falle von Belarus sollten die Einwohner eines Territoriums die Ausgründung eines Staates aus der mächtigen moskauzentrierten Sowjetunion bewerkstelligen – und zwar nicht 1861, sondern 1991.

Doch warum gab es diese Unsicherheit in der Bevölkerung und im Ausland bis in die jüngste Zeit hinein? Ist es sogar etwas „verdächtig", wenn sich eine Nation über ein Territorium und nicht als Ethnie definiert – und dies sogar gegen den Wunsch der nationalbewussten Intelligenz? Geht es hier vielleicht um das postkoloniale Ergebnis willkürlicher Grenzziehungen, wie sie von Großbritannien, Frankreich und anderen europäischen Mächten in Afrika bekannt sind? Was ist Belarus? Wer sind die Belarusen?

Ein Teilnehmer an einer Demokratie-für-Belarus-Kundgebung in Düsseldorf im August 2020 drückte es am offenen

Mikrofon so aus: „Wir waren bis jetzt Bewohner eines Territoriums, erst jetzt sind wir durch unsere Bewegung zu einer Nation geworden." Und auf einer der nächsten Demos eine andere Teilnehmerin: „Wir waren früher einfache Nachbarn, sind in dasselbe Haus gesteckt worden."

Was einfache Nachbarn, „einfache Menschen", „Sowjetmenschen" machen, empfinden, mies und gut finden, darüber ist schon viel geschrieben worden, beispielsweise von Andrej Sinjawski oder, für seine Zeit 1993 brillant, von Leonid Gosman über „Die Russen". Swetlana Alexijewitsch gab den von ihr interviewten „Stimmen" eine Stimme. Doch speziell über „die Belarusen" gab es ein Massenpsychogramm allenfalls von Spezialist*innen. Weil sie nicht einmal vorkamen. Das am wenigsten sich selbst ethnisierende Volk Europas konnte so von Fachleuten wie von außen angeblich wie im Freilandgehege begutachtet werden, ohne dass jemand widersprach. Selbst Valentin Akudowitsch sprach von „Weißrussland verstehen", nicht von „Weißrussen verstehen". Wieder das Territorium, nicht die Ethnie.

Seit den 1960er Jahren wurde die bäuerliche Haltung in das postbäuerliche Megadorf nach Minsk getragen, das „Heu auf den Asphalt". Die belarusische Gesellschaft galt noch lange als eine bäuerliche, selbst dann noch, als die meisten Werktätigen im Industriesektor arbeiteten. Bäuerliche Aktivitäten sind wie Partisanenaktivitäten: Ein kleiner Flecken Erde – und das bedeutete in der sowjetischen Belarus: das Hofland bis zu einem Hektar Land – und seit den 1960er Jahren die Wohnung im Etagenhaus werden zäh verteidigt. Ansonsten gibt es offensive, sogar sehr offensive Vorstöße, aber eben nicht öffentliche. Die Bauernfamilien wollen gar nicht unbedingt ins Fernsehen oder in die Zeitung kommen. Zumal nicht in sowjetische. Auch und gerade, wenn sie inzwischen in Minsk leben. Bloß nicht in Dinge einmischen, die einen nichts angehen. Das postbäuerliche Gesellschaftsverständnis ist nicht das einer aktiven Zivilgesellschaft. Und eine damit einhergehende Identität braucht keine nationale Selbstzuschreibung. Aber das Fehlen einer Zivilgesellschaft als Folge der fehlenden nationalen Identität anzusehen – das ist ein Trugschluss. Das ist auch die Erkenntnis aus dem Aufstand der

Frauen. Die Belarusinnen und ihre Männer vollendeten jetzt die Schaffung einer belarusischen Nation nicht über das Nationalbewusstsein, nicht über den Nationalismus, so wie es seit über hundert Jahren die Nationalbewegten versucht hatten; und wie ihn Lukaschenko wohldosiert in den etwa zehn letzten Jahren rekuperiert und damit diskreditiert hatte.

Die „plötzliche" Entlassung in die Unabhängigkeit

1990/1991 hatte sich die BSSR im Gegensatz zu Nachbarrepubliken nicht etwa für souverän oder gar unabhängig erklärt, sondern wurde vielmehr in die Unabhängigkeit *entlassen*. Noch am 17. März 1991 stimmten die Bürgerinnen und Bürger der BSSR mit 82,7 Prozent für den Erhalt der Sowjetunion. Das „sozialistisch" und „Sowjet-" wurde bald gestrichen. Doch nach dem Zerfall der Sowjetunion fanden bis 1994 keine Neuwahlen statt. Und auch unter dem 1994 frei gewählten Lukaschenko schienen der übergroßen Mehrheit der Einwohnerinnen und Einwohner Stabilität und Sicherheit wichtiger als demokratische Wahlen und bürgerliche Freiheiten zu sein.

Waren die Belarusen damals immer noch eine „Nation wider Willen"? Die Frage könnte sogar falsch gestellt sein, wenn es sich damals noch um keine Nation gehandelt haben sollte. Man sprach russisch. Man schaute russländisches Fernsehen. Hörte Musik aus Russland. Der Vater von Valentin Akudowitsch bezeichnete seinen Sohn spöttisch als „den Belarusen". Belarusisch wurde die Eishockeymannschaft. Und falls sich jemand 1994 ff. für Politik interessierte: Russland war oligarcho-demokratisch, die Republik Belarus autoritär regiert. Nicht gerade ein Motiv, sich für seine Heimat zu entscheiden.

Wir Deutschen sind es gewohnt, 1989/1991 als einen Endpunkt anzusehen, bei dem endlich gesellschaftliche Bewegungen, moderne und postmoderne gesellschaftliche Haltungen den Durchbruch in staatliche und andere institutionelle Strukturen schafften. Doch für die Republik Belarus war es in noch größerem Ausmaß ein Startpunkt. Denn 1991 waren noch wenige Einwohner*innen im west- und mitteleuropäischen Ausland gewesen. Die Belarusinnen und Belarusen bildeten in den letzten 29 Jahren langsam, aber stetig immer mehr eine Nation. Es hat sich schon in den letzten Jahren angedeutet, dass die Angst vor Repressionen abgenommen hatte: Gegen die beabsichtigte Einführung von „Schmarotzer"-Steuern gingen viele auf die Straße. Bei Wahlen gab es – allerdings nur in Minsk – Bezirke, in denen 20 Prozent mit Nein gestimmt haben, wo also Einschüchterungen nicht mehr zu Zustimmung an oder wenigstens Abwesenheit von der Wahlurne geführt haben. Das war aber sehr oft nur ein letztlich „nutzloses" Nein.

Zudem hat die Staatsmacht im Rahmen einer aktiven außenpolitischen Schaukelpolitik die Betonung ihrer Unabhängigkeit historisch untermauern wollen. Zwar hat die offizielle Geschichtswissenschaft nur die (sicher ursprünglich aus dem Christentum kommende) sowjetische Teleologie in eine belarusisch-nationale umgedeutet: vom Fürstentum Polack bis hin zu Lukaschenko. Doch dies bedeutete, dass am 25. März 2018 das hundertjährige Jubiläum der Ausrufung der BNR zwar nur für eine begrenzte Anzahl von Gästen, aber im öffentlichen Raum zu feiern war. Vielleicht erweist sich dieser Akt des Versuchs ideologisch-geschichtspolitischer Reform, der aber tatsächlich eigentlich eine Kapitulation war, als Datum, ab dem die zum Staatsprinzip erhobene *pamiarkoŭnasć* an ihrem Ende war.

Heute wird selten zwischen den Einwohnern oder Bürgern der Republik Belarus einerseits und den Belarusen andererseits unterschieden. Denn die große Mehrheit der Bürger*innen bezeichnet sich als Belarusen. Und spätestens seit die Kundgebungen vor und nach den (gefälschten) Wahlen in diesem August gegen Dauer-Amtsinhaber Lukaschenko in der Regel in russischer Sprache durchgeführt wurden, hat sich auch etwas in nichts aufgelöst, was zuvor als ein Paradox angesehen wurde: Weil in der Sowjetunion die Regel etabliert gewesen war, dass ein Volk, eine Nation gar, auch eine eigene Sprache vorzuweisen habe, hätten sich viele Belarusen erst dann als vollständig ihrer Nation zugehörig empfunden, wenn sie die belarusische Sprache nicht nur verstehen, sondern auch sprechen würden. Und dies war nicht der Fall. Nun, im Oktober 2020, ist deutlich: Es kann einen zweiten Staat neben Russland geben, in welchem die Arbeits-, aber auch die Küchensprache in der Regel die russische ist – genauso, wie es mindestens einen Staat neben der Bundesrepublik gibt, in welchem man deutsch spricht. Und in beiden Fällen steht eine Infragestellung von Grenzverläufen nicht auf der Tagesordnung. Die Fragen von Staatsflaggen und -wappen scheinen wichtiger.

Kein Wunder also, dass in deutschen Köpfen die Belarusen nicht existierten. Nicht nur, dass die Statistiken tatsächlich nicht besonders viele Menschen mit der Staatsangehörigkeit „Weißrussland" ausweisen. Sondern noch bedeutender: Im Gegensatz zu den Ukrainerinnen protestierten die Belarusinnen nicht, wenn man sie als Russinnen oder Osteuropäerinnen bezeichnete. Da haben wir es wieder, das Sich-Öffentlich-Nicht-Zeigen. Die Partisan*innen.

Wir Deutschen übersahen, dass Belarusinnen und Belarusen Auslandsreisen unternommen haben, obwohl wir sie da doch selbst gesehen haben. Sie haben fast unbemerkt das Internet benutzt, obwohl wir doch mit ihnen chatteten. Wir haben auch dann übersehen, dass es dort nicht nur Lukaschenko gibt, sondern auch Alexijewitsch, als sie den Nobelpreis bekommen hatte. In Wirtschaft und Wissenschaft traten Männer auf, während es doch oft gerade Frauen waren, die in Deutschland arbeiteten.

Der Landesname

Die Unsicherheit über dieses Territorium trug auch zu einer Unsicherheit über die Benennung dieses Territoriums in deutscher Sprache bei. Das Land, das auf Russisch *Belorussija* heißt (hingegen Russland *Rossija* mit „O"), heißt auf belarusisch *Belaruś*. *„Bela"* heißt weiß, *Ruś* steht für die Kiewer Rus, so der Name des ostslavischen Staates zu Ende des ersten Jahrtausends; er zerfiel unter der Eroberung durch die Mongolen, später der „Goldenen Horde" in einzelne Fürstentümer. Einzelne Landstriche wurden Rote, Schwarze oder eben Weiße Rus genannt. Auf Lateinisch und Deutsch wurde die *Rus* Ruthenia oder Ruthenien genannt. Rus (Ruthenien) stellte man „Russland" keinesfalls nur begrifflich oder akademisch gegenüber, aber die begriffliche Unterscheidung blieb nicht nur wegen der sprachlichen Ähnlichkeit zwischen Rus und Russland schwammig. Zudem gab es rein optisch keine Grenze zwischen der Weißen Rus und Russland. Vielmehr hatte sich das Einflussgebiet zwischen zunächst kleinen Fürstentümern, dann den großen Reichen Polen-Litauen und Russland ständig verschoben, bis nach der zweiten Teilung Polens das heutige Belarus von 1793 bis 1915 vollständig zum Russländischen Reich, und von 1944 bis 1991 vollständig zur Sowjetunion gehörte.

Während des Ersten Weltkriegs führten polnische und deutsche Autoren „Weißruthenien" als deutsche Übersetzung für den Landesnamen ein: Dies ist die eigentlich korrekteste Übersetzung. Sie wurde auch in der BSSR-Hauptstadt Minsk für deutschsprachige Texte verwendet. Doch in der deutschen Sprache ist dieser Begriff durch die Verwendung in der deutschen Besatzungszeit politisch verbrannt. Stattdessen verwendete man in Westdeutschland offiziell und in beiden Teilen Deutschlands im allgemeinen mündlichen Sprachgebrauch den noch heute von Wikipedia verwendeten, doppelt missverständlichen Namen „Weißrussland": Dieser konnte nicht nur bis weit in das 20. Jahrhundert hinein zu Verwechslungen mit den Streitkräften der antibolschewistischen Weißgardisten im Bürgerkrieg 1918–1921 führen – was mit ein Grund dafür war, warum das Land in der DDR offiziell „Belorußland" hieß; dies assoziierte vor allem, und das bis heute, dass dieses „Weißrussland" als Weiß-Russland eben ein Teil Russlands sei.

Statt „Glaube, Liebe, Hoffnung" –
„Wir glauben an uns, wir können es, wir werden siegen"

In Europa sind bäuerliche Gesellschaften patriarchale Gesellschaften. Und Belarus galt als bäuerliche Gesellschaft, als Partisanengesellschaft, jedenfalls als männliche Gesellschaft. Weil über Belarus hierzulande nicht einmal dies bekannt war, überrascht es, dass mitten in Europa im 21. Jahrhundert überhaupt von einem Aufstand der Frauen gesprochen werden kann.

Belarusische Fahnen, russische Sprache, belarusisches Wappen – das war Männersache. Belarusische Nationalbewegung – Männersache. Kommunistische Partei der Belarus (Bolschewiki) – Männersache. Bürgerkrieg – Männersache. Partisanenbewegung – Männersache. Nazis töten – Männersache. Egal, ob das überhaupt stimmte: Das alles schien so selbstverständlich, dass es gar nicht erst erwähnt wurde.

Gewiss gab es einzelne Frauen mit Belarusbezug (was für ein Wort! Wir werden uns auch daran gewöhnen wollen!), die in den letzten 150 Jahren bedeutend waren. Berühmte Frauen, die mit gutem Recht nicht als Belarusinnen galten: Eliza Orzeszkowa lebte dort zum Beispiel oder Golda Meir nur ein paar Jahre ihrer Kindheit. Oder Belarusinnen, die hierzulande fast niemand kennt, wie Ciotka, Paluta Badunova, Nadzieja Hrekava und nicht einmal Viktoryja Azaranka.

Auch waren 1991 die patriarchalischen Familienstrukturen noch unangetastet: Die Ehefrauen arbeiteten, machten den Haushalt und erzogen die Kinder – die Männer arbeiteten und trugen den Müll runter. Gewiss, seither gab es Freiheiten, die nicht wieder rückgängig gemacht wurden: Auslandsarbeit, Religionsfreiheit. Doch das überlieferte patriarchalisch-bäuerlich-großindustrielle Bild von männlichen Helden in Politik, oberen Firmenetagen und Eishockey verdeckte, dass sich wenig bemerkt ein gesellschaftlicher und familiärer Wandel vollzog: Frauen fahren Auto, schreiben Dissertationen, führen inzwischen oft ein eigenständiges Leben, heirate(te)n nach der Scheidung nicht wieder oder setzten das berühmte Zimmer für sich allein durch. Der Nobelpreis an Swetlana Alexijewitsch konnte (und sollte vielleicht auch) im In- und Ausland sichtbar machen, dass die Belarus eine Frau ist. Doch erst der Juli 2020 machte dies allgemein klar.

Wegen dieser Historie, weil also Frauen in Politik und Gesellschaft so wenig sichtbare Bedeutung erlangt haben, wird von vielen der jetzige Aufstand auch nicht als einer der Frauen angesprochen. Die Gründe für einen Aufstand von Frauen werden dann zumeist gar nicht in der politischen Sphäre vermutet. Wenn es um Frauen geht, sowieso. Die Neigung, wenn Frauen etwas machen, es eher zu psychologisieren statt zu historisieren. Dass es Solidarität unter Frauen überhaupt geben kann, repräsentiert durch Swetlana Tichanowskaja, Maria Kolesnikowa und Veronika Zepkalo – statt der Idee, dass Frauen sich mit dem Kaltstellen der Schwiegertochter oder dem Hass auf die Stiefmutter befassen und ansonsten nicht nur arbeiten gehen, sondern auch die Töchter zu helfenden Händen und die Söhne zu Muttersöhnchen erziehen und natürlich 97 Prozent der Haushaltsarbeit verrichten.

Es herrschte bis in die postsowjetische Zeit hinein diese maskulinistische Atmosphäre. Auch in der oppositionellen Bewegung gab es immer Platzhirschgerangel. Wie anders sehen im Internet die Videoclips von den Auftritten der drei Frauen aus.

Aber der Aufstand war hochpolitisch auch im klassischen Sinne, ganz einfach schon deshalb, weil eine Frau auf einmal das hochpolitische Amt der Präsidentin anstrebte.

Also: Warum bricht sich nun mit Wucht die belarusische Gesellschaft mit Frauen an der Spitze Bahn?

Erst jetzt, als Alt-Langzeitpräsident Lukaschenko eine Frau als Präsidentschaftskandidatin verspottete, bekommen das Land und die Welt die Wucht der Frauen zu spüren, die sich nicht mehr erniedrigen, nicht mehr beleidigen lassen. Es ist offensichtlich: Frauen haben keine Lust mehr, die Gattinnen von pro-, anti- oder postsowjetischen Partisanen zu sein!

Die Frauen wurden so wenig ernst genommen, dass sie zunächst nicht ins Gefängnis gesteckt wurden, dass sie nicht einmal verprügelt wurden.

Doch nun, mit den Frauen an der Spitze, hat die Zivilgesellschaft als Gerechtigkeitsbewegung, als Demokratiebewegung an Schwung gewonnen. Sie waren Einwohnerinnen, nun sind es Bürgerinnen. Mann spricht russisch. Frau auch. Und auch die weiß-rot-weiße Fahne steht heute nicht für eine Nationalbewegung, nicht für einen Ethnonationalismus, sondern für Gerechtigkeit und Selbstbehauptung.

Erstmals sind ganz bewusst Aktivitäten in der Provinz sowohl entfaltet worden, als auch auf fruchtbaren Boden gefallen. Sie schufen eine Öffentlichkeit, auch in den Hochhausvierteln und an den Stadträndern – nicht zu verwechseln mit der traditionell-belarusischen anonymen militanten Offensivität von Partisanen.

Wegen des bisher im Wesentlichen friedlichen Vorgehens der Aufständischen ist auch eine Parallelziehung zu den ukrainischen Majdans von 2004/2005 und 2013/2014 unangebracht. Zudem spielten Nationalisten dort eine Rolle.

Die Belarus ist im Russischen und Belarusischen weiblich. Aber das Land wurde fast nie als Frau allegorisiert. Ich kenne kein älteres Beispiel als das von Uladzimir Karatkievič in seinem Drama *„Kastuś Kalinoŭski"* von 1963. Weibliche Massenpersonifizierungen vielmehr auch in Sowjetzeiten hießen *Viera* (Glaube), *Nadzieja* (Hoffnung) und *Liuboŭ* (Liebe). Doch jetzt heißt es: „Wir glauben an uns, wir können es, wir werden siegen." Mit Herz, Faust und Victory-Zeichen. Und die drei Frauen heißen Veronika, Maria und Swetlana. Das wird noch lange so bleiben, auch wenn sie ins Gefängnis gesteckt oder ins Ausland gedrängt wurden.

Belarus. Der weiße Fleck wurde zuerst im Sport, dann auf der Landkarte, dann in der Politik ausgefüllt. Jetzt gibt es noch einen weißen Fleck weniger: Wir wissen jetzt, dass es auch Belarusinnen und Belarusen gibt.

Jetzt ist der Punkt erreicht, ab dem es kein zurück mehr geben kann. Nicht nur für Lukaschenko, der nie wieder den Status des Landesvaters gewinnen kann. Sondern auch für die Muttersöhnchen. Und damit für alle. Für das ganze Land.

BELARUSISCH UND RUSSISCH

Zur sprachlichen Situation

Gun-Britt Kohler

Mit meiner Minsker Freundin bin ich zum *Shoppen* verabredet. Wir stehen in der Abteilung für Taschen eines der großen, „sowjetischen" Kaufhäuser im Zentrum von Minsk und begutachten das Angebot, während wir uns unterhalten. Plötzlich dreht sich neben uns eine Kundin um: „Wo haben Sie so schön Belarusisch sprechen gelernt? Ich kann das nicht so!" Meine Freundin, sofort elektrisiert, versucht die Frau zu ermuntern: Das könne gar nicht sein, sie müsse es nur versuchen, das sei eine Frage der Gewohnheit. Die Frau winkt ab: Sie schämt sich, dass sie ihre Muttersprache „nicht richtig" beherrscht. Deshalb spricht sie lieber Russisch ...

Ähnliche Begegnungen (übrigens stets mit Frauen) haben meine Freundin und ich immer wieder, wenn wir zusammen unterwegs sind; an diese, die ungefähr neun Jahre zurückliegen mag, erinnere ich mich besonders gut, weil sie die erste dieser Art war. Sie ist repräsentativ für die Sprachensituation in Belarus, für das komplexe, mitunter paradox scheinende Verhältnis der Belarusen zu „ihrer" Sprache, nicht zuletzt für die Kluft zwischen „Muttersprache(n)" und Sprachverhalten.

Der Buchstabe des Gesetzes ...

Gemäß Artikel 17 der Verfassung hat die Republik Belarus seit 1996 zwei Amts- bzw. „Staatssprachen", Belarusisch und Russisch. Die (Wieder-)Einführung des Russischen als Staatssprache war seinerzeit das Ergebnis eines Referendums, das Präsident Lukaschenko im Mai 1995 durchführen ließ, um seine Politik der offiziellen Zweisprachigkeit öffentlich zu legitimieren. Mehr als

88 Prozent der Bevölkerung stimmten damals für Russisch als dem Belarusischen gleichgestellte Staatssprache; die Monopolstellung, die das Belarusische seit 1990 vorübergehend gehabt hatte, wurde damit wieder beendet.

Artikel 50 der Verfassung gewährt allen Bürgerinnen und Bürgern das Recht auf Wahrung ihrer Nationalität und den Schutz der nationalen Würde. Dies bezieht sich explizit auch auf die Sprachwahl: „Jeder hat das Recht, seine Muttersprache zu verwenden und die Kommunikationssprache zu wählen. In Übereinstimmung mit dem Gesetz garantiert der Staat die Freiheit, die Sprache der allgemeinen und der beruflichen Bildung zu wählen."

Für mich als Ausländerin passt das so. Das hat auch damit zu tun, dass ich nicht gut sprachasymmetrische Gespräche führen kann – und dies als Gast im Land auch nicht will: Ich nutze also jeweils die Sprache, in der man mich anspricht bzw. die im gegebenen Kontext die „naheliegende" ist: Mit der erwähnten Freundin, mit Kolleginnen und Kollegen aus der Belarusistik spreche ich Belarusisch, mit den Kolleginnen und Kollegen aus der Soziologie und mit einer Freundin, die Sportlerin ist, Russisch; mit der Polizei, wie auch in sämtlichen Behörden oder auch mit Nachbarn Russisch; mit meiner Buchhändlerin, in der Bibliothek oder im Archiv Belarusisch, auf der Kamaroŭka, dem zentralen Markt in Minsk, Belarusisch mit der Honigverkäuferin, Russisch mit der Fischhändlerin und mit dem Usbeken, der Gewürze und Geschirr verkauft; in anonymem Kontext (Supermarkt, Bank, Poliklinik u. a.) Russisch. Ich finde das toll und fühle mich mit dieser Form der „Zweisprachigkeit" wohl in Belarus.

Für die Belarusinnen und Belarusen allerdings haben es die Artikel 17 und 50 der Verfassung in sich: Um eine Sprache frei wählen zu können, muss man sie beherrschen. Um frei zwischen Sprachen wählen zu können, müssen sie gleichwertig sein im Hinblick auf ihr Prestige, mithin auf die Möglichkeiten, die sie eröffnen oder verschließen. In Bezug auf beides ist das Belarusische gegenüber dem Russischen klar im Nachteil.

Einer Mitteilung auf BelTA vom Februar 2020 zufolge sind 45 Prozent der Schulen in der Republik Belarus belarusischsprachig (ähnliche Prozentzahlen wurden auch in den zurückliegenden Jahren kommuniziert). Dieses scheinbare Fast-Gleichgewicht wird durch drei Faktoren konterkariert: Erstens gilt eine Schule bereits als „belarusischsprachig", wenn auch nur eine Klasse in Belarusisch unterrichtet wird. Zweitens liegt die überwältigende Mehrzahl solcher Schulen in der ländlichen Provinz; sie sind um ein Vielfaches kleiner als die Schulen in den Großstädten, in den vergangenen Jahren wurden überdies jährlich rund hundert von ihnen geschlossen. 45 Prozent hin oder her – landesweit werden nur etwas mehr als 11 Prozent aller Schülerinnen und Schüler der Klassen 1–11 auf Belarusisch unterrichtet. Drittens ist die gesetzlich verankerte Wahlfreiheit der Schul- und Ausbildungssprache faktisch eingeschränkt, denn die zu besuchende Schule richtet sich grundsätzlich nach dem Wohnort. Wo ein Kind also nicht qua Wohnort einer belarusischsprachigen Schule zugeteilt wird, müssen Eltern, die ihr Kind in eine solche Schule geben möchten, einen Antrag stellen, der nur bewilligt wird, wenn die betreffende Schule freie Kapazitäten hat.

Vor einigen Jahren lud mich eine Kollegin zum Abendessen zu sich nach Hause ein. Ihre kleine Tochter, für die die Eltern einen Platz an einer der wenigen belarusischsprachigen Schulen Minsks ergattert hatten, zeigte mir ihr Kinderzimmer: Es war das erste und bisher einzige Mal, dass ich ein Kind Belarusisch sprechen hörte. Auf dem Spielplatz vor dem Fenster meiner Wohnung in Minsk sprechen alle Kinder Russisch ...

Während die Eltern dieses Mädchens sich bewusst entschieden haben, Russisch von der Kleinen fernzuhalten, solange es geht, da das „früh genug von selber von außen kommt", beschloss eine andere Kollegin, die aus einer sprachlich gemischten Familie kommt (der Vater spricht nur Russisch, die Mutter beides) und selbst vorwiegend Belarusisch spricht, ihre Tochter in eine russischsprachige Schule zu geben, um ihr „Minderwertigkeitsgefühle zu ersparen" und ihr „keine Möglichkeiten zu verbauen". Tatsächlich ist das Prestige des Russischen als weithin übliche Sprache der höheren Bildungseinrichtungen, der Behörden und der Massenmedien (sowie übrigens als ausschließliche Sprache im Militär) deutlich höher als das des Belarusischen. Das lange als „Bauern-" bzw. „Kolchosensprache" verpönte Belarusische ist zwar seit den 1990er Jahren zum Code der intellektuellen Elite avanciert; da es aber dadurch als Sprache der politischen Opposition markiert ist (oder jedenfalls bislang war), ist der Gebrauch des Russischen für viele Menschen aus sprachökonomischer Sicht sinnvoller: Er erzeugt keine Differenz und setzt sich nicht dem Verdacht einer politischen Positionierung aus. Als meine Freundin vor einigen Jahren den Führerschein machte, war sie gezwungen, den Fahrlehrer wechseln, weil der ihr zunächst Zugeteilte ihren Gebrauch des Belarusischen als „Provokation" empfand und sie buchstäblich wegmobbte.

Eigentlich sind es drei Sprachen

Die Kundin, die uns seinerzeit im Kaufhaus ansprach, gehört offenbar zu jenen knapp 50 Prozent der Bevölkerung, die gemäß der offiziellen Statistik (von 2018) das Belarusische als Muttersprache ansehen (1999 waren es noch 86 Prozent, 2009 nur mehr 53 ProzentTendenz weiter fallend). Die erwähnte Freundin wiederum gehört zu jener Minderheit von offiziell nur 3 Prozent, die nahezu ausschließlich Belarusisch sprechen (im Alltag also meist in asymmetrischen Konstellationen).

Belarusisch als Muttersprache zu begreifen, gleichzeitig aber vorwiegend, wenn nicht ausschließlich, Russisch zu sprechen, verweist auf eine charakteristische Spezifik der Belarusinnen und Belarusen im Hinblick auf das Verhältnis von Sprache und nationaler bzw. kultureller Identität: Untersuchungen meines Kollegen Gerd Hentschel und seines Teams haben gezeigt, dass knapp 80 Prozent der Belarusen der belarusischen Sprache eine Schutzfunktion für den Erhalt der belarusischen Kultur beimessen – und zwar *unabhängig* davon, welche Sprache sie selbst überwiegend verwenden. Wiederum knapp 80 Prozent legen Wert darauf, dass Belarusisch Staatssprache bleibt; der Anteil von Sprecherinnen und Sprechern des Belarusischen an diesem Votum ist nur unwesentlich höher als jener des Russischen. Es wäre also irrig, aus dem weit vorrangigen Gebrauch des Russischen automatisch eine „schwache" belarusische Identität oder auch eine bestimmte geopolitische Orientierung abzuleiten: Vielmehr sind Identität und Sprachgebrauch *entkoppelt*; dem Belarusischen kommt ungeachtet seiner geringen praktischen Präsenz ein immens hoher symbolischer Stellenwert zu, zu dem sich die breite Mehrheit bekennt.

Eine besondere Spezifik der sprachlichen Situation in Belarus ist die außerordentlich hohe Relevanz der belarusisch-russisch gemischten Rede, der sogenannten „Trasjanka". Bereits der Begriff für dieses Phänomen – „trasjanka" ist durch die Zugabe von zerkleinertem Stroh gestrecktes Heu, also minderwertiges Viehfutter – spiegelt die pejorative Konnotation der gemischten Rede. Die „Trasjanka" entwickelte sich bereits zu Beginn des 20. Jahrhunderts, wurde aber vor allem seit den 1960er Jahren aufgrund der Land-Stadt-Migration unter dem Einfluss von Industrialisierung und Urbanisierung zu einem zunächst vornehmlich städtischen Massenphänomen.

Es handelt sich dabei um eine vor allem mündliche Varietät, in der gewisse „Gesetzmäßigkeiten" der Sprachmischung und „spontane" Mischung einander überlagern. Die gemischte Rede ist also kein eindeutig fixierter Code: Wenn ich höre, wie Nachbarn sich unterhalten, klingt dies (für mich als Nicht-Linguistin und Nicht-Muttersprachlerin) häufig nach einem Russisch mit mehr oder weniger deutlichen belarusischen Einsprengseln auf phonetischer, aber auch lexikalischer und morphologischer Ebene. Wenn mein Minsker Kollege mit seiner Schwester telefoniert, zeigt sich, dass es sich um einen individualisierten bzw. mikrokollektiven innerfamiliären Code handelt, dessen Basis in seinem Fall das Belarusische ist (in dem neben russischen Elementen auch polnische eine Rolle zu spielen scheinen). Solche individuellen Mischcodes nutzen viele Menschen im familiären Kreis bzw. im vertrauten Umfeld.

Lange galt die „Trasjanka" als Inbegriff von Unbildung und Kulturlosigkeit, als Varietät von Menschen, die weder Russisch noch Belarusisch „korrekt" beherrschen. Erst in den letzten Jahren hat man begonnen, die gemischte Rede insbesondere hinsichtlich ihrer sozialen Funktion ernster zu nehmen und sie systematisch zu erforschen. So schließen jüngere soziologische bzw. sprachsoziologische Erhebungen auch in Belarus inzwischen die „Trasjanka" ein und fragen nicht mehr nur binär nach der Verwendung des Russischen bzw. des Belarusischen. Dabei zeigt sich, dass ein bedeutender Teil der Belarusinnen und Belarusen die (wie gesagt, vornehmlich in der mündlichen, überwiegend inoffiziellen Kommunikation gebrauchte) gemischte Rede nicht nur breit verwendet (gemäß der offiziellen Statistik fast 44 Prozent, wenn auch nachlassend in der jüngeren Generation), sondern sie als „Muttersprache" begreift (nämlich knapp 38 Prozent). Wer die gemischte Rede wann in welchem Umfang gebraucht, hängt u. a. von der Herkunft der Sprechenden (Großstadt, Stadt oder Dorf), von ihrem Wohnort, Bildungsgrad und vom konkreten Kommunikationskontext ab. Die umfassenden sprachsoziologischen Studien meines Kollegen und seiner Arbeitsgruppe (zuletzt erschienen unter dem Titel *Sprachkontakt – Sprachmischung – Sprachwahl – Sprachwechsel*, 2018), haben gezeigt, dass die gemischte Rede weder ausschließlich von Menschen mit geringem Bildungsgrad, noch ausschließlich im familiären Kontext, noch vornehmlich in der (Groß-)Stadt genutzt wird. Vielmehr ist die gemischte Rede verbreitet, gleichzeitig aber insgesamt in jüngerer Zeit zugunsten des Russischen rückläufig – selbst in den Familien. Dies gilt auch für die ländliche Provinz, die heute keineswegs vorwiegend belarusischsprachig ist, wie immer behauptet wird. Die in einem kleinen Dorf in der nördlichen Provinz lebende Familie meiner Freundin spricht eine gemischte Rede, die *heute* dem Russischen näher ist als dem Belarusischen – anders als in ihrer Kindheit, die sie als „belarusischsprachig" beschreibt: Die Brüder kehrten „russifiziert" aus der Armee zurück; die Rede der Mutter wurde und wird deutlich beeinflusst durch das russisch(sprachig)e Fernsehen.

Der öffentliche Raum

Ungeachtet der Tatsache, dass die Verwendung des Russischen – sei es als „sauberes" Russisch, sei es als gemischte Rede – im öffentlichen Alltag klar dominiert, ist das Belarusische im öffentlichen Raum sehr präsent: Im ganzen Land sind Straßen- und Verkehrsschilder, Aufschriften auf öffentlichen Gebäuden bis hin zu den Anweisungen auf den Türgriffen („drücken", „ziehen") etc. auf Belarusisch, die Stationen der Minsker Metro haben belarusische Namen, die automatischen Ansagen in der Metro sind auf Belarusisch (übrigens seit einigen Jahren auch auf Englisch). Das Nationaltheater in Minsk, benannt nach einem der „Nationaldichter" Janka Kupala, unterhält ein vorwiegend belarusischsprachiges Repertoire (daneben gibt es ein nach Maxim Gorki benanntes rein russischsprachiges Dramatisches Theater), und wer mit der belarusischen Airline Belavia nach Minsk fliegt, wird an Bord zuerst auf Belarusisch begrüßt. All dies bestätigt, dass das Belarusische nicht nur für die Belarusinnen und Belarusen einen hohen Symbolwert hat, sondern dass auch die kulturpolitische Stoßrichtung eine vornehmlich symbolische ist (der Literaturwissenschaftler und Dramatiker Siarhiej Kavalioŭ sprach seinerzeit vom „musealen Charakter" des Belarusischen). Minsk – wie auch andere größere Städte – ist gespickt mit großformatigen Plakaten der sogenannten „sozialen Reklame", die u. a. Werbung macht für das Belarusische: Ein kleiner Junge hält einen Hund im Arm. Daneben steht in Belarusisch: „Mein erstes Wort ist ‚Freund'. Welches wird dein erstes Wort in der Muttersprache sein?" Man fragt sich unwillkürlich, mit welcher Wirkung eine solche Werbung rechnet. Dass ein Endvierziger, der auf dem MKAD (der Minsker Ringautobahn) im Stau steht, sich beim Betrachten des Plakats an den Hund erinnert, mit dem er als Kind in den Sommerferien bei seiner *Babulja* (seiner Großmutter) auf dem Dorf immer gespielt hat? Und dem es wie Schuppen von den Augen fällt, dass er sich ab sofort (wieder) dem Belarusischen zuwenden will? *Naŭracce* – wohl kaum, wie man auf Belarusisch sagt. Die Reklame bezeugt insofern nicht nur die insgesamt katastrophale Situation der belarusischen Sprache im Land, sondern auch die Tatsache, dass die Kulturpolitik sich zu mehr als zur Zurschaustellung des symbolischen Wertes des Belarusischen nicht durchringt. Der „Tag der Muttersprache", den die UNESCO 1999 zur Förderung bedrohter Sprachen, kultureller Vielfalt und Mehrsprachigkeit einrichtete, wird jährlich am 21. Februar landesweit mit viel Verve begangen – Schulen, Universitäten und Bibliotheken machen Ausstellungen, Lesungen oder Ähnliches, das Staatsfernsehen bringt die Nachrichten auf Belarusisch, berichtet vom wachsenden Interesse der Welt am Belarusischen und von den vielen Veranstaltungen in der Republik. Anschließend setzen alle Einrichtungen ein Häkchen hinter die entsprechende Anweisung von oben – und wenden sich wieder dem Tagesgeschäft zu.

Sprache und Literatur

Die Asymmetrie zwischen Russisch und Belarusisch schlägt sich ganz besonders im Bereich des Buchmarkts im Allgemeinen und nicht zuletzt in der Literatur nieder. Der weit überwiegende Anteil der belarusischen Buchproduktion ist russischsprachig; der belarusischsprachige Output beläuft sich auf ca. 13 Prozent der Titel bzw. ca. 14 Prozent der Gesamtauflage jährlich, dabei ist das auflagenstärkste belarusischsprachige Buchsegment Schulliteratur. Zeitgenössische belarusische Literatur in belarusischer Sprache erscheint nicht selten in einer Auflage von 100 oder 200 Exemplaren. Ein „Markt" ist damit nicht zu bestreiten …

Die Literatur selbst ist gespalten, wie sich an der Existenz zweier konkurrierender Schriftstellerverbände zeigt; dabei spielt nicht zuletzt das Verständnis der belarusischen Literatur eine Rolle: Einem nationalen, also auch belarusisch-nationalsprachlichen Konzept („Belarusische Literatur") des als unabhängig geltenden „Verbandes belarusischer Schriftsteller" steht ein vom durch die Regierung finanzierten „Verband der Schriftsteller von Belarus" propagiertes territoriales, also übersprachliches Konzept („Literatur von Belarus") gegenüber, das russischsprachige Literatur einschließt, sofern diese von „belarusischen Autoren" bzw. in Belarus verfasst wurde. Allerdings haben sich in jüngerer Zeit, nicht zuletzt durch die Verleihung des Literaturnobelpreises an die bekanntermaßen Russisch schreibende Autorin Swetlana Alexijewitsch, die sprachlich bedingten Fronten im Bereich der Literatur entschärft. Die Demarkationslinie verläuft heute nicht entlang der Sprache, sondern entlang der politischen Haltung.

Der Schriftsteller Alhierd Bacharevič, einer der führenden Prosaautoren des Landes, schreibt in seinem 2018 erschienenen autobiographischen Roman *Mae dzievianostyja* (Meine Neunziger): „Die Zeiten haben sich geändert. Belarusischsprachige [Schriftsteller] überschütten andere Belarusischsprachige mit Dreck, das Monolithische ist weg, die Sprache aber lebt. Und sie hat nur noch einen einzigen Feind: die Regierung". Übereinstimmend damit kommentierte Andrej Chadanovič, einer der bedeutendsten zeitgenössischen Dichter des Landes, in einem Interview vor zwei Jahren die Frage nach seiner Einstellung zur sprachlichen Situation im Bereich der Literatur mit der Bemerkung, ein russischsprachiger Dichter, der gegen die Todesstrafe anschreibt (er meint Dmitri Strozew), stünde ihm klar näher als ein belarusischsprachiger, der die Regierung unterstützt.

Um das Belarusische als „kleine Sprache" – und mit ihm um die Zukunft der belarusischen Literatur – scheint es, quantitativ betrachtet, schlecht zu stehen. Die Leserzahlen sind niedrig: Unter Menschen mit höherer Bildung (das ist circa ein Viertel der Bevölkerung) lesen gerade mal 6 Prozent zeitgenössische belarusischsprachige Literatur. Die Studierendenzahlen der Belarusistik sind in den vergangenen Jahren dramatisch gesunken – und selbst diese Studierenden wechselten noch bei meinem letzten Gastvortrag an der Staatsuniversität in Minsk vor gut einem Jahr mit dem Pausengong untereinander vom Belarusischen zurück ins Russische. Die sprichwörtlichen „Großmütter" auf dem Land, denen die jüngeren Generationen in den Städten und auf dem Dorf noch so etwas wie ein belarusisches Substrat verdankten, sterben allmählich aus. Die Tatsache, dass sich in den letzten Jahren vor allem in Minsk, aber auch in anderen regionalen Zentren, jüngere Menschen wieder vermehrt dem Belarusischen zuzuwenden scheinen, blieb zumindest bislang statistisch unbedeutend: Belarusisch ist eine Sprache mit hoher Symbolkraft, aber geringer alltagspraktischer Relevanz, in die kaum jemand „natürlich" hineinwächst.

Ungeachtet dieser insgesamt skeptischen Befunde äußerte sich Andrej Chadanovič optimistisch. Die Zukunft der belarusischen Literatur sei „glänzend", allein schon, weil man in vielerlei

Hinsicht am Boden angelangt sei, von wo aus es nur noch aufwärtsgehen könne: „Und weniger ironisch, dafür interessanter: Allen äußeren Kennzeichen ihrer quantitativen Marginalisierung zum Trotz hat die belarusische Kultur eine qualitative Dimension erreicht, nach der ihr Tod schon unmöglich ist. Die Literatur (…) ist über die Gefährdung ihrer Existenz hinweg".

„Žyve Belaruś!" … – und dann?

Dass die Sprachenfrage im Wahlkampf und in den Protesten weitgehend ausgeblendet blieb und einstweilen bleiben muss, war und ist für die Konsolidierung der Protestbewegung zweifellos von entscheidender Bedeutung. Es ist gut möglich, dass das Belarusische durch die Proteste zumindest unter jungen Leuten einen Aufschwung erlebt: Vielerorts werden nun belarusische Lieder gesungen; viele der Protestplakate sind in belarusischer Sprache. Auf verschiedenen kleineren Protestaktionen wird die Aufzeichnung der Inszenierung von Janka Kupalas Drama *Tutejšyja* (Die Hiesigen) gezeigt, die die „Kupalaŭcy" – die entlassenen Schauspieler des Kupala-Theaters – jüngst erarbeitet haben (der Originaltext wurde dabei durch Anspielungen auf die gegenwärtige Situation behutsam aktualisiert). Eine junge Kollegin berichtet, dass sich an der Minsker Schule, an der sie unterrichtet, eine Belarusisch-AG gebildet hat. In der belarusischen Diaspora hat der Verein RAZAM eine Initiative zum Erlernen der belarusischen Sprache für Kinder in Deutschland lebender belarusischer Familien gestartet. Ob all dies tatsächlich Anzeichen für einen Aufschwung sind, wird sich zeigen.

Klar ist, dass auch im besten aller Fälle die Lösung der „Sprachenfrage" (z. B. im Sinne der Herstellung eines Gleichgewichts zwischen den zwei bzw. drei Sprachen) durch eine neue Regierung alles andere als leicht würde. Eine Abschaffung des Russischen als zweite Amtssprache würde die breite Bevölkerung wohl nicht mittragen: Auf der im Sommer 2020 zur Absicherung gegen Wahlfälschungen ins Leben gerufenen Plattform „Golos" (Stimme) stimmten in einer Umfrage zur Verfassung der Republik Belarus knapp 83 Prozent der Teilnehmenden (ca. 460.000) für den Erhalt der zwei Amtssprachen – und nur gut 17 Prozent sprachen sich für Belarusisch als alleinige Amtssprache (bei Erhalt der Garantie auf freien Gebrauch des Russischen) aus. Angesichts des faktischen Ungleichgewichts zwischen den beiden Sprachen (das Belarusische als „kleine", das Russische als „große") dürfte die langfristige Gewährleistung einer *real* gleichberechtigten Koexistenz des Belarusischen neben dem Russischen aber schwierig sein, wenn beide *de jure* denselben Status haben. Veränderungen in der Schulbildung wären aber wohl ein guter Anfang.

Einer meiner Minsker Bekannten, der als Fahrer arbeitet, und mit dem ich manchmal unterwegs bin, sagt (übrigens in „gemischter Rede"): „Was soll das mit der Sprache ... – danach steht doch keinem der Sinn! Gebt den Leuten ordentliche Arbeit, gebt ihnen eine angemessene Bezahlung, einen anständigen Lebensstandard, und lasst sie in Ruhe leben! Dann kümmern sie sich auch um ihre Sprache." Vielleicht behält er ja Recht.

WER, WENN NICHT WIR
WANN, WENN NICHT JETZT

Marina Naprushkina

Mama

Mama zeigt stolz auf die weißen Chrysanthemen in der Kristallvase. Von der Demonstration, sagt sie zu mir.

Du kennst Tante Lena, sie verpasst ja keine einzige Protestaktion. Lena hat eine Schwester. Die ist wirklich eine Aktivistin. Sie meinte nur: Wie, du kommst nicht mit?

Natürlich bin ich mitgegangen.

Die Solidaritätskette

Wir stehen entlang der Straße, hinter uns die Akademie der Wissenschaften. Unsere Arme ausgestreckt, mit den Fingern das Victory-Zeichen. Die vorbeifahrenden Autos hupen. Viele haben die Fenster runter gekurbelt und zeigen das Victory-Zeichen zurück. Das Hupen hört nie auf. Alle hupen. Jeder Autofahrer und jede Autofahrerin drückt auf die Hupe. Nur der Gefangenentransport fährt geräuschlos vorbei. Frisch gestrichen.
Die Kette wächst an beiden Seiten. Die Menschen kommen gezielt dazu. Viele haben bereits Blumen in der Hand. Jemand verteilt Blumen an die, die keine dabei haben. Weiße Chrysanthemen.

Ein Polizeibus wird auf dem Gehweg geparkt, so, dass wir ihn alle sehen. Drei Polizisten mit Masken laufen die Menschenkette ab. Einer redet ununterbrochen in einen Lautsprecher: Die Versammlung sei nicht legal und müsse sofort aufgelöst werden. Ein anderer in Zivilkleidung hält die Kamera drauf, filmt jeden von uns, ins Gesicht.

Zwei Frauen, eine um die sechzig die andere Mitte zwanzig, unterhalten sich über den Schulstart. In wenigen Tagen geht es los. Wie immer am 1. September. Beide sind Lehrerinnen und rechnen mit ihrer Kündigung. Ich habe einen erkannt, sagt die Ältere. Mein ehemaliger Schüler. Ich fragte ihn, warum sie die Menschen schlagen. Er meinte, dass er davon nichts weiß und dass alles gelogen sei. Ich denke, dass weiß er wirklich nicht, ich möchte ihm glauben, er war doch ein gescheiter Junge in der Schule.

Die jüngere Frau antwortet nicht, sie schaut auf die Uhr. Ich muss los, sagt sie prompt und drückt mir ihr Plakat in die Hände: ein größeres Blatt Papier, sorgfältig in eine durchsichtige Folie gewickelt. Ein rotes Herz mit Rosen ist selbst gemalt, Liebe rettet die Welt steht drauf, mit Filzstift. Vorgezeichnete Linien mit einem Bleistift.

Freundin

Ich habe Schiss. Und wie. Aber ich weiß: Ich kann nicht NICHT hingehen. Verstehst du?

Meine Kinder schmieren mir morgens ein Brot und sagen: Mama, nimm mit, falls du heute Abend nicht nach Hause zurück kommst. Ich frage euch, ist das normal?

Videobeschreibung #1

Abendlicht, im Hof des Gefängnisgebäudes. Um die zwanzig Männer in schwarzer Kleidung und Polizeiuniformen mit Schlagstöcken in den Händen. Sie warten. Manche von ihnen tragen Masken. Ins Bild rennen Menschen, die aus einem Wagen getrieben werden, einzeln. Sie rennen mit den Händen hinter dem Kopf, Kopf nach unten. Sobald eine Person ins Bild gerannt kommt, schlagen die Uniformierten mit Schlagstöcken auf sie ein.

Runter den Kopf, Arschloch! Lauf, Arschloch, schneller! Komm schon, du Miststück, schneller!

Menschenschreie, wieder Schläge zu hören.

Auf die Knie! Auf die Knie! Schreie. Die Geschlagenen schreien vor Schmerzen.
Kurz vor der Wand fällt einer der Geschlagenen auf die Knie.
Etwa 30 Menschen rennen durch den „Korridor".
Alle?

Nein, jetzt kommt die Elite!
Sekunden später rennt wieder eine Person ins Bild.

Kopf runter, verdammt! Lauf, Du Arsch! Auf die Knie! Abschaum! Hier ist es, hier ist das Miststück, Vieh, schlag drauf, eine Zugabe bitte!

Es wird geschlagen.

Schneller, mehr, kommt! Vital, gibt es noch weitere?

Hier bricht die Aufnahme ab.

Tante Tanja

Das mit einem Grabstein für Großvater wird in diesem Monat nichts. Ich konnte in der Werkstatt keinen erreichen. Dann habe ich rausgefunden, dass die beiden Handwerker in der Nacht nach der Wahl festgenommen wurden. Einer ist im Krankenhaus, geschlagen, zwei Rippen sind gebrochen.

Kamaroŭka

Wo bist du? Ich steh schon hier. Wir werden nicht angegriffen. Alles gut. Sie legt auf, versteckt ihr Handy in die Tasche und faltet ihre Hände wieder. Sie ist sicher schon über siebzig. Trägt ein Kostüm mit Rock aus brauner Wolle. Und ein weißes Hemd mit Schleife. Sie hat keine Blumen, kein Plakat dabei. Aber wenn ein Auto hupt, streckt sie schnell den Arm und zeigt Victory. Cool, so will ich auch sein, wenn ich so alt bin.

Die Frauenkette wächst rasant. Sie geht über den ganzen Marktvorplatz, geht Richtung Philharmonie, ich sehe das Ende nicht mehr.
Viele stehen mit Kindern und Kinderwagen, eine Frau ist im Rollstuhl.
Die Polizei ist da. Sie stehen erstmal seitlich: blaue Jeans, Sportschuhe, wattierte Jacke, Maske, kurz geschnittene Haare. Dann filmen sie wieder jede von uns und verkünden, dass unsere Versammlung illegal sei.

Frauen halten Flaggen und Blumen hoch. Sie zeigen das Victory-Zeichen.

Chrysanthemen, Rosen, Astern, Gladiolen. Plakate: Wir wurden geschlagen, ihr wurdet ausgezeichnet; Habt keine Angst, wir werden siegen; Lass deine Waffen fallen; In Akrescina herrschen Folter und Tod; Ich zahle selbst für die Fahrkarte ins freie Land; Die Frauen haben keine Tränen mehr; Solidarität ist unsere Waffe.

Bildbeschreibung #2

Menschenmenge. Alles Frauen, eng beieinander. Ältere Frauen. Rentnerinnen. Sie halten Blumen und handgemalte Poster. Eine der Frauen in der Mitte des Bildes hält ein Poster: *Шоб ты жил на мою пенсию!!!* Leb mal von meiner Rente. In die Mitte des Textes ist ein Schnurrbart gezeichnet.

Aus dem Chat

!Minsk! Das Internet wird bald ausgeschaltet. Schaltet bitte euer WLAN auf freien Zugang.

!Minsk! Heute machen wir das einfache Szenario – wir besetzen die Partyzanski-Allee und gehen dann in einer Kolonne zur Minsker Ringstraße! Auf dem Weg dorthin zeigen wir den streikenden Arbeiter*innen der Fabriken der Hauptstadt unsere Unterstützung und Solidarität!

Wir treffen uns auf der Sviardlova, der Uljanaŭskaja, und der Leninstraße. Auf allen Straßen neben dem Hauptbahnhof.

!Regionen! Heute gehen viele auf die Straßen in: Baranavičy, Babrujsk, Barysaŭ, Brest, Viciebsk, Homieĺ, Hrodna, Žlobin, Žodzina, Lida, Minsk, Mahilioŭ, Mazyr, Maladziečna, Navapolacak, Vorša, Pinsk, Sluck, Salihorsk und vielen anderen!

Sicherheit

Wenn ihr Barrikaden, OMON-Kräfte oder mögliche Provokationen seht, lasst euch nicht in eine Ecke treiben. Verstreut euch durch die Höfe, wählt Umwege und benachbarte Straßen. Es gibt zehn Möglichkeiten, wie ihr zur Partyzanski-Allee kommt! Ladet vorher den Stadtplan auf eurer Gerät herunter!
Seid vorsichtig, bewegt euch in großen Gruppen und lasst euch nicht von unbekannten Personen in Masken entführen. Bei Blockaden sucht nach einem Umweg!
Und vergesst nicht Masken, Hüte und Ersatzhandy.

Aus dem Nachrichten-Chat:

Minsk. Menschen stehen in der Schlange zum Blumenladen *Первый цветной*. Wir erinnern uns, einer der Inhaber des Ladens wurde gestern festgenommen und geschlagen.

Videobeschreibung #3

Zwei OMON-Männer mit Schlagstöcken stehen um am Boden liegende Menschen. Eine Frau kommt auf sie zu, sie hält ihr Handy in der Hand und filmt sofort. Sie stellt sich ganz nah hin und schreit laut: Lasst ihn frei!

Ich bin fünfzehn! Sie haben mir ins Gesicht getreten, schreit der Junge am Boden, traut sich nicht aufzustehen.

Lasst ihn sofort frei! Es ist ein Kind!, macht die Frau weiter. Hinter ihr stehen mehrere Leute, die sich langsam Richtung OMON bewegen: Sie haben Handgranaten! Leute, sie haben Granaten!, berichtet die Frau den anderen.

Das Video stoppt mit der Nahaufnahme des Gesichts eines der OMON-Männer. Um das maskierte Gesicht erscheint ein roter „Auswahlkasten". Wir sehen das Video, wie in einem Tutorial für ein Bildbearbeitungsprogramm. Die Maus geht nach rechts und zeigt bei Menüpunkt *„Performing facial reconstruction"* auf *„Match"*. Darunter erscheinen in schnellem Durchlauf viele Fotos männlicher Gesichter. Eins der Fotos bleibt stehen. Darunter erscheinen persönliche Daten, Name, Geburtsdatum, Arbeitsplatz: OMON. Gleichzeitig wird das Bild im roten Kasten bearbeitet, es verpixelt, die Maske baut sich ab und wir sehen ein Gesicht, welches mit dem Gesicht auf dem Auswahlfoto daneben übereinstimmt.

Schnitt. Im Bild erscheint Andrew Maximov, Künstler: *Hallo. Letztes Mal habe ich euch versprochen, dass eure Kinder in eure Gesichter schauen werden, gerade dann, wenn ihr die schlimmsten Taten in eurem Leben begeht. Und ich glaube, ihr versteht nicht wirklich, wie ernst eure Lage ist: Ihr habt keine Masken. Alle, ich sage, alle eure Gesichter werden erkannt, egal wie stark ihr eure Gesichter versteckt…*

Über eine Million Aufrufe.

Bildbeschreibung #3

Mehrere Menschen stehen auf der Straße und blockieren den Verkehr. Sie haben ein Banner über die Straße gespannt:

5 Tote, 13.550 Inhaftierte, 450 Folterfälle, 73 politische Gefangene. UND DU HAST ANGST

Bildbeschreibung #4

Frau im schwarzen Mantel. Sie steht mitten auf einem Weg, könnte im Park sein. Sie hält vor ihr Gesicht ein handgeschriebenes Plakat: Die Herzen von Tausenden von Müttern sind mit Schlagstöcken gebrochen worden. Gratulation zum Muttertag!

Aus dem Chat:

Ich melde mich später. Beide Hände voll mit Regenschirm und Flagge.

STIMMEN

Valzhyna Mort, Dichterin, Washington, 8. August 2020

„In Belarus wurde inzwischen das Militär in die Städte verlegt, weil die Menschen mit den Händen das Herzsymbol machen.

*

Passanten werden von der Bereitschaftspolizei brutal von der Straße weggefangen, weil sie das Victory-Zeichen zeigen oder auf dem Fahrrad die Faust recken.

*

Seit einigen Tagen läuft die vorzeitige Stimmabgabe. Unabhängige Beobachter haben keinen Zugang zu den Wahllokalen. Sie lugen von draußen rein. Wenn sie Fragen stellen, werden sie wegen Rowdytums festgenommen.

*

Im Gefängnis sollen die Menschen durch die Haftbedingungen gedemütigt und gebrochen werden. Einige Leute, die verhaftet wurden, weil sie auf dem Weg zur Arbeit das Victory-Zeichen gezeigt hatten, berichten, dass sie mit vierzehn weiteren Personen in einer Viererzelle gehalten werden. Das Licht bleibt die ganze Zeit an und wird in der Nacht sogar noch heller gestellt. Um drei Uhr früh werden sie zum ‚Spaziergang ins Freie' gebracht, dann um vier und dann um fünf Uhr nochmal. Die Familien erfahren nicht, wo ihre Liebsten einsitzen, damit sie ihnen nicht so leicht Essen und warme Kleidung zukommen lassen können.

*

Die Ergebnisse werden von den Wahlhelfern gefälscht, die meisten davon sind Lehrer aus unseren belarusischen Schulen.

*

Es wird Repressalien geben. Die Menschen hoffen auf unblutige Proteste, wenn die Ergebnisse der gefälschten Wahlen verkündet werden. Und doch haben wir in Belarus – seit Jahrhunderten – schon so viel Blut unter den Füßen!

*

Ich kann nur so schreiben: Fakten, Fakten, Fakten. Sonst müsste ich schreien: aaaaaaaaaaaaaaaaaaaaaahhhhhhhhhhhhhhhhhh!"

Auf Facebook. Aus dem Englischen von Steffen Beilich

Marina (58), Minsk, 13. August 2020

„Ich habe heute auf der Straße Schönheit gesehen. So eine Schönheit, wie es sie wahrscheinlich nirgendwo auf der Welt gibt. So schöne Frauen, so viele Blumen. Männer verteilen Rosen. Alle lächeln, alle umarmen sich, alle reden miteinander. So eine Einigkeit, so eine, ich weiß nicht, sogar Brüderlichkeit. Wir haben verstanden, dass wir alle eine Familie sind. Das sind unsere Kinder, Eltern, Nachbarn. Wir kennen uns alle. (…) Diese Frauen haben sich selbst organisiert, und das war dann wie eine Kettenreaktion. Und das Erstaunlichste für mich war das Video, als die Frauen abends auf den Platz gegangen sind und ein Wiegenlied gesungen haben. Sie haben aber nicht gesungen ‚Mach die Augen zu', wie normalerweise, sondern ‚Mach die Augen auf.' Das war wunderschön.
(…) Ich wundere mich heute, dass alle höheren Beamten jetzt schweigen, dass sie Angst haben. In jedem entwickelten, demokratischen Land wäre die Regierung schon längst zurückgetreten. Aber hier schweigt sie. Ein paar Generäle und Ökonomen haben sich zwar geäußert, aber hier muss eine Wende passieren. Ich verstehe, dass sie alle einer Person die Treue geschworen haben, aber das ist eine Schimäre. Sie haben Angst, einfach Angst. Und heute wird diese Angst einfach vor unseren Augen überwunden. Die Angst der Frauen, der Kinder, der Männer. (…)
Jeder macht das, was er kann. Im Leben sollte man keine Angst haben. Ich weiß nicht, wie das ausgehen wird, aber jetzt müssen wir bis zum Ende gehen. Wir müssen alles stehen und liegen lassen, rausgehen und nach vorne schauen. Denn unsere Kinder darf man nicht so schlagen. (…) Ich habe Tränen in den Augen. Ich weiß nicht, was passieren wird. Wir hoffen einfach … Das ist eine Frauenrevolution, und wir müssen gewinnen, denn anders kann es nicht sein."

Über Radio Corax
Aus dem Russischen von Judith Geffert

Ksenia, Minsk, 15. August 2020

„Besonderes unerträglich ist es, von all den vermissten Menschen zu lesen. Ganze Facebook-Gruppen, ganze Chats sind voll damit, wie viele sind es denn? Diese gut frisierte Frau im Fernsehen soll sagen, wie viele! Du, Genosse in Uniform, wo sind sie? Gib uns sofort die Antwort und die

Freiheit! Und diese Nachrichten fangen immer so an: … ging aus seinem Haus auf die Straße, wartete an einer Haltestelle, ging ins Kino, kaufte einen Döner, begleitete eine Freundin nachhause, fuhr in seinem Auto die Straße lang … Man könnte verrückt werden, heute ist der Tag der Frage: Wo sind die anderen?"

Auf Facebook
Aus dem Russischen von Wanja Müller

Iryna Herasimovich, Übersetzerin, 15. August 2020

"Unser *Point of No Return* ist die Sichtbarkeit. Zu lange war Belarus ein weißer Fleck nicht nur auf der europäischen Landkarte, sondern auch für sich selbst. Überwältigend ist in diesen Tagen gerade die Sichtbarkeit. Dies gilt für das Wunderbare wie auch für das Furchtbare. Die Menschen zeigen sich, zeigen ihren Willen, und sie sehen einander. Das kann nicht rückgängig gemacht werden. (…)
Sichtbar werden jetzt nicht nur die Belarusen, die sich zeigen, sondern auch die, die sich nicht zeigen. Am meisten fallen auf den Straßen diejenigen auf, die versuchen, ihrem Alltag ungestört nachzugehen. Die werden auch sichtbar, ungewollt. Vielleicht wechseln gerade deswegen so viele die Seite, weil sie in ihrer früheren Stellung so unerträglich sichtbar geworden sind. Unerträglich für sich selbst in dieser neuen Sichtbarkeit. Die beispiellose Gewalt wirft so ein Licht auf die Gesellschaft, dass alle Konturen extrem scharf werden und Menschen dazu zwingen, Position einzunehmen. Dies gilt übrigens nicht nur für Belarus, sondern für das ganze Europa, für die ganze Welt, würde ich sagen, auf allen Ebenen. In den (Nicht)-Reaktionen auf Belarus wird auch da extrem vieles sichtbar. Hinschauen!"

Auf Facebook
Original Deutsch

Andrei Karpeka, 15. August 2020

"Eine Hafterfahrung wie bei mir kommt leider äußerst selten vor. Schon im Bus der OMON-Sicherheitskräfte der Nationalgarde kam ich quasi heil davon: Im Moment, als ich gekidnappt wurde, waren die werten

Genossen Gesetzeshüter es schon müde, ihre Knüppel zu schwingen – Schläge hatten die abbekommen, die vor mir festgenommen worden waren.

In der Bezirksverwaltung für Inneres des Pieršamajski Rajon hatte ich wieder Glück: Wir mussten uns in der Sporthalle der Reihe nach an die Wand stellen. Nur diejenigen, die sich umdrehten oder sich setzten, wurden geschlagen. Und die, die sich unterhielten. Wir standen mit den Händen auf dem Rücken, den Kopf gesenkt, um die sieben Stunden. Das ist die einzige Folter, die ich durchmachen musste.

Auf dem Gang der Wache, wo wir auf den Transport zur Untersuchungshaft warteten, hatte ich das nächste Mal Glück. Wir durften unsere Handys eigentlich nicht benutzen, aber sie haben es durchgehen lassen. Auf dem Boden lagen Tüten mit Zwieback. Einer von den Mitarbeitern brachte zwei Becher Kaffee aus dem Automaten, die er den Verhafteten gab. Aber so war es nicht überall.

Uns wurde gesagt, dass wir in das Akrescina-Untersuchungsgefängnis gebracht würden und dass heute noch ein ‚Gericht' tagen würde. Zum wiederholten Mal hatte ich Glück, denn ich kam direkt in die Haftanstalt in Žodzina. Genauso erging es mir mit dem Gericht. Die Richterin drang gar nicht bis zu uns durch und wir kamen 72 Stunden nach der Verhaftung frei. Mit Verspätung allerdings. 10 Stunden war ich illegal im Gefängnis. Genauso illegal war ich auch mitten in der Nacht von Unbekannten – ganz in Schwarz gekleidet – am Talbuchina-Boulevard entführt worden. Ohne dass sie sich vorgestellt oder Gründe für die Verhaftung genannt hätten. (...)

Trotz allem saß ich da mit guten Leuten zusammen. Wir saßen im selben Boot. Die Bullen haben uns frech ins Gesicht gelogen, das sind die schon gewohnt. Sie haben uns gesagt, sie brächten uns nach Akrescina und heute wäre Gerichtsverhandlung. Sie haben sogar auf die Frage ‚Wie spät ist es?' gelogen. Solange die Miliz sich nicht auf die Seite der Protestierenden schlägt, solange sie dem OMON nicht den Kampf ansagen, können wir ihnen nicht trauen. Lasst euch nicht von hupenden Autos und Blumen blenden. (...)"

Auf Facebook
Aus dem Russischen von Barbara Anna Bernsmeier

Vital Škliaroŭ, über seinen Anwalt, Anton Hašynski,
17. August 2020

„Meinem Mandanten Vital Škliaroŭ, der sich in Untersuchungshaft befindet, wird jede Möglichkeit der Kommunikation mit der Außenwelt verwehrt. Deshalb hat er mich gebeten, in seinem Namen ein Statement abzugeben, bei dem ich genau seinen Wortlaut wiedergebe:
‚Wie jeder Mensch, der es wagte, ein autoritäres Regime zu kritisieren, habe ich von Anfang an verstanden, dass ich beim Thema Knast ‚sag niemals nie' denken sollte. Aber als ich verhaftet wurde, habe ich immer noch nicht erwartet, derartig eingemauert zu werden. Für lange Zeit. Es scheint so, als hätte irgendeine defekte Zeitmaschine mich direkt in den Gulag verfrachtet. Nein, ich werde bisher nicht geschlagen. Aber sie versuchen, mich zu brechen. Mit ganzer Kraft. Sie verbiegen und erdrücken mich, und nutzen dabei altbekannte Lager-Methoden. Das Schlimmste dabei ist, dass ich keinen Briefwechsel oder telefonischen Kontakt mit der Außenwelt habe. Ich bin ein politischer Gefangener, deshalb werden die Briefe, die ich jeden Tag meiner Mutter, meinem Sohn, meiner Frau oder meinen Freunden schreibe, nicht durch die Wände des Gefängnisses gelassen. Sie verlassen den Knast nicht. Ich denke, dass die hiesigen Polizisten sie behalten, um sie in meinem Fall gegen mich verwenden zu können. Auch kommen die Briefe, die mir geschickt werden, nicht an. Nicht, dass sie zensiert werden oder nur vereinzelt ankommen, kein einziger wird durchgelassen. Obwohl sie gelesen werden. Und Bücher geben sie auch nicht weiter.
Daher wollte ich selbst anfangen, etwas zu schreiben – darf ich natürlich auch nicht! Nicht nur, dass jedes einzelne Wort, das ich in mein Tagebuch schreibe, gelesen und abgeheftet wird; einmal, nach einem Treffen mit meinem Anwalt, als ich versucht habe, einen Brief an meine Frau und meine Mutter durchzugeben, kamen sie in meine Zelle gestürmt und haben mich nackt von Kopf bis Fuß durchsucht, um herauszufinden, ob ich noch irgendwo Papierfetzen versteckt habe. Dann musste ich in den ‚Becher': ein ein Meter mal ein Meter großer Kerker aus Beton, in dem ich mehrere Stunden warten musste, bis mein Zimmer fertig durchsucht ist. (…)"

Veröffentlicht auf Facebook durch Wladimir Kaminer
Aus dem Russischen von Nicole Kaminer

Mikalaj Dziadok, Minsk, 17. August 2020

„Heute gab es den ersten Konflikt innerhalb der Protestbewegung. Ein Demonstrationszug mit tausenden von Menschen war unterwegs, um die Menschen zu unterstützen, die im Foltergefängnis Akrescina eingesperrt sind. Der Demonstrationszug wurde von Freiwilligen aufgehalten, die sich dem Zug in den Weg stellten und sogar ein Sperrband spannten, damit der Zug nicht bis zum Gefängnis durchkommt. Die Freiwilligen befürchteten, dass die Wächter anfangen würden, die Häftlinge zu verprügeln und das Zeltlager der Unterstützer zu räumen, das direkt vor dem Gefängnis steht, falls die Demonstranten direkt vor den Mauern des Gefängnisses protestieren.
Es besteht kein Zweifel, dass derartige Überlegungen der Freiwilligen von den Schergen selbst inspiriert wurden, von jenen also, die Angst vor den Menschenmassen an den Toren des Gefängnisses haben und auch nicht wollen, dass die Häftlinge Widerstandskraft sammeln.
Zur gleichen Zeit nahmen in den Chatrooms die üblichen Einwürfe an Fahrt auf, über Scharfschützen, Polizeitransporter, russische Spezialeinheiten und über die Vorbereitung von MASSENVERHAFTUNGEN!!!!!!!!!!! die beginnen würden, falls sich die Demonstranten dem Gefängnis näherten.
Was bedeutet das alles?
Ich sage es gleich: Es gibt keinen Grund, sich gegenseitig fertig zu machen und sich aufzuregen. Konflikte unter den Protestierenden sind eine ganz normale Erscheinung einer JEDEN Revolution, die Wachstumsschmerzen einer jeden Massenbewegung (…)"

Über Telegram
Aus dem Russischen von Wanja Müller

Aliaksiej Kundas, Zivilschützer, Svietlahorsk, 17. August 2020

„Ich bin aktiver Mitarbeiter des Ministeriums für Katastrophenschutz, Aliaksiej Viktaravič Kundas, Leiter der Notrettungsstelle der Feuerwehr Nr. 3, in Rečyca. Das ist eine Videobotschaft an alle Mitarbeiter des Ministeriums für Katastrophenschutz.
Ich bin ein gewöhnlicher Bürger der Republik Belarus – geboren in Svietlahorsk, wo ich auch wohne. Ich habe Familie, bin verheiratet und habe zwei Kinder – eine Tochter und einen Sohn. Seit neunzehn Jahren arbeite ich ohne Unterbrechung beim Katastrophenschutz. Ich wende mich nun

an den Minister für Katastrophenschutz, Uladzimir Aliaksandravič Vaščanka: Ich bitte um einen Kommentar zur Lage im Land. Für die Rettung eines jeden Lebens werden kolossale menschliche und finanzielle Ressourcen aufgewandt. Wir vom Notrettungsdienst kämpfen bei jedem Einsatz um jede Sekunde, damit wir das Leben von Opfern retten können. Und derzeit wird den Menschen eine so aggressive und brutale Gewalt angetan. Wie ich die Sache verstehe, ist das nur die Spitze des Eisbergs.

Nachdem ich eine Vielzahl von Videos gesehen habe, verstehe ich sehr gut, wer der Feind des belarusischen Volkes ist. (…)

In meinem Leben habe ich dreimal geweint. Das erste Mal, als ich mich als Jugendlicher zum ersten Mal betrunken habe. Das zweite Mal, als ich in einem brennenden Haus mit meinem Schichtleiter unter einem Bett zwei kleine Kinder entdeckt habe, zwei und vier Jahre alt. Leider waren wir an diesem Tag nicht rechtzeitig da, von uns bis zum Dorf waren es dreißig Kilometer. Und das dritte Mal, das ist jetzt. Ich weine, ich schaue mir diese Videos an und weine.

Unsere Führung schweigt. Man befiehlt uns jeden Tag das Maul zu halten und nicht raus zu gehen. Es werden Listen erstellt, in denen für jede Stunde festgehalten wird, wo wir uns zu befinden haben. Aber das, was geschehen ist, ist jetzt da und kann nicht mehr gelöscht werden. Die Gewalt, die unseren Bürgern angetan wurde, ist die Grenze, nach der es nur noch ein ‚davor' und ein ‚danach' gibt. (…)"

Auf Youtube
Aus dem Russischen von Wanja Müller

Aliaksiej Piatkievič, Arzt, Minsk, 19. August 2020

„Als ich sah, was den Menschen, die im Akrescina-Gefängnis waren, angetan worden war, ging ich zum Chefarzt und reichte ihm meine Kündigung zur Unterschrift ein.

Ich bin Chirurg. Ich weiß, was eine Verletzung ist.

Das durch ein Gummigeschoss von innen nach außen getretene ‚Hackfleisch' wird lange verheilen müssen.

Meine Kollegen erzählten mir, dass bei einigen Personen die Bauchdecke auseinandergerissen wurde. Sie waren mit Blutungen im Bauch konfrontiert, mit schweren multiplen Verletzungen, Augen wurden herausgeschlagen.

War das eine Art tatarisch-mongolische Invasion?
Oder was sonst?
Ich bin Arzt, und ich bin kategorisch gegen Gewalt! Wie kann man schlagen und schlagen und schlagen und schlagen und schlagen und schlagen?
Eine Schädigung der Oberschenkel- und Kniesehnenarterien gilt als schwerste Körperverletzung. Und unter derartigen Schlägen können sie zerreißen.
Ein Schlag in den Schritt ist ohnehin absolut grenzüberschreitend. Einem Mädchen wurde die Brust abgeschlagen.
Die physischen Verletzungen werden irgendwann heilen, aber was ist mit den psychischen Verletzungen? Wie viele davon haben wir noch nicht gesehen und wie viele werden wir nie sehen?
Was wollte man mit diesen Schlägen denn beweisen? Dass sie ihr Volk so sehr lieben?
Nach derartig gezielten Schlägen können Leber, Nieren oder die Milz platzen, die Lungenwurzel kann sich lösen. (...)"

Über tut.by
Aus dem Russischen von Nina Weller

Viktor Martinowitsch, Schriftsteller, Minsk, 19. August 2020

„(...) Nach einer Woche relativer Passivität sind nun diejenigen aktiv geworden, deren Job es ist, einzuschüchtern und zu demoralisieren. Es heißt, dass sogar Spezialisten aus dem Ausland engagiert wurden und für gutes Geld angereist sind. Auf Twitter haben die Menschen angefangen von ‚Depression' zu schreiben, in den Reihen der betrogenen Wähler haben Bedenken und Diskussionen begonnen.
Ich habe diese Art der Reaktion in den vorherigen Wahlkampagnen beobachtet. Die Guten beginnen zu zweifeln. Ist es besser, die Freilassung derer zu fordern, die geschlagen werden, oder zu schweigen, weil diese dann noch schlimmer geschlagen werden? Bald schon könnten gegenseitige Anschuldigungen und Vorwürfe beginnen. Und das System würde, im Gegensatz zu den einfachen Menschen, seine Vertikalität und Standhaftigkeit bewahren.
So entsteht dann das Gefühl, dass es nur wenige Demonstranten und dafür verdammt viele Unterstützer des Regimes gibt.
Genau darauf läuft es gewöhnlich hinaus.

Es gibt da nur ein Problem.
Es besteht darin, dass diesmal tatsächlich die Mehrheit ‚dagegen' gestimmt hat. Es war offensichtlich: anhand der Menschen, die Schlange standen um zu unterschreiben und anhand derer, die sich am 9. August nahe der Wahllokale versammelten und weiße Bänder an den Handgelenken trugen. Ach, es reicht zurzeit doch schon in Belarus zu leben, hier einkaufen zu gehen oder einfach durch die Straßen zu fahren, auf denen man ständig auf Leute mit Fahnen und auf Menschenketten stößt und wo man das Lied ‚Peremen' [dt. Wandel/Veränderung] hört.
Wisst ihr, warum zwischen Mittwoch und Sonntag ein Gefühl des Triumphs herrschte? Wisst ihr, was sich grundlegend verändert hat?
Die Belarusen haben keine Angst mehr voreinander. (…)"

Über budzma.by
Aus dem Belarusischen von Susanna Sophia Koltun

Uladzimir Mackievič, Philosoph, Minsk, 24. August 2020

„Das Ziel ist die Änderung der Verfassungsordnung.
Genau das ist der Punkt. Egal, was manche auch sagen mögen.
Die jetzige Verfassung muss grundlegend geändert werden. Lange wurden wir von der Politik ferngehalten. So lange, dass nun, da Land und Staat in einer politischen Krise stecken, selbst diejenigen, die direkt an den Geschehnissen und Prozessen dieser Krise beteiligt sind, keine klaren politischen Ziele formulieren wollen.
Die Frage ist längst überfällig. Ich habe vor eineinhalb Jahren damit begonnen, die Notwendigkeit einer Änderung der Verfassungsordnung aktiv zu thematisieren.
Das ist nicht MEIN Ziel, es ist UNSER gemeinsames Ziel.
Ein solches Ziel könnte ich nicht auf eigene Faust formulieren.
Und auch niemand sonst. (…)
Ein solches Ziel zu formulieren, ist eine politische Handlung.
Bisher waren Vorschläge für Änderungen an der Verfassung lediglich Deklarationen.
Es fehlte ein politisches Subjekt, das aus der Deklaration ein Programm und aus Worten Taten hätte machen können.
Der Stab von Viktor Babariko hatte sich ein solches Ziel gesetzt. Aber Babariko wurde nicht zum Kandidaten und sein Stab somit nicht zu einem politischen Subjekt.

Dazu wurde der vereinigte Stab zur Unterstützung von Swetlana Tichanowskaja. Doch im Zuge des tosenden Niedergangs der ‚Wahlen' verlor auch dieser seine politische Funktion.

Um erneut zu einem politischen Subjekt zu werden, musste sich der vereinigte Stab mit weiteren Initiativen und Organisationen zusammentun und seine Form verändern.

Er tat es nicht gleich, aber als der Koordinierungsrat ausgerufen wurde, übertrug sich die politische Funktion der ehemaligen Präsidentschaftskandidatin Tichanowskaja automatisch auf ihn.

Doch nun entzieht sich der Koordinierungsrat eifrig seiner Funktion. Paviel Latuška verkündet: ‚Wir wollen weder die Verfassungsordnung ändern, noch jedwede Macht ersetzen'. Auch Lilija Ülasava unterstreicht: ‚Ich möchte daran erinnern, dass der Koordinierungsrat in seiner ersten Resolution erklärt, keine politische Machtübernahme anzustreben.'

Der Rat untergräbt seine Verantwortung selbst, indem er die Zahl seiner Mitglieder in die Hunderte treibt.

Wozu ist ein solcher Rat in der Lage?

Mit einer so hohen Anzahl an Mitgliedern und ohne politische Ziele?

Wofür geht das Volk nun schon seit einem halben Monat auf die Straßen?

Wofür werden Tausende unserer Mitbürger im Gefängnis gequält und gefoltert?

Wofür werden Menschenleben geopfert? (…)"

Auf Facebook
Aus dem Russischen von Susanna Sophia Koltun

Marta-Daryja Klinava, Dokumentarfilmerin, Minsk, 25. August

„Ich wurde am 8. August in der Nähe des Wahllokals festgenommen, in dem ich Wahlbeobachterin war. (…) vor dem Susiedzi-Geschäft fielen Männer in Zivil über uns her. Zuerst schnappten sie sich den befreundeten Polen (er verstand überhaupt nicht, was da vor sich ging, wer diese Leute waren), dann uns Frauen. Sie nahmen uns die Mobiltelefone ab und zerrten uns in ein Auto. Unterwegs versuchten wir Fragen zu stellen, aber niemand gab eine Antwort. Sie brachten uns ins zentrale Revier des Kastryčnicki Rajon. (…)

Wir saßen bis ein Uhr nachts im Revier (dabei waren wir gegen 16.40 Uhr festgenommen wurden). Diverse Mitarbeiter kamen, befragten uns, gingen wieder, irgendwann waren wir dann abgefertigt. In den Protokollen lasen wir etwas von Randale, Gestikulieren mit den Armen und Widerstand gegen Milizbeamte. Aber einer der Milizionäre beruhigte uns: ‚Keine Sorge, die halten euch bis Montag fest, dann könnt ihr gehen.' Ich durfte mit meiner Mutter telefonieren.

Im Revier waren wir zu siebt, und wir fühlten uns eigentlich nicht bedroht. Wir saßen herum, witzelten, unterhielten uns friedlich mit dem Revierleiter und dachten, wir kämen dort bald weg. Zumal sie meinen Bekannten aus Polen schon hatten gehen lassen.

Die Stimmung verschlechterte sich als klar wurde, dass sie uns ins Akrescina-Gefängnis bringen würden und erst am Montag mit einem Urteil zu rechnen war. ‚Alles Weitere dort', hieß es auf unsere Bitten, Dinge in Empfang nehmen zu dürfen. In den Zellen gab es dann nur schmutzige Matratzen, den ersten Tag bekamen wir gar nichts zu essen, dann brachten sie uns etwas. Aber das war noch das Wenigste …

Ich würde sagen, ich war während meiner Inhaftierung richtig auf Tournee: Akrescina – Haftraum im Minski Rajon – Akrescina – Žodzina … In den Haftraum im Minski Rajon brachten sie uns für den nächsten Tag. Da war alles mehr oder weniger in Ordnung, es gab zu essen, wir hatten Freigang im Hof. Die Nachwuchsleute, die dort arbeiteten, wollten eher wissen, was gerade passiert, es gab keine Gewalt.

Am Montag dann das Urteil. Wir waren noch eher entspannt, weil wir dachten, wir bekämen eine Geldstrafe. Aber dann haben sie mir und einer anderen Wahlbeobachterin, einer 19-Jährigen, 15 Tage Haft aufgebrummt. Wieder Akrescina. Diesmal saßen in einer Viererzelle 25 Menschen. Von unserem ersten Besuch erinnerten wir uns noch an einen Aufseher, der die ganze Zeit herumgebrüllt und die Leute beleidigt hatte, wir hatten ihn ‚Gestapo' getauft. Er hatte auch Dienst, als wir nach dem Urteil eingeliefert wurden. ‚Gestapo' kam und sagte uns, wir sollten zusammenrücken, dann brachten sie noch mal 25 Personen in unsere Zelle, wir waren also insgesamt 50. Von Sitzen war keine Rede mehr, man konnte kaum noch stehen. Dann nahmen sie 15 Personen mit. 35 Frauen verbrachten die Nacht irgendwie in der Zelle: auf der Bank, unterm Bett, auf dem Tisch oder auf einer Zellengenossin. Einige hatten schon lange nichts mehr gegessen, manche wurden sogar ohnmächtig. Ich teilte mit ihnen, was ich hatte mitnehmen können. Einer Diabetikerin wurde schlecht, aber sie brachten ihr nur Brot, von Medikamenten ganz zu schweigen.

Ich schlief neben der anderen Wahlbeobachterin unter dem Bett. Wir wachten stündlich auf, weil wir hörten, wie ‚Gestapo' herumschrie, wie sie im Hof die Jungs schlugen, ihr Stöhnen, wie einer nach seiner Mutter rief. Wir waren ‚froh', Frauen zu sein, aber wie wir inzwischen wissen, haben sie später auch Frauen nicht mehr verschont.

Am nächsten Tag die nächste Fahrt. Die schon Verurteilten wurden nach Žodzina überstellt. Vor der Abfahrt wurden wir in den Hof gebracht, da sahen wir die Jungs, kniend, das Gesicht am Boden. Einer hatte ein gebrochenes Bein, aber die Leute von der OMON-Sondereinheit lachten ihn nur aus. (…)"

Aufgezeichnet von Darja Amiałkovič –
erschienen in „Narodnaja Volja"
Aus dem Belarusischen von Thomas Weiler

Sviatlana Jarmolava, Hrodna, 26. August 2020

„Ich würde gern in aller Kürze erzählen, was in unserer Familie vorgefallen ist. Mein Sohn, Ihar Jarmolaŭ, war als Freiwilliger im Wahlkampf-Team von Babariko. Er sammelte Unterschriften im Vorfeld der Wahl und half auch sonst mit, dass diese Wahl gesetzeskonform ablaufen kann. Mein Sohn hat nichts Widerrechtliches getan. Ihar ist ein gebildeter und kultiviert erzogener Mensch. Er ist Gründer einer Tanzschule, Menschen haben Freude daran. Sie veranstalteten Flashmobs, haben schöne Feste in den Parks unserer Stadt organisiert, er ist einer, der den Menschen unseres Landes viel Positives bringt.

Am 12. August ist der Kontakt zu ihm abgebrochen. Ich habe Alarm geschlagen, ich habe mich an die Polizei gewandt, bekam aber keine Antwort. Deshalb bin ich selbst nach Minsk gefahren, um ihn dort zu suchen, weil ich selbst in einer anderen Stadt lebe, in Hrodna. Mit Hilfe von jungen Menschen, die selbst Freiwillige sind, die seine Freunde sind, haben wir ihn gefunden, in einem Militärkrankenhaus, verprügelt und verletzt. Eine Rippe wurde ihm gebrochen, die Lunge ist durchstochen, er hat ein Schädel-Hirn Trauma, Prellungen, Blutergüsse. Als wir ihn fragten, was passiert war, erzählte er, dass sechs Personen in seine Wohnung eingedrungen sind, sie haben die Tür aufgebrochen, sie waren in Zivil, sie haben sich nicht vorgestellt. Sie befahlen ihm, sich auf den Boden zu legen, zogen ihm eine Short über den Kopf und fingen an ihn schwer zu verprügeln – nicht schwer, sondern brutal. Das Ergebnis waren all diese Verletzungen.

Heute wird mein Sohn beschuldigt, irgendwelche Massenveranstaltungen organisiert zu haben, an denen er nicht teilgenommen hat. Ich wiederhole, er wurde aus seiner Wohnung geholt. Ich wende mich an alle Instanzen, damit ich meinen Sohn vor weiteren Schindereien, vor Schlägen, vor Gewalt bewahren kann. Und ich möchte sagen: Menschen aller Welt, helft Belarus. Helft uns. Wir sind friedliche Menschen, wir wollen einfach frei unsere Meinung sagen können und das Recht dazu haben wir nach unserer Verfassung. Aber man lässt uns nicht. Lasst uns nicht alleine. Rettet das Volk von Belarus. Danke."

Auf Youtube
Aus dem Russischen von Wanja Müller

Darja Aĺpern-Katkoŭskaja, Psychologin, Minsk, 30. August 2020

„In letzter Zeit werden viele Leute angerufen und per Telefon ins RUWD [Regionalverwaltung des Innenministeriums, Polizeirevier – A.d.Ü.] vorgeladen. („... es gibt den Verdacht, dass Sie an einer nicht genehmigten Veranstaltung teilgenommen haben" usw.). Für gewöhnlich wird empfohlen, eine offizielle Vorladung zu verlangen, auf seine Rechte hinzuweisen usw. Hier teile ich einen geprüften Lifehack aus dem Jahr 2010.
Lifehack Nr. 1: Wenn ihr von einem unbekannten Onkel angerufen werdet und der anfängt, euch irgend so einen Mist zu erzählen (ganz unabhängig davon, ob ihr teilgenommen habt oder nicht), dann schweigt erstmal (sammelt eure Gedanken, findet euch in die Rolle ein). Und sagt dann:
‚Wasja, bist du da das? Also deine blöden Scherze kannst du dir sonst wohin stecken! Denkt euch was Originelleres aus. Mir reicht's jetzt!' – und dann legt ihr auf. Wenn der Anruf wiederholt wird – geht in etwa genauso vor. Eure Aufgabe besteht darin, euch ahnungslos zu geben, euch auf keinerlei Gespräch zur Sache einzulassen und das Gespräch da zu unterbrechen, wo ihr bestimmte Grundinformationen bekommt. Man kann vorher vor dem Spiegel üben, damit man im richtigen Moment nicht einknickt.
Was ihr davon habt?! In vielen Fällen wird man euch zumindest eine Zeit lang in Ruhe lassen, vielleicht sogar für immer, denn die müssen noch andere Personen auf ihrer Liste abtelefonieren (und richtig Hartnäckige

gibt es auf der anderen Seite auch nicht viele). Die werden mindestens gezwungen sein, eine offizielle Vorladung vorzubringen, in der dann auch tatsächlich vermerkt wird, welche Tat euch nach welchem Gesetzesartikel überhaupt vorgeworfen wird. Dann habt ihr Zeit genug, mit einem Anwalt einen Vertrag abzuschließen, auf dem Weg raus auf die Straße ein paar saubere Unterhosen anzuziehen, eine Packung Slipeinlagen in die Tasche zu stopfen, ein paar T-Shirts anzuziehen, Schuhe ohne Schnürsenkel und einen bequemen Hoodie (alles, was ihr in dem kleinen ‚Tag-X-Koffer' bei euch tragt, wird man euch wegnehmen, das wird bereits seit 2010 praktiziert, und ihr werdet so oder so auf Gefängnispakete von draußen warten müssen – lasst den Koffer also einfach zuhause.)

Lifehack Nr. 2: Packt das erste ‚Gefängnispaket', dass ihr auf der anderen Seite [im Gefängnis] bekommen wollt, am besten selbst, und sagt euren Verwandten / Freunden Bescheid. Falls Nicht-Verwandte für euch ein Gefängnispaket übergeben wollen, dann teilt euren Vertrauensleuten euren Geburtsnamen und euer Geburtsdatum mit. Glaubt mir, ihr wisst selbst besser, welche Bücher ihr in der nächsten Zeit lesen wollt und mit was für einem Stift, auf welcher Art Papier ihr herumzeichnen wollt und was für eine Jogginghose und welche Latschen für euch bequemer sind.

Die Zeiten sind so, dass es wirklich jeden Menschen treffen kann. Passt auf euch auf und am besten wäre es, ihr braucht das alles nicht, aber wenn, dann sollt ihr vorbereitet sein.

Ich liebe Euch alle"

Auf Facebook
Aus dem Russischen von Wanja Müller

Tatsiana Zamirovskaya, 30. August 2020
(Lukaschenkos Geburtstag)

„In den 90ern gab es, manche werden sich erinnern, den schönen (heute nicht mehr besonders populären) Schlachtruf: *Belarus w Jewropu, Lukaschenko w shopu!* [Belarus nach Europa, Lukaschenko fürn Arsch!]. In einer Neujahrsnacht war unser Trüppchen zarter 17-jähriger Erstsemester von der Juristenfakultät in der verpennten aber hübschen Stadt Barysaŭ mit diesem prächtigen Schlachtruf auf dem feiertäglichen, von Feuerwerkskörpern übersäten Prospekt unterwegs, um die Barysaŭer ein bisschen aufzumöbeln. Doch plötzlich hatten wir ein Problem: Alissa aus Transnistrien, die eigentlich schon eine von uns war, sogar schon Belarusisch sprach (das hatte sie irgendwie in einem halben Jahr gelernt) und sich fast nicht mehr über das bittere belarusische Bier beschwerte, war so wohlerzogen, dass sie das Wort *shopa* nicht laut herausschreien konnte.

‚Ich kann nicht *shopa* schreien', versuchte Alissa sich zu erklären. ‚Ich habe da eine linguistische Blockade. Shopa geht nicht bei mir. Ich kann sogar auf Moldauisch rufen: *Lukaschenko, dute in pula*! Aber auf Russisch – niemals.'

Alissa alleine außen vor zu lassen, wäre gemein gewesen, also überlegte ich, wie wir sie ins Boot holen konnten: ‚Wir spalten unseren Schlachtruf auf. Erst rufen Andruś und Arina: *BELARUS W JEWROPU*! Dann rufen Serjoscha und ich: *LUKASCHEN*-! Dann kommst du, Alissa, mit *KOWShO*! Nicht vergessen: *KOWShO*!

Und dann rufen wir alle: *PU*!

Klar?'

Alissa hatte alles sofort begriffen, und sie rief den ganzen Weg über ausgezeichnet *KOWShO*. Dabei hatte unser Schlachtruf etwas von Hiphop und Sprechgesang, er brachte die feiernde Öffentlichkeit der kleinen Fabrikstadt ordentlich in Wallung.

Da ging uns zum ersten Mal auf, dass, wenn du etwas nicht kannst, es immer Wege gibt, es doch zu können, wenn du Gleichgesinnte um dich hast, es kein Zentrum gibt, ihr die Verantwortung verteilt und kollektiv denken könnt. Dann verwandelt sich das Unmögliche in ein machtvolles, in die Tat umgesetztes *KOWShO*, das alles andere hinwegfegt.

In diesem Sinne grüße ich unseren 66-jährigen Höllenjubilar mit einem kräftigen

KOWShO.

Wir sind viele, und wir können alles schaffen.

PU

werden wir dann, wenn nötig, alle gemeinsam rufen, wenn wir erst mit *KOWShO* durch sind."

Auf Facebook
Aus dem Russischen von Thomas Weiler

Natallja Baranava, Rektorin Staatliche Linguistische
Universität (MGLU), Minsk, 4. September 2020

„Ich möchte mich an unsere Studierenden, Lehrkräfte und Mitarbeiter wenden. Heute kam es in unserer Universität zu einem beispiellosen Vorgang: In den Wänden der Universität haben Mitarbeiter der Sicherheitsorgane fünf unserer Studenten, die an einer studentischen Aktion teilnahmen, festgenommen. Dies geschah für uns höchst überraschend, da wir nicht über das Eintreffen der Mitarbeiter der Sicherheitsorgane und ihr Vorgehen informiert waren. Als Begründung für ihr Vorgehen führen die Organe des Innenministeriums an, in der Universität habe eine nicht genehmigte Aktion stattgefunden. Was war geschehen? Studierende hatten geplant, im Foyer der Universität Lieder zu singen, die Fakultätsdekane wurden entsandt, um mit ihnen in Dialog zu treten, während des Singens nahm die Veranstaltung politischen Charakter an: Losungen waren zu hören, nichtstaatliche Symbole waren zu sehen. Und weiter geschah, was geschehen ist. Nach diesem Vorfall haben wir zuallererst sämtliche Maßnahmen ergriffen, um zu klären, wo sich unsere Studenten befinden und ihre Rückkehr in die Universität sicherzustellen. Liebe Studierende und Lehrkräfte! Um derartige Vorfälle künftig auszuschließen, wollen wir Sie noch einmal darauf hinweisen, dass die Organisation und Durchführung nicht genehmigter Veranstaltungen innerhalb der Universität unzulässig ist. Das Rektorat wird seinerseits alle notwendigen Maßnahmen ergreifen, um die Ursachen für das Geschehene zu ermitteln, das Einlasssystem zu verschärfen und Ähnliches in Zukunft zu abzuwenden. Um Ähnliches in Zukunft auszuschließen. Das gesamte Rektorat und ich persönlich bedauern die Vorfälle zutiefst. Geben wir Acht auf unsere Universität und aufeinander."

Videobotschaft auch im offiziellen Account der Universität MGLU
Aus dem Russischen von Thomas Weiler

Iryna Chalip, Journalistin, Minsk, 5. September 2020

„Es war der härteste Sommer unseres Lebens. Es war der schönste Sommer unseres Lebens. Gerade betet die ganze Welt für uns und macht sich um uns Sorgen. Und ein wenig beneiden sie uns: Es gab schon lange nicht mehr, in keinem anderen Land der Welt, einen so wunderbaren Sommer. (…)
Jetzt haben wir den Herbst vor uns. Und der sollte auch zum schönsten

Herbst unseres Lebens werden. Sonst schließt sich der Kreis nicht. Die Revolution kennt keine Pausen, sie ist kein Fußballspiel und kein Theater. Hier gibt es keine Spielzeiten, die man später miteinander vergleichen kann – die eine war weniger erfolgreich, die andere mehr –, um daraus Schlussfolgerungen für die Zukunft zu ziehen. Die Zukunft wird nicht kommen, wenn wir jetzt wegen Kälte, Semesterbeginn, Ferien, Quartalsberichten eine Pause machen. (…)

Erinnert euch, wie wir damals irgendwann, im Herbst oder Winter, auf dem Oktober-Platz oder im Gefangenentransporter davon träumten: Wenn sich die Arbeiter uns bloß anschließen würden, dann würden wir sicher gewinnen! Und sie haben sich angeschlossen, sie streiken. Sie verlangen den Rücktritt des Tarakans [Kakerlake, ein Spitzname von Lukaschenko – A. d. Ü.], sie verlangen faire Wahlen und nicht eine Lohnerhöhung – sie sind noch besser drauf und mutiger als wir es annehmen konnten. Und manchmal murrten wir rum: Was redet man bloß, die Studenten seien das ‚Barometer der Revolution' – unsere Studenten sind viel zu sehr an ihren Karrieren und ihren Partys interessiert, man sieht sie überhaupt nicht auf der Straße … Aber dann kam der 1. September und siehe da, die Studenten sind auf der Straße. Sie verteidigen ihre eigenen Leute vor der OMON-Sonderpolizei, ihre Demonstrationszüge eilen einander zu Hilfe, zusammen mit ihren Dozenten verlangen sie die Freilassung politischer Gefangener und faire Wahlen. Sogar Schüler, selbst die gehen auf die Straße. Und die Eltern werden nicht mit ihnen schimpfen wegen verpasster Schulstunden und Seminare. Die Eltern werden stolz sein, und sie werden ihren Kindern eine Tüte Butterbrote in den Rucksack packen, vielleicht werden sie ja hungrig auf den Barrikaden, und sie werden leise weinen vor Glück, wie wunderbar die Kinder geworden sind und ihnen auf die Straße folgen, damit die Kinder alleine nicht so viel Angst haben. Das wird der beste Herbst unseres Lebens – daran gibt es keinen Zweifel. (…)"

Über Facebook
Aus dem Russischen von Wanja Müller

Andrej Chadanovič, Literaturkritiker, 9. September 2020

„Als uns im Frühjahr die Pandemie traf und wir alle in die Selbstisolation gezwungen wurden, war das Lesen eine der wenigen zugänglichen Kommunikationsmöglichkeiten, eines der Argumente gegen die Einsam-

keit. Erinnert ihr euch noch? ‚Ich bin nicht einsam, ich habe ein Buch.' Doch im Sommer gesellte sich zur epidemiologischen die politische Katastrophe. Ist es möglich? Bücher lesen, während die Machthaber die friedliche Bevölkerung deines Landes terrorisieren? Zeit zu finden für irgendwelche ‚Worte, Worte, Worte', während die Belarusen sich endlich als Volk fühlen und täglich für die Gerechtigkeit auf die Straße gehen? Ist den Menschen jetzt nach Lektüre?
Ja, gerade jetzt ist die Zeit dafür. Nicht zuletzt, weil Literatur und Kultur im allgemeinen Inseln der Normalität in dieser verrückten Welt sind, dank denen du nicht komplett durchdrehst und Mensch bleiben kannst. Darüber hinaus ist unser belarusisches Projekt, wie schon oft bemerkt, in vielerlei Hinsicht literaturzentriert. Wir sind, wer wir sind, weil unsere Vordenker und Patrioten, von Bahuševič bis Karatkievič, uns dazu gemacht haben. Nicht nur unsere, auch ihre Träume werden wahr, wenn wir zu Tausenden auf die Straße gehen, um ‚uns Menschen zu nennen' und ‚kein Vieh zu sein'. Jedes hervorragende Buch, das heute erscheint, ist ein Schild unseres friedlichen, gewaltfreien und kreativen Widerstands. Eine Versprechung, dass mit unseren Werten, unserer Sprache, unserer Gesellschaft, unserer Unabhängigkeit alles ins Reine kommt. (…)"

Auf Facebook
Aus dem Belarusischen von Tina Wünschmann

Sasha Filipenko, Schriftsteller, St. Petersburg / Minsk, 10. September 2020

„Ich glaube, wir werden sehr bald einen Helden-Prospekt haben und einen Nina-Baginskaja-Platz, Mascha [Kolesnikowa] wird nicht wollen, dass man etwas nach ihr benennt, und über unseren Städten werden weiß-rot-weiße Fahnen wehen. Ich glaube!
Ich glaube von ganzem Herzen, dass sich in unseren Kindergärten, an unseren Schulen und Universitäten jeder selbst die Sprache seiner Bildung wird aussuchen dürfen, und dass es bei uns keine Gefängnisse mehr geben wird. Ich glaube!
Ich glaube, wir werden all jener gedenken, die für unsere Freiheit ihr Leben gegeben haben, und Belarus wird nie wieder ein Land der Angst werden, sondern eine Unabhängige Republik der Träume [Anspielung auf den Bandnamen *N.R.M. / Die unabhängige Republik der Träume* – A. d. Ü.]. Ich glaube!

(…) Ich glaube, wir werden verschnaufen und im nächsten Café in der Morgensonne Cappuccino trinken und den Passanten zulächeln.
Ich glaube, es wird eine Menge schöner Überraschungen geben, und Belarus wird das Land der guten Initiativen werden.
Ich glaube, dass hunderttausende Belarusen nach Hause kommen werden!
Ich glaube! Ich glaube, dass uns die Hoffnung nicht verlassen wird! Ich glaube, auf uns wartet eine Menge Schwierigkeiten, auf die wir vorbereitet sein werden oder auch nicht, aber die wir auf jeden Fall überwinden werden!
Ich glaube sogar, dass unsere Nationalmannschaft endlich ins Fußball-Weltmeisterschaftsfinale kommt und … nein, ich bleibe realistisch! (…)"

Auf kyky.org
Aus dem Russischen von Ruth Altenhofer

Jury Korzun, Bergarbeiter, 10. September 2020

„Am 8. September bin ich 42 geworden. Mein ganzes Erwachsenenleben habe ich unter dem Lukaschenko-Regime verbracht. Ich war nie ein politischer Mensch, aber jetzt kann ich nicht beiseite stehen. AGL [A.G. Lukaschenko] hat die Belarusen nie gemocht! Dieses Jahr hat er die Zurückhaltung aufgegeben und mit einem richtigen Genozid am belarusischen Volk begonnen! Sämtliche bewaffneten Einheiten haben unter seinem Kommando ihre Befugnisse überschritten, indem sie friedliche Demonstranten und zufällige Passanten verprügelten, folterten und misshandelten, und damit sind sie straflos davongekommen!
Mehr als 80 Personen werden vermisst. Wir alle wissen, was ein Verbrecher tut, der merkt, dass er straffrei bleibt! Er wiederholt seine Verbrechen und geht dabei immer gerissener und brutaler vor. Und davon kann jede Familie in unserem Land betroffen sein!
Was ist das, wenn nicht die versuchte Wiederbelebung des Faschismus? Nur die Arbeiter und die Unternehmen können den Zusammenbruch des Rechtsstaats aufhalten und einen friedlichen Dialog beginnen! Sonst hört das Regime auf niemanden mehr! Das hat Lukaschenko persönlich erklärt.
Heute treffe ich meine Wahl! Ich beginne meinen Protest am Arbeitsplatz, vor Ort, NHN-305 m. Ich drücke auf STOP!!! Ich weigere mich auszufahren, bis alle meine Forderungen erfüllt sind. Ich bitte alle Belarusen

an sämtlichen Drehbänken und in allen Produktionslinien, noch HEUTE die richtige Wahl im Kampf gegen das Böse und die Gesetzlosigkeit zu treffen.
Ich glaube daran! Wir sind viele! Und wir werden mit Sicherheit in einem strahlenden, freien, blühenden, lebenswerten Land leben!"

Auf Vkontakte
Aus dem Russischen von Thomas Weiler

Tatsiana Chulitskaya, Politologin, 15. September 2020

„Alexander Lukaschenkos Legitimität ist angeknackst, im Inland wie im Ausland. Im Bestreben, die Lage etwas zu korrigieren, wollte Lukaschenko nach Sotschi reisen, die abgewürgten Proteste im Gepäck. Aber daraus wurde nichts. Wir können beobachten, wie der Versuch, die massenhafte Mobilisierung der Bevölkerung zu zerschlagen, den gegenteiligen Effekt hat, es kommt lediglich zu neuen Protestformen. Man könnte von einer ausnahmslosen Mobilisierung und Politisierung der Gesellschaft sprechen. In der belarusischen Protestbewegung sind Menschen beteiligt, die sich vorher nie für Politik interessiert hatten oder aktiv geworden wären.
Es sieht so aus, als sei die Verfassungsreform, von der in Minsk und Moskau die Rede ist, zwischen der Republik Belarus und der Russischen Föderation einigermaßen abgestimmt. Das einzige Element, das sich nicht in den Plan einfügen will, ist das belarusische Volk, das partout nicht gewillt ist, derartige Vorschläge zu akzeptieren. (...)
Ab einem gewissen Punkt brauchen Proteste Führungsfiguren. Das ist ein sehr spannender Aspekt der belarusischen Proteste: Anführer können sich nicht zeigen, sie werden sofort aus dem Verkehr gezogen und neutralisiert, wie wir am Beispiel des Koordinationsrates mustergültig beobachten konnten. Die große Frage ist, wer in diesem Protest eine Führungsrolle einnehmen kann und wie, oder ob es doch bei einem Protest über Telegram und soziale Netzwerke bleibt. Möglicherweise kann Swetlana Tichanowskaja als treibende Kraft diese Führungsrolle übernehmen, aber wenn man sich nicht im Land befindet, ist das sehr schwierig. Für mich ist offen, wie lange die Proteste ohne einen führenden Kopf noch anhalten können. Wir sehen aber gleichzeitig, wie gut organisiert etwa die Sportler sind oder die Cyber-Partisanen, die staatliche Websites attackieren. Da entstehen interessante Protestformen,

aber für eine logische Entwicklung wird es wohl doch irgendein Zentrum brauchen. Möglicherweise könnte das der Koordinierungsrat auf dem Weg zu einer Parteigründung sein. Aber die Dynamik ist zum jetzigen Zeitpunkt kaum zu prognostizieren."

Auf thinktanks.by
Aus dem Russischen von Thomas Weiler

Jewgenija Pasternak, Schriftstellerin, Minsk, 15. September 2020

„Die Liste der Top-Nachrichten eröffnen wir heute mit der Rubrik ‚Staat und Recht'.
1. Heute stellte sich heraus, weshalb Tadevuš Kandrusievič vor ein paar Tagen nicht ins Land gelassen wurde. Das ist der oberste Katholik in Belarus.
   Also: Sein Pass ist annulliert worden.
   Nein, das bedeutet nicht, dass man ihm die Staatsbürgerschaft entzogen hätte.
   An dieser Stelle ist dann wohl eine Denkpause ganz angebracht.
   Da ist jemand vor ein paar Tagen nach Polen ausgereist und konnte dann nicht mehr zurück nach Hause, man hat ihn an der Grenze abgewiesen. Während seiner Reise hat sich sein Pass in einen Kürbis verwandelt, die Staatsbürgerschaft aber nicht.
   Denken wir als ganzes Land darüber nach.
   Macht gerne mit.
2. Bei einer Gerichtsverhandlung hat sich heute herausgestellt, dass in Belarus die Verpflichtung eines Rechtsanwalts mit dem Vorsatz einer Gesetzesübertretung gleichzusetzen ist.
   Kein Witz. Das ist eine offizielle Formulierung.
   Na, habt ihr die Logik? Liegt doch auf der Hand!
   Nur wer vorhat, gegen die Gesetze zu verstoßen, nimmt sich einen Anwalt.
   Augenzeugen berichten übrigens, dass Personen mit Anwalt höhere Strafen bekommen.
   Weil es nervt.
3. Auch der letzte Satz ist kein Witz. Ein Anwalt, der sich unter Aufbietung aller Kräfte in ein Bezirksrevier der Miliz vorkämpfen konnte, bekam dort vom Direktor zu hören:
   ‚Ihr nervt dermaßen!'

Mit denselben Worten wurde übrigens mein Mann während der Wahlen abgefertigt, als er den Vorsitzenden der Wahlkommission aufforderte, die Unterlagen vorzulegen.
‚Ihr nervt dermaßen mit euren Beschwerden!'
Wir nerven sie, versteht ihr?
Sie hatten sich so bequem eingerichtet.
Und jetzt kommen wir. Rums (…)"

Auf Facebook
Aus dem Russischen von Thomas Weiler

Natallja Selivanava, Krankenschwester, 16. September 2020

„(…) Aber 2020 hat sich alles verändert. Das Coronavirus hat uns erwischt. Naja, nicht nur uns, aber nur bei uns hat die Regierung ganz klar gezeigt, dass das Leben einfacher Menschen ihr überhaupt nichts wert ist. Erst die komplette Leugnung, von wegen, das Virus gibt es nicht, und alle, die das Gegenteil glauben, sind Idioten mit ‚Coronapsychose'. Die Mediziner begannen sich zu sorgen, als klar wurde, dass wir auf den Kampf mit diesem Problem absolut nicht vorbereitet sind. Keine Informationen darüber, was für ein ‚Untier' zu uns gekommen ist und wie man es bekämpft, keine Schutzanzüge, keine Masken, keine Antiseptika. Die ersten Menschen starben. Schrecklich. Schwer. Viele. Und genau da … hätte ein Held erscheinen sollen, ein Retter, der irgendetwas tut … aber auf die Bühne sprang unser einmütig Nichtgewählter und sprach auf unglaublich dreiste Art und Weise über alle Erkrankten und Verstorbenen: ‚Was wollten sie denn? Sind auf den Straßen rumspaziert und dann noch zur Arbeit gegangen. Haben sie nicht anders gewollt. So ein Gesindel.' Man muss verstehen, dass die Menschen genau zu dieser Zeit völliger Untätigkeit der Regierung, von selbst begannen, den Medizinern zu helfen. Sie nähten Masken, Schutzanzüge, druckten Schutzvisiere mit 3D-Druckern, beschafften ‚aus dem Nichts' Atemschutzmasken und Antiseptika, leisteten Aufklärungsarbeit. Die Regierung steuerte nicht einen Rubel zur Unterstützung kleiner und mittlerer Unternehmen bei, und die Versuche der Menschen, sich zusammenzuschließen und zu agieren, sorgten bei der Regierung für heftigen Widerwillen. Aber wir können nicht ohne die anderen. Wenn ihr uns nicht helfen könnt – pfuscht uns nicht dazwischen. Wir schaffen das alleine!

Dies waren weitere Keime horizontaler Beziehungen, allerdings mit Vorbehalt, denn es fing erst an, dass die Menschen sich empörten, wie unmöglich und respektlos mit Lebenden und Toten umgegangen wurde. (…) Das Coronavirus gewinnt an Dynamik und im Umfeld eines jeden Bürgers gibt es einen Verwandten, Nachbarn, Kollegen, der am Coronavirus erkrankt oder gestorben ist. Alle verstehen, dass die Gefahr real ist und dass das WIR alles ist, was wir haben.
Der Präsident informiert über die nächsten Wahlen. Und es erscheinen Menschen auf der Bühne, die es riskieren, den Betrüger herauszufordern. (…)"

Auf Facebook
Übersetzt von Susanna Sophia Koltun

Iryna Chalip, Journalistin, Minsk, 18. September 2020

„Freunde und Kollegen, SOS!
Die Strafvollzugsbeamten scheuen auch vor Erstklässlern nicht zurück. Arciom, der sechsjährige Sohn von Jelena Lasartschik und Sergej Mazkojt, Aktivisten der Organisation ‚Europäisches Belarus', befindet sich seit gestern unter staatlicher Obhut im Frunzenski Rajon.
Gestern, am 17. September, gegen 16.00 Uhr wurde Jelena Lasartschik festgenommen, als sie das Büro des Menschenrechtszentrums ‚"Viasna"' verließ. Jelena wurde nichts vorgeworfen, und keinerlei Protokolle wurden erstellt. Sie wurde einfach so bis 23 Uhr auf dem Polizeirevier festgehalten. Wahrscheinlich haben die in ihrem Pass herumgelesen und viel nachgedacht.
Und als Lena wieder entlassen wurde, stellte sich heraus, dass die Lehrer der Sekundarschule Nr. 126, wo Arciom derzeit die erste Klasse besucht, das Vormundschaftsamt informiert hatten, als das Kind nicht bis 18 Uhr von seiner Mutter vom Hort abgeholt worden war und, dass der sechsjährige Arciom in ein Kinderheim im Frunzenski Rajon gebracht worden war (die Klassenlehrerin ist Marina Iwanowna Karmalkowa, Direktorin der Schule ist Tamara Nikolajewna Lawruchina. Ich weiß, dass die Klassenlehrerin zu diesem Zeitpunkt nicht in der Schule war).
Weder der Vater noch die erwachsene Schwester Marina (sie ist 23 Jahre alt), noch Arcioms Großmutter wurden von der Schule angerufen, obwohl alle Kontaktinformationen in der Schulakte des Kindes vermerkt sind und auch die Klassenlehrerin sie zur Verfügung hat.

Heute, am 18. September, kamen Leute vom Vormundschaftsamt zu Jelena, um die Lebensverhältnisse von Arciom zu überprüfen. Ihnen gefiel alles, die Überprüfung fiel sehr positiv aus, aber eine Kopie des Prüfungsdokuments bekam Lena nicht.

Als sie in die Schule ging, um herauszufinden, wie so etwas überhaupt hatte passieren können, wurde ihr gesagt: ‚Das geht uns nichts an, klären sie das selbst mit dem Vormundschaftsamt.' (…)

18.09.2020

Der Sohn von Jelena Lasartschick ist wieder frei. Dank Ihnen wurde der sechsjährige Arciom schließlich aus dem Kinderheim entlassen. Ich möchte mich bei allen bedanken, die gestern und heute mit Ratschlägen und Kontaktvermittlungen zu Anwälten und internationalen Organisationen geholfen haben, die Informationen weiterverbreitet haben und die zum Kinderheim gekommen sind, um Lena zu unterstützen. Ich bin glücklich über das Ausmaß unserer Solidarität."

Auf Facebook
Aus dem Russischen von Nina Weller

Nina Baginskaja, „Legende der belarusischen Protestkultur", Minsk, 20. September 2020

Irina Michno sprach für die Zeitschrift KYKY mit der 73-Jährigen

„Am Abend des 9. August machten wir uns auf den Weg zur Stele [Stele ‚Heldenstadt Minsk', auf dem Platz der Unabhängigkeit]. Die OMON-Einheiten waren schon dort. Ich trug meine weiß-rot-weiße Flagge, die jungen Leute hatten Plakate dabei. Dann begann man uns mit Rauchgranaten zu bewerfen, mit Wasser zu begießen, Geschosse abzufeuern. Aber alte Menschen zu schlagen – davor haben sie Angst. Die könnten dabei womöglich noch sterben und sie um ihre Prämien bringen.

Sie waren zu dritt: Einer ist sofort auf mich losgegangen und hat mich gestoßen, sodass ich auf den Rasen fiel. Es war ja ein Mann, da bin ich gleich gestürzt. Er hat sich die Flagge gegriffen und ist sofort weggelaufen. Und dann kamen auch schon zwei mit einer Trage und haben mich darauf gezerrt. Ich versuche sie abzuschütteln und sie schreien ‚Was ist? Der Rücken?', und ich sage ‚Ja, sicher, was soll schon mit meinem Rücken sein? Wo ist meine Flagge?'

Und trotzdem legen sie mich auf die Trage. Und sie sagen: ‚Wir bringen Sie zu einem Krankenwagen.' Stellen Sie sich vor: Da ist man auf so einer Trage und wird durchgeschüttelt und kann sich nicht einmal aufrichten. Dann haben sie mich zu den Ärzten gebracht, die mich fragten, was mit meinem Rücken sei. – ‚Nichts weiter, ich wurde geschubst. Aber bei mir ist der Rücken so alt wie die Hände – die tun auch weh und das nicht, weil man mich geschubst hat.' Und neben mir war ein junger Mann mit einem durchschossenen Knie und einer Kugel in den Händen und ein Mädchen in derselben Situation. Ich habe wiederholt versucht, weg zu gehen und den Ärzten gesagt, dass ich los muss, um meine Brille zu suchen, weil sie mir von der Nase gefallen war, als ich geschubst worden war. Ich sehe schlechter ohne meine Brille, da musste ich mir in dieser Lage unbedingt etwas überlegen. Die Ärzte sagten, dass ich da besser nicht hingehen solle. Und am Ende bin ich tatsächlich vom Erste-Hilfe-Wagen direkt nach Hause gegangen.

Früh am nächsten Morgen bin ich losgegangen, um meine Brille zu suchen, habe sie aber nicht gefunden. In der Angelegenheit habe ich einen Beschwerdebrief an das Innenministerium geschrieben, dass derart gegen protestierende Bürger vorgegangen wurde. Und dass diese Angestellten mit einer Strafe rechnen und meine Sachen suchen sollten, die mir vom OMON weggenommen worden waren. Es ginge um unser Leben und keiner habe das Recht, so brutal mit uns umzugehen.

Ich habe bereits eine Antwort auf diesen Brief erhalten: Die Beschwerde wurde zur Bearbeitung weitergeleitet. Nichts Neues. Aber ich habe eine neue Flagge genäht und bin auch am 10. und 11. wieder damit spazieren gegangen. Ich habe ihnen gesagt: Wenn ihr sie mir wegnehmt, nähe ich eine neue. (…)

Seit 1994 ist es jetzt das erste Mal, dass die Menschen das Gefühl haben, sie könnten das System stürzen. Als Lukaschenko den Kampf mit der Nation gerade begonnen hatte, hatten seine Gegner weniger Unterstützung. Jetzt sind in unseren ‚engen Reihen' natürlich mehr Menschen, darunter viele junge Leute. Einige vom alten Gestein könnten sagen: ‚Ach, hattet ihr es so schlecht unter den Kommunisten?' Nun, ja, vielleicht gab es Leute, denen es gut ging, aber mir nicht. Ich möchte die Welt kritisch und unverzerrt wahrnehmen.

Solange mein Verstand noch mitspielt und ich kein Alzheimer habe (im Alter kann ja alles passieren), werde ich mit meiner Flagge auf die Straße gehen. Ich bin guter Dinge. Am Sonntag ging ich auf den Platz und war begeistert: So viele Menschen hatte ich noch nie gesehen, selbst in den 1980ern nicht, als wir uns die Unabhängigkeitserklärung erkämpften. Am Montag gingen die Menschen in Massen zum Kupala-Theater, danach zurück zum Platz, dann zum Akrescina-Gefängnis – ich war auch

dort und habe bis in die Nacht mit allen anderen davorgestanden. Aber die Gefängnisverwaltung ließ uns nicht rein. Als ich am Dienstagmorgen zu den Arrestzellen fuhr und sah, dass an dem Tag damit begonnen wurde, Menschen freizulassen, war ich darüber sehr froh. (...)
Der Zerfallsprozess des Imperiums ist bereits offensichtlich. Überhaupt dauert dieser Prozess seit Jahrhunderten an. Das Römische Reich ist zerfallen und was ist davon übriggeblieben? Nur die wissenschaftliche Terminologie.
Wer in Belarus jetzt der Held ist? Davon gibt es viele und jeder tut das, was er tun kann. Es gibt viele: Statkievič, Sieviaryniec, Daškievič. Und Swjetlana Tichanowskaja.
Ich glaube nicht, dass es nur einen Helden gibt. (...)"

Auf kyky.org
Aus dem Russischen von Susanna Sophia Koltun

Paviel Latuška, Ex-Bildungsminister, Minsk,
23. September 2020

„Liebe Freunde,
Heute sind wir Zeugen einer beispiellosen Situation geworden. Der scheidende Präsident, der behauptet, bei den Wahlen mehr als 80 Prozent der Stimmen erhalten zu haben, hat zu seiner Selbsternennung eine verdeckte Operation durchgeführt. Unter dem Schutz der OMON-Sonderpolizei, in einer Atmosphäre von Geheimhaltung und Verschwiegenheit, in einem engen Kreis eilends zusammengerufener Beamter. Wo sind die jubelnden Bürger? Wo sind die diplomatischen Vertreter anderer Staaten? Ehrlich gesagt, es erinnert mehr an eine Zusammenkunft von Kriminellen, um eine kriminelle Autorität zu krönen. Offensichtlich ist Alexander Lukaschenko ausschließlich Präsident der Sonderpolizei und einer Handvoll verlogener Beamter. (...)
Für uns aber, für die Bürger von Belarus und die Weltgemeinschaft, ist er jetzt ein Niemand. Ein bedauerlicher Fehler der Geschichte und eine Schande für die zivilisierte Welt. Wir werden uns niemals mit den Fälschungen einverstanden erklären und verlangen Neuwahlen! Wir rufen alle dazu auf, mit einer zeitlich unbegrenzten Aktion des zivilen Ungehorsams zu beginnen!"

Auf Facebook
Aus dem Russischen von Wanja Müller

Andrew Maximov, Künstler, Gamedesigner, Minsk / Los Angeles, 24. September 2020

… demonstriert in einem Video auf Youtube, wie mit Hilfe Künstlicher Intelligenz die maskierten Gesichter von belarusischen Sicherheitskräften identifiziert werden können. Er wandte sich auch direkt an die „Sicherheitskräfte":

„Hallo. Letztes Mal hab ich euch versprochen, dass eure Kinder eure Gesichter sehen werden, wenn ihr dabei seid, die abscheulichsten Taten eures Lebens zu begehen. Und mir scheint, ihr habt noch nicht ganz den Ernst der Lage erfasst: Ihr tragt gar keine Masken – ihr lebt in einem anderen Jahrhundert. Alle, ich wiederhole, alle eure Gesichter werden auf den Fotos und Videos von euren verbrecherischen Handlungen sichtbar werden – ganz egal wie viele Socken ihr noch um euren Kopf wickelt.
Und jetzt, da ich eure Aufmerksamkeit habe, lasst uns miteinander reden: Es tut mir wirklich leid, dass ihr in einer Welt lebt, in der Belarusen keine Freunde haben, wo jeder ein Feind und Verräter ist, und man ständig Angst haben muss, dass alle um einen herum einen versklaven und vernichten wollen – sogar die eigenen Brüder und Schwestern Belarusen. Es tut mir leid, weil ich selbst weiß, wie offen und freundlich die Welt tatsächlich ist – euren Kindern würde es da gefallen. Millionen Belarusen leben bereits in dieser Welt, direkt vor euren Augen – sie haben eine echte Familie gefunden, die tausend Mal größer ist als eure (…)
Ihr tragt eure Uniform nicht mehr auf dem Weg zur Arbeit, eure Freunde wenden sich von euch ab und geben eure sämtlichen Privatdaten weiter, man weigert sich, euch in Cafés und Restaurants zu bedienen, und selbst die Ärzte wollen euch nicht versorgen. Ihr hättet auch Teil einer großen belarusischen Familie sein können. Aber ihr entscheidet euch dafür, dass das angstfreie Leben an euch vorüber geht. Ihr alle seid nicht mehr als 3.000 Leute, was heißt, dass jeder von euch mindestens sechs andere Menschen zusammengeschlagen oder verhaftet hat. Bei wie vielen von ihnen wollt ihr persönlich Beweise dafür gefunden haben, dass diese Menschen Provokateure sind, die vorhätten, andere mit Molotowcocktails zu bewerfen, Beweise dafür, dass sie [für ihren Protest] bezahlt wurden? Bei wie vielen von den Frauen, Schwangeren, Rentnerinnen, die ihr so eifrig in die Gefangenentransporter stopft, habt ihr persönlich Beweise für echte Verbrechen gefunden und nicht bloß dafür, dass sie andere Meinung haben als eure Vorgesetzten oder dafür, dass sie Kleider mit falschen Farben tragen? (…)

Ich sage euch, wo der Unterschied liegt: Im Unterschied zu euch schlagen diese Menschen niemanden zum Krüppel wegen etwas, woran sie glauben. Aber ich verstehe bestens, dass ich für euch nur ein kaputter Drecksack bin, den ihr verprügelt habt und auch weiter verprügeln werdet. Deshalb, hört auf keinen Fall auf mich. Versucht es einfach selbst. Werdet einfach eines Tages krank, fahrt in eine Stadt, wo euch niemand kennt, geht mit anderen Belarusen raus auf die Straße, findet raus, warum sie auf die Straße gehen, wer sie dafür bezahlt. Findet selbst raus, wofür ihr auf sie einprügelt und wofür ihr eigentlich kämpft und wofür ihr bereit seid, den Rest eures Lebens im Gefängnis zu verbringen. Denn zweifelt keinen Augenblick daran, in wenigen Jahren, wird euer Kind genau diese [demaskierten] Fotos von euch auf den Seiten der Lehrbücher zur neueren Geschichte von Belarus vorfinden. Und euer Kind wird euch nicht vorwerfen, dass ihr nicht tapfer oder nicht loyal wart, aber mit großer Verachtung wird es euch die schrecklichste Frage eures Lebens stellen: ‚Papa, warum hast du nicht selber nachgedacht?'

(...) Wenn euch dieser Gedanke unangenehm ist, dann wisst ihr selbst, was zu tun ist: Es ist eure letzte Chance den Dienst zu quittieren. Danke."

Auf Youtube
Aus dem Russischen von Wanja Müller

Tatiana Shchyttsova, Philosophin, Vilnius, 25. September 2020

„Der Vergleich der belarusischen Proteste mit dem Karneval ist verständlich, aber im Kern ist er falsch.
Der Karneval ist eine zahme oder sogar gezähmte Revolution. Eine Revolution (als Umkehrung aller Hierarchien und Machtverhältnisse), mit Lizenz. Es handelt sich um eine von den Behörden genehmigte Veranstaltung, die strengen zeitlichen Beschränkungen unterliegt. In dieser festgelegten Zeitspanne darfst du ‚ausbrechen' und dich dem Lachen hingeben, und dir wird nichts passieren.
Dieses sanktionierte Chaos war in vormodernen Gesellschaften eine Form der Vereinigung des Volkes – manche sprechen von einer Erfahrung des Sakralen, andere von einer kollektiven Psychotherapie-Sitzung. Die Kreativität, die derzeit die Straßen und Höfe des protestierenden Belarus erfüllt und verwandelt, ist das völlige Gegenteil von Karneval, es handelt sich vielmehr um einen Gegenkarneval, wenn man so will.

Seine Formel wurde bereits zu Beginn des 20. Jahrhunderts von [Ihnat] Abdziralovič genial definiert: SCHAFFEND ZERSTÖREN WIR. Diese Kreativität ist die Frucht echter Freiheit, nicht einer ‚Freiheit als ob' wie in Karnevalszeiten. Deshalb ist sie wirklich in der Lage, unsere Lebenswelt zu verändern.

Die Maskeraden-Aktion der Mädchen auf dem Foto ist eine Herausforderung an das wirklich Böse, das ihnen buchstäblich in den Nacken atmet. Sie sind eine Bestätigung der Ungebrochenheit derer, die in Akrescina gefoltert wurden; es ist, als ob sie der ganzen höllischen schwarzen Maschinerie sagen würden: ‚Lasst uns spielen' – wohl wissend, dass sie jetzt direkt für ihren kreativen Drang bezahlen können.

Und so geht es mit jedem theatralen Element und mit jeder künstlerischen Geste. Die belarusische Revolution ist zur nicht mehr aufhaltbaren politischen Performance geworden.

Schaffend zerstören wir."

Auf Facebook
Aus dem Russischen von Nina Weller

Hanna Komar, Dichterin, Minsk, 26. September 2020

„Sie haben meine Freundin, die Journalistin Alena Douhar verhaftet.
Ihr könnt mich dafür kritisieren, aber ich finde, die samstäglichen Frauenmärsche haben sich erschöpft. Sie verhaften uns jetzt stapelweise, das geht ganz einfach.

Das ist irritierend – du bist zwischen 24 Stunden und mehreren Wochen aus den Protesten rausgenommen, dein nächstes Umfeld ebenso, weil sie dich zuerst suchen, die Gefängnispakete für dich übergeben, warten. Auch sie sind dann aus dem Protestgeschehen raus, sie könnten ja selber verhaftet werden, und wer soll dich dann in Žodzina in Empfang nehmen? Und dann brauchst du hinterher noch ein paar Wochen, um wieder zu dir zu kommen. Das bringt wenig, ist aber teuer erkauft.

Ich finde, wir müssen zu alternativen Formen übergehen, da ist noch vieles denkbar. Und Partisaninnen sein!"

Auf Facebook
Aus dem Belarusischen von Thomas Weiler

Darja Čačko, Folklore-Musikerin, Minsk,
29. September 2020

„(…) Unsere Gerichtsverfahren hatten wir am Montag, direkt im Akrescina-Gefängnis, direkt auf der Zellenetage. Man hatte ein paar Tische aufgestellt und darauf Notebooks. Dann wurde nach einer Liste die erste Gruppe Gefangener aus der Zelle rausgeführt, und wir mussten mit dem Gesicht zur Wand stehen, bis wir zum Tisch gerufen werden. Das Gericht hat per Skype angerufen. Internet gibt es dort nicht, ein Notebook wurde über ein tragbares Modem zugeschaltet, das andere über das Telefon eines der Gefängnismitarbeiters, der für die Gerichte verantwortlich war. Wenn sein Telefon klingelte, und es klingelte oft, verschwand das Gericht.
Wir haben sehr lange auf den Anruf vom Gericht gewartet. Es ist recht anstrengend, mit dem Gesicht zur Wand zu stehen. Aus den Zellen hörten wir dauernd die Leute lachen. Das war durchaus normal – auch wir witzelten und lachten die ganze Zeit.
Endlich rief das Gericht an, wir hörten das gesamte Gerichtsverfahren der ersten Angeklagten mit. Sie hat elf Tage Haft bekommen. Da habe ich verstanden, dass auch ich damit rechnen muss.
Ich wurde zum anderen Notebook gerufen (zu dem, das übers Telefon verbunden war). Wie sich herausstellte, hatte man uns verwechselt: Meine Schwester sollte eigentlich als erste drankommen. Ich blieb an der Wand stehen, und sie wurde aus der Zelle geführt. Sie ist Studentin und hat eine Geldstrafe von 25 Tagessätzen bekommen. Sie wurde freigelassen.
Als nächste kam ich dran. Man konnte akustisch nur schwer etwas verstehen, kaum etwas sehen. Ich beugte mich ein wenig zum Notebook vor und sah die Richterin. Sie trug eine Maske, aber sie bedeckte weder Nase noch Mund, so konnte man wenigstens etwas von dem verstehen, was sie sagte. (…)
Am Ende fragte sie mich, ob ich denn gewusst habe, dass die Kundgebung nicht genehmigt war (das nicht zu wissen, ist bei uns ein Ding der Unmöglichkeit). Ich sagte, dass ich es gewusst habe. Sie fragte, warum ich denn dann hingegangen bin. Ich sagte, um meine bürgerlichen Rechte zum Ausdruck zu bringen, da es derzeit gerade unmöglich ist, es auf gesetzeskonformem Weg zu tun.
Das Gericht zog sich für zwei Minuten zurück, war aber erst fünfzehn Minuten später wieder da, weil die Verbindung unterbrochen war, der Polizist angerufen wurde und Skype keine Verbindung aufbauen konnte.

Als alles wieder funktionierte, las die Richterin das Urteil vor: 13 Tage Haft. Ich wurde wieder in die Zelle gebracht."

Auf Facebook
Aus dem Russischen von Wanja Müller

Julia Cimafiejeva, Dichterin, Minsk, 1. Oktober 2020

„Ich laufe den Unabhängigkeits-Prospekt entlang, mitten auf der Straße, und schreie so laut ich kann: ‚U-cha-dzi!' (Verschwinde!). Gemeinsam mit meinem Mann – und Tausenden anderen Männern und Frauen in jedem Alter und aus allen Berufen. Fahnen und Losungen, erhobene Hände, laute, leidenschaftliche Stimmen. ‚Wir glauben, wir können, wir werden siegen', rufen wir. Und: ‚Lukaschenko in den Gefangenentransporter!' oder ‚Die Stadt gehört uns!'. Wir gehen gemeinsam, ein großer, vielgestaltiger Körper mit wehenden weiß-rot-weißen Fahnen, der sich fließend von Straße zu Straße schiebt, immer auf Distanz zu den Absperrungen des Militärs.

Ich fühle mich sicher im Körper der Menge, weil ich den Menschen um mich herum vertraue. Ich habe noch nie gehört, dass bei diesen Demonstrationen jemand bestohlen worden oder es zu Gewalt in der Menge gekommen wäre. Manchmal wird Essen verteilt und an heißen Tagen bringen die Leute Wasser für die Demonstranten mit. Auf dem Weg zur Demo oder danach, wenn der Protestkörper schwach ist, kann man leicht von der Miliz aufgegriffen werden. Solange die Menschenmenge groß genug ist, rühren uns die maskierten Männer nicht an.
Damals im August, in den ersten Tagen nach der Wahl, gingen die Menschen ganz offen mit ihren Fahnen – auf den Schultern oder hoch über dem Kopf – auf die Straße. Dann beschloss die Regierung, die überschüssige Demokratie wieder loszuwerden.
Jeder Sonntag beginnt jetzt mit der Nachricht, dass Dutzende Militärtransporter der Spezialeinheiten voller Bereitschaftspolizisten, Wasserwerfer und Blendgranatensysteme von den Außenbezirken unterwegs ins Stadtzentrum sind. Denkmäler aus sowjetischer Zeit und die wichtigsten Plätze werden von Soldaten bewacht und mit Stacheldraht umzogen. Einkaufszentren und Metrostationen (13 von 29 am letzten Sonntag) in der Innenstadt werden aus ‚Sicherheitsgründen' geschlossen, Straßen abgeriegelt, der öffentliche Verkehr wird angehalten. Das mobile Internet wird gekappt. Das Stadtzentrum ist gelähmt.

Als ein junger Bekannter aus Tschechien hörte, wie die Lage ist, fragt er: ‚Und was ist mit der Wirtschaft?' Das ist der Regierung tatsächlich schnurzegal, antwortete ich. Sie will nur verhindern, dass wir uns frei äußern und versammeln können.

Wir verlassen das Haus nur gut vorbereitet. Zuerst ziehe ich mich gewissenhaft an, für den Fall, dass ich ein oder zwei Nächte in U-Haft verbringen muss. Dann gieße ich ausgiebig Dutzende meiner Blumen. Anschließend lassen wir unserer Katze ausreichend Futter für mehrere Tage da (eine Freundin sagt, seit sie sonntags zur Demo geht, sei ihre Katze richtig dick geworden). Schließlich stecken wir unsere Pässe und eine Wasserflasche ein. Wichtig ist auch, den Verlauf in unseren Handys zu löschen, weil die Telefone in U-Haft oft durchgecheckt werden.

Derart gerüstet, begibt sich unsere kleine Familieneinheit auf die Straße, ins Unbekannte.

Als Alexander Lukaschenko 1994 an die Macht kam, war ich 12 Jahre alt und lebte mit meiner Familie in einem Dorf im Südosten von Belarus. Meine Eltern gehörten zu denen, die damals für Lukaschenko gestimmt hatten, wie die meisten Leute auf dem Land, denn er schien in dieser Zeit einer von ihnen zu sein.

Ich muss zugeben, dass mich als Kind Lukaschenkos Charisma faszinierte – im Fernsehen, wenn er mit Ministern oder anderen Beamten sprach, wirkte er stets selbstsicher. Doch je älter ich wurde, desto mehr kam mir der Verdacht, dass etwas an seinem Verhalten nicht stimmte. Im Jahr 2000, kurz nachdem ich als Studentin nach Minsk gezogen war, ging ich das erste Mal zu einer Kundgebung der Opposition.

Einige Tage vor der Wahl in diesem August überkam mich eine Angst vor der Unberechenbarkeit der bevorstehenden Ereignisse. Ich wollte ein Gedicht schreiben, fand aber auf Belarusisch die passenden Worte nicht. So schrieb ich mein erstes Gedicht auf Englisch: ‚My European Poem'. Ich versuchte, meine Angst auszudrücken und in einer anderen Sprache die Hoffnung zu finden, die ich in meiner eigenen Sprache vermisste. Ein Teil des Gedichts geht so:

Shall I get used to the thought
That I could be taken to prison
By the men wearing black,
By the men in plain clothes,
By the men with four fat letters
On their fat black backs?

Otherwise, my country
Won't gain any freedom.
And it could not work anyways,
As usual.

Als ich das Gedicht schrieb, fürchtete ich mich bei dem Gedanken daran, von der Polizei verhaftet werden zu können. Nun, da täglich Freunde von mir verhaftet werden – Journalisten, Fotografen, Dichter, Tänzer, Wissenschaftler, Lehrer, Ärzte, Historiker, Künstler, viele der klügsten Leute, die ich kenne – habe ich mich an diese Vorstellung gewöhnt.

Manchmal schäme ich mich sogar ein wenig, noch nie in einem Gefangenentransporter gesessen zu haben. Die einzige Erfahrung, die ich vorweisen kann, ist, wie mein Mann und ich vor Polizisten in Sturmhauben flüchten mussten, als wir zu früh an einem Treffpunkt ankamen. Wie Kinder rannten wir durch die Hinterhöfe alter Gebäude und entkamen schließlich in einen gewaltigen Menschenstrom.

Wenn dir deine Stimme genommen wird, schweige nicht. Verschaffe dir Gehör – das ist das wichtigste Instrument unseres Protests. Dabei geht es nicht nur darum, bei den Demonstrationen Losungen zu skandieren. In der Öffentlichkeit ein Gedicht zu rezitieren oder ein Lied zu singen, daraus werden die Waffen der Revolution.

Ein Freund von mir, der Dichter und Musiker Uladzimir Liankievič, wurde im September während einer Protestkundgebung gegen die Verhaftung der Oppositionsführerin Maria Kolesnikowa festgenommen. Es gibt ein berühmtes Foto, das nur wenige Minuten vor seiner Festnahme entstand: Er und einige andere Männer werden von etlichen Frauen abgeschirmt, ängstlich und unerschütterlich stehen sie in mehreren Reihen vor ihnen, beobachtet von einem Milizionär, und singen gemeinsam ‚Kupalinka', ein wehmütiges Volkslied.
Drei Tage später, bei seiner Anhörung vor Gericht, wurde Uladzimir gefragt, was er mit dem Gesang bezwecken wollte. ‚Wenn man singt, hat man keine Angst', antwortete er.
Er wurde zu sechs Tagen Haft verurteilt.

Unmittelbar nach der Wahl stellte sich ein Chor, der sich später Freier Chor nennen sollte, auf die Stufen vor der Belarusischen Staatlichen

Philharmonischen Gesellschaft in Minsk und sang Volkslieder und alte patriotische Weisen, als Ausdruck des Widerstands gegenüber der staatlichen Gewalt. Rund einhundert Menschen stellten sich dazu, um dem Chor unter freiem Himmel zuzuhören und mitzusingen.

An einem dieser Tage wurde ich eingeladen, dort mein Gedicht *Der Angststein* zu rezitieren. Kein Mikrofon, nur meine Stimme, an die Menschen gerichtet. Ich schaffte es noch, meinen Vortrag zu beenden, doch während des Liedes, das darauf folgte – *Mächtiger Gott*, eine inoffizielle belarusische Hymne – tauchte die Miliz auf, um die Menge zu zerstreuen. Die Sänger entfernten sich langsam von den Stufen der Philharmonie, hörten jedoch erst auf zu singen, als die Hymne zu Ende war.

Als es irgendwann vor der Philharmonie zu unsicher wurde, trat der Chor an anderen Stellen in der Öffentlichkeit auf: in Einkaufszentren, auf dem Bahnhof, in der Metro. Wo der Chor zusammenkommt, wird vorher nicht bekannt gegeben. Zwei Lieder – und die Sänger sind wieder weg. ‚Sei wie Wasser' ist eine weitere Losung unserer Proteste, die auch von Demonstranten in Hongkong verwendet wurde, deren Taktiken für uns ebenfalls nützlich sein könnten.

Studenten sind die aktivsten Demonstranten, und Gesang ist auch eine ihrer Waffen. Der Staat reagiert mit Schlägen und Festnahmen. Ein Lied ist eine gefährliche Waffe gegen diejenigen, die die Kultur und die Künste hassen. Ohne die Freiheit des Denkens und Wortes gibt es keine Kultur, keine Kunst.

Vor noch sechs Monaten waren meine Freunde im Ausland schockiert, wenn ich sagte, ich hätte keine Hoffnung für Belarus. Die Stabilität, auf die Lukaschenko so stolz war, wirkte erdrückend und ließ keinen Raum für Neues, Kreatives oder Interessantes.

Inzwischen bin ich mir sicher, dass wir auf dem richtigen Weg sind. Veränderung scheint möglich. Die Machthaber versuchen, uns mit ihren Militärfahrzeugen, mit ihrer Brutalität einzuschüchtern. Wir sehen aber, dass sie selbst am meisten Angst haben. Angst vor den Fahnen in den Fenstern der Wohnhäuser, den roten und weißen Bändern und den Graffiti. Milizionäre werden losgeschickt, um sie abzunehmen. Sie haben Angst vor unseren Liedern, Angst vor unserem Lächeln. Wenn Menschen zusammenkommen und mit ihren Nachbarn feiern, rückt die Polizei aus, um die Party aufzulösen. Sie haben Angst vor dem Theater. Das Janka-Kupala-Nationaltheater, das älteste in Belarus, wurde dichtgemacht und der Intendant entlassen, weil er das gewaltsame Vorgehen des Staates angeprangert hatte. Die meisten Schauspieler zeigten sich solidarisch und gingen mit ihm. Am Schauspielhaus Hrodna wurden einige Schauspieler entlassen und sämtliche Vorstellungen abgesetzt, nachdem an einem Sonntag die Schauspieler ihr Stück unterbrochen hatten, weil Kollegen von ihnen bei einer Demonstration festgenommen worden waren.

Angesichts der Verhaftungen, Schläge, Entführungen und der Folter, all der Dinge, die in demokratischen Ländern undenkbar sind, fragen wir uns manchmal, ob unser Kampf all das wert ist. Aber wenn wir versuchen, uns auszumalen, was uns erwartet, wenn wir aufgeben, ist klar, dass es kein Zurück mehr gibt. Die Verbrechen des Staates sind unverzeihlich. Weichen wir zurück, wird es weitere Verbrechen geben. In den Monaten seit der Wahl haben wir unsere Gleichgültigkeit gegenüber der Zukunft – und uns selbst – besiegt.

Das englische Original erschien in der „Financial Times" vom 01.10.2020
Aus dem Englischen von Steffen Beilich

Wilora Sergejewna Shukowa, pensionierte Lehrerin, Minsk, 5. Oktober 2020

„Ich werde schon gefragt, warum ich nicht mitgelaufen bin. Da kann ich nur sagen, das hatte mehrere Gründe. Vor allem habe ich nichts von diesem Marsch gewusst.

Kaum jemand wusste davon. Wir haben uns im Laufe des Tages zusammentelefoniert. Ich erfuhr davon durch eine ehemalige Kollegin. Sie wusste davon aus dem Blog von Tatjana Martynowa ‚Genug gefürchtet' heißt der, glaube ich. Dort hatte jemand gefragt: Wieso gehen die Studenten auf die Straße, die Lehrer, die Arbeiter, aber die Rentner nicht? Mehr so im Spaß. Und schon war die Idee geboren: Wir treffen uns gleich Montag. Und dann schrieb mir die Kollegin: Am 5. um 15 Uhr an der Roten Kirche auf dem Unabhängigkeitsplatz.

Wart ihr da schon vernetzt?

Nein, gar nicht, wir haben uns zum ersten Mal getroffen.

Es musste also nur jemand das Signal geben, und ...

... und alle kamen. Zuerst, um drei, waren wir noch nicht so viele. Aber so nach und nach wurde es dann doch ganz ordentlich, um die achtzig Leute, würde ich sagen. Der OMON war da, sie haben uns fotografiert. Jemand ist zu ihnen hingegangen, um vernünftig mit ihnen zu reden, wie mit Jugendlichen. Aber sie wollten sich auf kein Gespräch einlassen. Dann sagte jemand anders: Was stehen wir hier rum? Die Füße tun schon weh. Und dann sind wir den Prospekt runter gelaufen.

Hattet ihr einen bestimmten Plan?
Was denn für einen Plan? Wir dachten, wir rufen ein paar Sprüche auf dem Platz und gehen wieder auseinander. Das gibt es ja auch: Du stehst wie vor einer Wand und überlegst dir, in welcher Richtung es weitergehen soll.
Und es gab keinen Anführer?
Ein paar aktive Frauen haben dann das Ruder übernommen. Viele von uns hatten Blumen dabei, und die mussten ja nun irgendwo niedergelegt werden. Was wäre der direkte Weg? Gehen wir doch zum Runden Platz.
Seid ihr auf der Fahrbahn gelaufen?
Nein, wo denkst du hin? Auf dem Bürgersteig. Und nur bei Grün über die Straße. Wenn ein Teil der Gruppe nicht mit rüberkam, haben wir auf der anderen Seite auf sie gewartet.
Wie fandest du den Zug?
Wunderbar. Alle Rentner waren so frech, so agil. ‚Wir haben noch Feuer!' Da waren auch alte Weiblein mit Gehstöcken dabei. Ein Mann trug Tracht, mit Strohhut. Aber insgesamt gab es kaum Männer. Deshalb waren die wichtigsten Parolen ‚Die Babuschkas sind mit dem Volk!' und ‚Babuschkas für Freiheit!' Aber als wir an den OMON-Leuten vorbeigekommen sind, haben wir gerufen: ‚Die Deduschkas sind gegen den OMON, die Babuschkas mit dem Volk!'
Haben die nicht eingegriffen?
Nein, nur fotografiert. Beim KGB-Gebäude und beim Palast der Republik. Erinnerungsfotos wahrscheinlich. So sind wir bis zum Runden Platz gelaufen. Eine junge Frau stieg aus einem Auto und verteilte Blumen an uns, so viele sie mithatte. Eine andere schenkte uns eine Schachtel Pralinen. Ein Mann gab uns ein paar Wasserflaschen. Das war so wunderbar, uns kamen die Tränen! ‚Wir danken euch! Danke!' Die jungen Leute riefen: ‚Es lebe Belarus!' und ‚Danke, Babuschkas und Deduschkas!' Wir fühlten uns auf einmal so gebraucht.
Waren von denjenigen, die zum Marsch der Rentnerinnen gekommen waren, viele auch auf den allgemeinen Demonstrationen?
Ja. Eine Bekannte hat mir erzählt, sie habe Leute wiedergetroffen, die sie bei den ersten großen Demonstrationen kennengelernt hatte. Die hätten sie erkannt. Und ich geh ja selber auch immer raus. Normalerweise laufe ich ja in der Mitte des Zuges, deshalb habe ich noch keine Zusammenstöße mitbekommen. Aber gestern habe ich das nun mit meinen eigenen Augen gesehen.
Und ich habe mit den OMON-Leuten geschimpft.
Weshalb?

Beim Kino Moskwa hat ein Gefängnistransporter am Bordstein gehalten, und die OMON-Leute sind wie die Wilden herausgesprungen. Ein junger Bursche ist nicht mehr rechtzeitig davongekommen, sie haben ihn geschlagen, er ist ins Gras gefallen und sie haben auf ihn eingeknüppelt, als er am Boden lag. Ich bin zurück und habe sie als Faschisten beschimpft. Und eine junge Frau neben mir hat übel geflucht. Da sagt einer zu ihr: ‚Frauen sollten nicht so fluchen.' Und ich frage: ‚Wie soll man denn sonst noch mit euch reden?' Und er: ‚Erzieht ihr mal die Kinder.' Dabei sind das doch unsere Kinder. Ist etwa aus unserer Schule so ein Idiot hervorgegangen? Eine andere Frau fiel vor ihm auf die Knie. ‚Lassen Sie ihn los!' Sie flehte ihn an, appellierte an sein Gewissen. Aber die haben keinerlei Gewissen.
Wie ging es weiter mit dem Marsch der Babuschkas?
Als wir am Runden Platz ankamen, stand da der OMON. Und wir wussten, dass sie uns nicht bis zum Obelisken lassen würden. Wir hatten nicht vor, da Widerstand zu leisten. Dann rief eine Frau aus der Linguistischen Universität an und bat um Unterstützung. Das ist ja dort gleich um die Ecke. Also sind wir los.
Und dann seid ihr auseinandergegangen.
Nein, wir sind über den Omski Pereulok weiter zum Jakub-Kolas-Denkmal. Da haben wir die Blumen niedergelegt, belarusische Lieder gesungen und Reigen getanzt. Da waren wir immerhin noch so vierzig-fünfzig Personen. Das war alles so bewegend. Wenn ich das erzähle ... zittert mir immer noch die Stimme. Ich bin so stolz auf unser Volk ... jetzt fang ich so leicht an zu heulen ... auf unsere Jugend. Es ist, als wäre wir alle gute Bekannte, eine große Familie. Nicht mal als junge Frau habe ich so viele Komplimente bekommen. Und immer mit einem Lächeln. ‚Sie sind so wunderbar!' Ich danke Ihnen!"
Habt ihr etwas verabredet?
Wir wollen uns jetzt jeden Montag treffen. Wir haben einen Chat eingerichtet, ‚Rentner 97', da waren gleich 400 Leute mit dabei."

Aufgezeichnet von Boris Pasternak, auf Facebook
Übersetzt aus dem Russischen von Thomas Weiler

EIN SPIEGEL FÜR RUSSLAND

Julia Smirnova

Seit dem Beginn der Proteste in Belarus waren alle Blicke auch auf Moskau gerichtet. Wenn Alexander Lukaschenko immer wieder versuchte, die friedlichen Demonstrationen als eine weitere aus dem Westen gesteuerte „Farbenrevolution" in Russlands Nachbarschaft darzustellen, war das ein Spektakel für die Zuschauer im Kreml. Belarus sei eine Sprungschanze für einen Angriff auf Russland, sagte er im August auf einer Demo in Hrodna. Und wiederholte im Interview mit dem russischen Staatssender *Russia Today*: „Wenn heute Belarus stürzt, ist Russland als Nächstes dran." Er wusste wohl genau, dass beim Verdacht einer „Farbenrevolution" alle Lampen in den russischen Sicherheitskreisen rot aufleuchten.

Die belarusische Opposition dagegen machte mit allen Mitteln klar, dass die Proteste nicht anti-russisch sind und überhaupt keine geopolitische Dimension haben. Lukaschenkos Herausforderin Swetlana Tichanowskaja versicherte russischen Bürgern in einer Videobotschaft: „Zu keinem Zeitpunkt war es ein Kampf gegen Russland." Veronika Zepkalo aus dem Frauentrio erklärte sogar, der russische Präsident Wladimir Putin könne zu einem Nationalhelden in Belarus werden, sollte er den Rücktritt von Lukaschenko unterstützen.

So traurig es klingen mag, der Kreml hat tatsächlich viel mehr Einfluss auf die Lage in Belarus als etwa die Europäische Union. Jahrelang konnte das Regime Lukaschenko vor allem dank der wirtschaftlichen Unterstützung aus Russland überleben. Doch hat der Kreml vielleicht Lukaschenko auch satt? Schließlich stellte sich Moskau 2018 auch dem durch Proteste vorbereiteten Machtwechsel in Armenien nicht in den Weg. Wäre das auch in Belarus möglich? Solche Hoffnungen wurden vor allem in den ersten Wochen nach der Wahl von verhaltenen und teilweise widersprüchlichen Reaktionen aus Russland genährt. Doch sie waren trügerisch: Putin lässt Lukaschenko nicht fallen, zumindest nicht sofort. Und Tichanowskaja ist inzwischen auch in Russland zur Fahndung ausgeschrieben.

Moskau wartet ab

Das Ausmaß der Proteste nach den Präsidentenwahlen in Belarus hat Moskau überrascht. Dort rechnete man wohl mit Schwierigkeiten für Lukaschenko, jedoch nicht mit der tiefsten politischen Krise seit der Unabhängigkeit nach dem Zerfall der Sowjetunion. Als die Proteste ausbrachen, schien es für einen Moment, die russische Führung wolle abwarten und sich nicht sofort auf die Seite des brutalen Autokraten schlagen. Konstantin Satulin, Duma-Abgeordneter aus der Regierungspartei „Einiges Russland", der sich vor allem mit den Nachfolgestaaten der Sowjetunion befasst, nannte Lukaschenko unzurechnungsfähig und sprach von einer „totalen Fälschung" der Wahlen. Russlands Ziel sei nicht, „den dienstälteren Lukaschenko zu retten", erklärte er, die Beziehungen zwischen den Ländern seien viel wichtiger. Die Staatsmedien sendeten mal einen neutralen Bericht über die Proteste und Tichanowskaja, mal verspotteten sie die Protestierenden oder prangerten die angebliche westliche Einmischung an.

Putin gratulierte Lukaschenko relativ schnell zum Wahlsieg, jedoch nicht zu seinem geheim vollzogenen Amtsantritt. Mitte September empfing er Lukaschenko in Sotschi und versprach ihm Unterstützung in Höhe von 1,5 Milliarden US-Dollar, sagte aber auch, er begrüße die Idee einer Verfassungsreform in Belarus. Er schien zurückhaltend zu sein, wenn es um eine offene Unterstützung durch die russische Armee oder die Sicherheitskräfte ging. Im August hatte er noch versprochen, eine Polizeireserve aus Russland zu schicken, falls die belarusische Polizei die Lage nicht unter Kontrolle bekomme. Die Bilder von Dutzenden Polizeiwagen, die aus St. Petersburg zur belarusischen Grenze geschickt wurden, wirkten einschüchternd. Allerdings wurde diese Reserve nicht eingesetzt, und Mitte September war sie wieder aufgelöst. Das geschah kaum aus humanitären Gründen. Dem Kreml war offenbar klar geworden, dass ausgerechnet die grausame Brutalität der belarusischen Polizei die Proteste noch weiter aufheizte. Putin wollte auf keinen Fall mit der Gewalt auf den Straßen und in den Polizeistellen in Belarus direkt in Verbindung gebracht werden. Im Oktober sagte er, die Brutalität der Polizei in Belarus sei „vielleicht sogar ungerechtfertigt" gewesen. Wer das zugelassen habe, müsse zur Verantwortung gezogen werden. So machte er klar, dass seine Unterstützung Lukaschenkos nicht bedingungslos ist.

Die Interessen des Kremls

Der russischen Führung geht es bei den Protesten in Belarus nicht um Lukaschenko. Sie versucht, dort eigene Interessen durchzusetzen. Der schwache Lukaschenko ist erpressbar und auf die russische Hilfe angewiesen. Doch wird er zu schwach, könnte Russland Belarus verlieren, wenn es ganz auf seine Rettung setzen würde. Daher kommen die Versuche, ihn zu einem – realen oder scheinbaren – Kompromiss in Form einer Verfassungsreform und vorgezogener Präsidentschaftswahlen in ein bis zwei Jahren zu bewegen. Wenn sich die Lage beruhigt, wird Moskau auch mehr Zeit und Spielraum haben, seinen Einfluss in Belarus aufzubauen und einen pro-russischen Nachfolger zu finden.

In Moskau galt Lukaschenko nie als treuer Verbündeter. Seine geschickte Taktik, jahrelang zwischen dem Westen und Russland zu balancieren und daraus Profit zu schlagen, nervte den Kreml. Für ihre Kredite und das günstige Öl wünschte sich die russische Führung von Minsk Unterstützung in außenpolitischen Fragen, vor allem nach der Krim-Annexion 2014. Lukaschenko hat diese aber nie offiziell anerkannt, so wie er trotz anderslautender Versprechen nie die Unabhängigkeit der von Georgien abtrünnigen Gebiete Abchasien und Südossetien anerkannte. Im Gegenteil: Nach der Krim-Annexion versuchte Lukaschenko, sich innenpolitisch als Verteidiger der belarusischen Souveränität zu positionieren. Plötzlich zeigte er sich als Unterstützter der belarusischen Sprache und Kultur und inszenierte sich als jemand, der am besten in der Lage sei, Putin Paroli zu bieten. Er nannte den Krieg in der Ostukraine einen Konflikt zwischen Russland und Ukraine, was der offiziellen Kreml-Linie widersprach, nach der es sich dort um einen ukrainischen Bürgerkrieg handelt. Er warf Russland während eines Streits um Ölpreise „imperiale Ambitionen" vor. Unmittelbar vor der Wahl machte Lukaschenko Anspielungen auf eine russische Einmischung und erklärte, Russland habe die Beziehungen zu Belarus von brüderlichen auf partnerschaftliche herabgestuft.

Doch auch der Opposition traut der Kreml nicht. Swetlana Tichanowskaja wird in Moskau nicht ernst genommen, auch weil sie offen sagt, dass sie keinerlei Ambitionen habe, tatsächlich Präsidentin zu werden und lediglich Neuwahlen abhalten wolle. Im Kreml hätte man gerne die Sicherheit, dass im Fall solcher Wahlen jemand an die Macht kommen würde, der nicht einen pro-westlichen Kurs einschlägt und der eine enge Verbindung zu Russland behält. Der russische Außenminister Sergej Lawrow machte deutlich, er wolle sich nicht mit Vertretern des Koordinationsrates treffen. Mehrere Mitglieder des Gremiums seien mit Menschen verbunden, die für einen kulturellen Bruch mit Russland oder sogar für eine Nato-Mitgliedschaft eintreten, behauptete Lawrow. Auch wenn die Nato-Mitgliedschaft von Belarus nicht realistisch ist und kaum ein Politiker alleine aus wirtschaftlichen Gründen den Bruch mit Russland ansteuern würde, reichen Sympathien gegenüber der EU, um Moskauer Diplomaten misstrauisch zu stimmen.

Für den Kreml ist Belarus vor allem geostrategisch wichtig. Angesichts der Spannungen zwischen Russland und der Nato wird Belarus, das an die Nato-Mitglieder Polen, Lettland und Litauen grenzt, in Moskau als Schutzzone angesehen. In keinem anderen Bereich war der Unionsstaat Russlands und Belarus von Anfang an so erfolgreich wie bei der militärischen Kooperation. Die Truppen von Russland und Belarus halten regelmäßig gemeinsame Übungen ab, die belarusische Armee und der Westliche Militärbezirk Russlands bilden dabei eine Gruppierung der Streitkräfte. Die beiden Länder haben ein gemeinsames Luftabwehrsystem, und Russland betreibt in Belarus zwei Radarstationen. Belarus gehört auch zum von Russland angeführten Verteidigungsbündnis im Rahmen des Vertrags über Kollektive Sicherheit (OVKS). In den letzten Jahren wünschte sich Moskau eine noch engere Kooperation und eine Flugzeugbasis in Belarus, was Lukaschenko stets ablehnte. Gerade nach der Krim-Annexion wollte er keine permanente Stationierung russischer Truppen in seinem Land. Das kam im Kreml nicht gut an.

Eine solche Sicht auf Belarus als Teil der russischen Einflusssphäre ist jedoch nicht kompatibel mit der Vorstellung über die Souveränität eines Staates, der sich frei für oder gegen seine Bündnisse entscheiden kann. Eine demokratische Wende in Minsk wird daher gerade in den russischen Sicherheitskreisen als Bedrohung gesehen – denn der Ausgang einer freien Wahl ist nicht vorhersagbar. Der Kreml wünscht sich einen stabilen prorussischen Kurs in Belarus – den kann aber weder eine demokratisch gewählte Präsidentin (oder ein Präsident) garantieren, noch der geschwächte Lukaschenko, der früher oder später weg sein wird. Also sucht Moskau nach anderen Möglichkeiten, Belarus an sich zu binden.

Der Unionsstaat – Integration auf dem Papier

Integrationsideen für Russland und Belarus gab es schon kurz nach dem Zerfall der Sowjetunion. Nach seinem Amtsantritt 1994 suchte Lukaschenko aktiv einen Anschluss an Russland. Nach mehreren Vorstufen wurde 1999 der Vertrag über den Unionsstaat unterzeichnet. Zu den ambitionierten Plänen gehörte etwa eine Währungsunion, eine gemeinsame Verfassung, ein gemeinsames Parlament und ein Rechnungshof. Dem damaligen russischen Präsidenten Boris Jelzin halfen die Verträge mit Belarus, seine Popularität zu Hause zu steigern. Es wurde spekuliert, dass der Unionsstaat ihm ermöglichen könnte, auch nach dem Jahr 2000 als Präsident des neuen Staatsgebildes an der Macht zu bleiben, wenn er in Russland nicht mehr kandidieren durfte. Doch Jelzin schwächelte, wurde krank und die russischen Eliten fürchteten am Ende, dass der junge und in Russland populäre Lukaschenko die Macht im Unionsstaat an sich reißen könnte.

Jelzin und sein Umkreis entschieden sich für Wladimir Putin als Nachfolger. Dieser zeigte Lukaschenko relativ schnell, dass eine Integration von Russland und Belarus wenn, dann nach russischen Bedingungen erfolgen sollte. 2002 schlug er faktisch vor, die acht Regionen von Belarus in die Russische Föderation aufzunehmen. Die Verwaltungsorgane des neuen Staates sollten entsprechend der russischen Verfassung geformt werden; der Unionsstaat hätte den russischen Rubel als Währung. Lukaschenko warf Putin daraufhin vor, Belarus zerschlagen zu wollen, etwas „was nicht einmal Lenin und Stalin erwogen haben".

In den darauffolgenden Jahren wurde der Unionsstaat in den meisten Bereichen außer im Militärischen zu einem leeren Konstrukt. Zu unterschiedlich waren die Ziele von Moskau und Minsk, zu ungleich das Machtverhältnis. Zusammen mit Russland und Kasachstan bildete Belarus seit 2010 eine Zollunion und 2014 die Eurasische Wirtschaftsunion. Doch auch die wirtschaftliche Beziehung war alles andere als friedlich. Auf einen Streit über Gaspreise und Gastransit folgte eine Entspannungsphase, dann aber wieder ein Milchkrieg, Konflikte über den Schmuggel von EU-Waren über Belarus nach Russland oder über die Ölpreise.

Die Frage nach dem Unionsstaat wurde 2018 von Russland neu aufgeworfen. Der damalige Premierminister Dmitri Medwedjew erklärte, Russland wolle die vertiefte Integration vorantreiben und über gemeinsame Verwaltungsorgane wie etwa den Rechnungshof, das Oberste Gericht oder das Zollamt nachdenken. Die russische Führung machte deutlich, dass die weitere wirtschaftliche Unterstützung davon abhängen werde, ob Belarus zu einer engeren Anbindung an Russland bereit sei. Lukaschenko bestand aber auf Souveränität. Medwedjew wiederholte seine Forderungen auch 2019 noch einmal.

Lukaschenkos Schwäche könnte Moskau jetzt nutzen, um die Integration voranzutreiben. Wobei es sich sehr wahrscheinlich nicht um einen militärischen Angriff handeln dürfte, sondern um eine noch engere wirtschaftliche und institutionelle Anbindung. Schon jetzt ist Russland der wichtigste Handelspartner und der größte Kreditgeber für Belarus. Eine vollständige Eingliederung wäre aber für Russland viel zu teuer und politisch riskant. Im Unterschied zu der Krim-Annexion wäre dies auch innenpolitisch keine populäre Idee. Die Umfragen zeigen, dass nur eine Minderheit in Russland diese Idee unterstützt.

Eine Projektionsfläche für die russische Gesellschaft

Seit Jahren führte Belarus in Umfragen die Liste der Länder an, die von den Russen als freundlich ihnen gegenüber angesehen werden. Belarusen sind Nachbarn, Verbündete und Brüder. Dabei ist die russische Wahrnehmung von Belarus auch von einer post-imperialen Haltung geprägt. Während viele Belarusen russische Medien – sowohl staatsnahe als auch unabhängige – verfolgen, weil sie fließend Russisch sprechen, war das Interesse an der belarusischen Kultur und Politik in Russland bis vor kurzem kaum vorhanden. „Die äußere Wahrnehmung von keinem anderen post-sowjetischen Land ist so stark von gängigen Stereotypen und Clichés belastet wie die von Belarus", schreiben die russische Soziologen Sergej Borissow und Julia Juschkowa-Borissowa in ihrem Buch *Belarus verstehen*. Sie beschreiben die in Russland verbreiteten Stereotypen wie folgt: 1) Belarus habe 1991 eigentlich keine Unabhängigkeit angestrebt und wäre gerne in einem Staat mit Russland geblieben; 2) Belarus habe im ganzen post-sowjetischen Raum die meisten sowjetischen Elemente behalten; 3) Belarusen seien keine separate Nation, die belarusische Sprache sei ein Dialekt des Russischen; 4) Belarus sei die kleine Schwester von Russland. Die Autoren setzten sich deshalb zum Ziel, genauer auf das Nachbarland zu schauen. „Belarus ist der wertvollste Spiegel für Russland", glauben sie.

Die Proteste in Belarus werden von der russischen Gesellschaft sehr aufmerksam verfolgt. Die Meinungen dazu sind jedoch geteilt. Eine Umfrage des unabhängigen Meinungsforschungsinstituts Lewada-Zentrum zeigte, dass im September 43 Prozent der Russen auf der Seite von Lukaschenko waren, 18 Prozent auf der Seite der Protestierenden. Der Rest unterstützte keine der beiden Seiten oder war unentschlossen.

Im September verfasste die belarusische Schriftstellerin und Nobelpreisträgerin Swetlana Alexijewitsch einen Hilferuf an russische Intellektuelle. „Warum schweigt ihr? Nur einzelne Stimmen von Unterstützern hören wir. Warum schweigt ihr, wenn ihr seht, wie ein kleines, stolzes Volk zertrampelt wird? Wir sind doch immer noch eure Brüder und Schwestern", schrieb sie.

Sie bekam gleich mehrere Antworten aus Russland. Die Schriftstellerin Ljudmila Ulitzkaja versicherte, dass sie, ihre Freunde und Gleichgesinnten, die Nachrichten aus Belarus sehr genau verfolgten. „Für uns alle sind die Ereignisse der letzten Wochen in Belarus ein Modell unserer nahen Zukunft. Und zwar ein gutes Modell", schrieb sie. Die Dichterin Olga Sedakowa antwortete, sie bewundere das belarusische Volk, die Menschen, die wie „entzaubert" seien. Auf der anderen Seite spüre sie Ekel und Entsetzen, wenn sie die Geschichten über die Folterungen und den Sadismus der Polizei sehe. „Es graut mir vor dem Gedanken, dass unsere Machthaber beschlossen haben, ausgerechnet mit diesem Regime verbündet zu sein", schrieb sie.

Es gab aber auch die Antwort des regierungstreuen Politologen Sergej Markow, der Alexijewitsch „Russophobie" vorgeworfen hat. Überhaupt sei sie für ihn keine große Schriftstellerin, ihr Nobelpreis sei eine politische Entscheidung. Was sich in Belarus abspiele, sei kein Kampf des Volkes gegen einen Diktator, sondern ein Kampf zwischen zwei Teilen eines Volkes – einer pro-russischen Mehrheit und einer anti-russischen Minderheit.

Für die russische Gesellschaft sind die Proteste in Belarus eine große Projektionsfläche. Für die ältere Generation in Russland war Belarus seit Jahren ein Spiegel für ihre Sowjetnostalgie. Im Unterschied zu Russland gab es im Belarus der 90er Jahre keine großflächige Privatisierung der Staatsbetriebe. Die soziale Ungleichheit ist nicht so stark wie in Russland ausgeprägt. Viele ältere Russen nahmen Belarus als eine Insel der Stabilität wahr, wo staatseigene Betriebe wie in alten Zeiten funktionierten und die Menschen nicht reich, aber auch nicht bettelarm sind. In Russland habe man bis vor kurzem oft gehört, Belarus sei „ein echtes Land für die Menschen", beschreibt der russische Philosoph Michail Nemzew die Illusion, die gerade in Russland zerbreche. „Die Städte dort sind sauber und gepflegt. Überhaupt ist dort alles sehr sauber. Das Benzin ist billig, und es gibt keine Arbeitslosigkeit. Die Machthaber kümmern sich wirklich um die Menschen".

Für die ältere Generation verkörperte Lukaschenko das Ideal eines sowjetischen Anführers, ein ehemaliger Kolchos-Direktor, der mit harter Hand regierte, aber immer nah am Volk war. Kein Wunder, dass in dieser Generation rund 70 Prozent laut der letzten Lewada-Umfrage Lukaschenko unterstützen.

Wer sich einen Machtwechsel und demokratische Reformen in Russland wünscht, schaut auf Belarus dagegen mit viel Hoffnung und Mitgefühl. Gefälschte Wahlen, Propaganda im Staatsfernsehen, Willkür der Sicherheitskräfte, jahrelange Passivität vieler Menschen, denen Stabilität wichtiger als Freiheit war – das sind Probleme, die man in Russland allzu gut kennt. Viele in Russland schauen auf Minsk und fragen sich: Wird das auch in Russland passieren, wenn Putin 26 Jahre lang an der Macht ist? Werden wir so entschlossen und mutig sein wie unsere Nachbarn? Während der Demonstrationen in Chabarowsk riefen Menschen auf der Straße unter anderem „Es lebe Belarus". Falls die Proteste in Belarus zu einem Erfolg werden, stärken sie auch die Hoffnungen von Menschen in Russland und ihren Glauben an die Macht des friedlichen Widerstands.

Gerade die Jugendlichen unterstützen die belarusische Opposition am stärksten. Sie können sehr gut die Wut von Menschen nachvollziehen, die sich nicht mehr mit dem Sowjetmuff abfinden wollen, sie bewundern ihre Kreativität und Ausdauer. Und sie beziehen ihre Informationen nicht aus dem Fernsehen, sondern aus den Telegram-Kanälen und sozialen Medien. Für diese Generation macht etwa der Moskauer Blogger Maxim Katz seine Youtube-Videos. Seit dem ersten Protesttag in Minsk dreht er einen Beitrag zur Lage in Belarus nach dem anderen. Er interviewte die Oppositionelle Maria Kolesnikowa, nahm die Thesen der russischen Propaganda auseinander und wiederholte immer wieder, er glaube an den Sieg der friedlichen Revolution über einen Diktator. Inzwischen hat er viele Zuschauer auch in Belarus.

Bei aller Aufmerksamkeit entstand aus den Sympathien zu den belarusischen Protestierenden jedoch keine Unterstützungsbewegung. Dutzende Menschen kamen zu der belarusischen Botschaft in Moskau, mehr nicht. Obwohl klar ist, dass Russland einen starken Einfluss auf die Situation hat, versuchen die russischen Unterstützer nicht, mit Demonstrationen auf den Kurs des Kremls einzuwirken – weil sie nicht daran glauben, dass sie ihn verändern können. „Diese Entscheidungen werden heimlich und ohne uns getroffen. Niemand will unsere Meinung dazu hören. Das kann zur Verzweiflung führen", schrieb Olga Sedakowa in ihrer Antwort an Swetlana Alexijewitsch.

EU UND BELARUS – NEBENAN IN EUROPA

Maria Davydchyk

Europa von Belarus aus. Ein erster Gedanke ...

Die „Grenze". Das ist für mich der Schlüsselbegriff in der Definition von Europa. Damit gehen Inklusion und Abgrenzung, Annäherung und Entfernung einher. Die De- und Rekonstruierung von Grenzen prägt nicht nur die Zeitgeschichte Europas, sie ist auch für Belarusen ein wichtiges historisches Narrativ. Die Grenzen prägen unsere Identität und das Zugehörigkeitsgefühl.

Wenn ich an Europa denke, suche ich nach einem Konzept, meine persönliche und unsere kollektive belarusische Zugehörigkeit zu Europa zu legitimieren bzw. zu hinterfragen. Die Identität hat Inhalt. Sie besteht aus Normen, sozialen Zwecken, Vergleichen mit den „Anderen" und den kognitiven Modellen. Die Normen und Werte bestimmen die formalen und informellen Regeln. Sie bestimmen auch unsere Reaktionen und Gefühle, wenn diese Normen nicht erfüllt oder verletzt werden. Dazu gehören für mich die Grundfreiheiten. Die sozialen Zwecke zeigen den Stellenwert des Individuums und der Gemeinschaft, wenn es um die Bewältigung der aktuellen Herausforderungen geht. Ich möchte aktuelle Entwicklungen in Europa nicht schönreden, trotz allem ist die soziale Verantwortung hier groß. Gemeinschaften tragen und ermöglichen eine Veränderungskraft. Durch Vergleiche mit dem „Anderen" erkennen wir, was wir sind. Die Kontraste sind hilfreich, um sich selbst und die eigene Identität besser zu verstehen, um die Gründe für dieses oder jenes Verhalten zu analysieren. Die kognitiven Modelle beziehen sich auf die Weltsicht. Zur europäischen Weltsicht gehören z. B. die Demokratie, der Pluralismus, die Gleichberechtigung, die Vielfalt der Sprachen und Kulturen, Marktwirtschaft und die soziale Sicherheit.

Als nächstes frage ich mich, welche Gemeinsamkeiten und Unterschiede es gibt. Denke ich an das heutige Belarus gerade vor dem Hintergrund der demokratischen Revolution dort, dann denke ich insbesondere an die Geschichte Europas. Vor etwa zehn Jahren sprach ich in Minsk auf einer Jugendkonferenz zum Thema „Europäische Werte". Ich wollte über Gemeinsamkeiten und Unterschiede sprechen. Schon damals fiel es mir schwer, konkrete Unterschiede herauszuarbeiten. Europa ist für mich ein Raum der Selbstbestimmung. Und das ist für jeden erstrebenswert. Mit der Selbstbestimmung geht jedoch auch der Wert der Verantwortung einher. Genau das etabliert sich in Belarus, wo die Bürger des Landes die „Grenzen" des Erlaubten in einem autoritären Staat schon längst verlassen haben. Sie können Verantwortung tragen und streben nach Selbstbestimmung. Sie bauen ihre Gemeinschaft auf der Basis der gemeinsamen Werte wie Solidarität, Selbstverantwortung, Teilhabe und Freiheit auf. Nicht eine ethnokulturelle Identität, sondern vielmehr die Annäherung an die staatsbürgerlichen, freiheitlich demokratischen Werte bringt uns zusammen. Ich sehe keine Unterschiede zu dem, was ich hier beispielsweise in Deutschland erlebe. So findet eine echte Annäherung zwischen der EU und Belarus statt, im Unterschied zur bisherigen politischen Annäherungsimitation.

Das Besondere an der Nachbarschaft zwischen Belarus und EU?

Politisch gesehen ist Europa natürlich die Europäische Union. Für Belarus sind es vor allem die drei Staaten Polen, Litauen und Lettland, die den östlichen Vorposten der EU bilden. Die EU-Grenze markierte in den letzten Jahren auch eine Art zivilisatorischen Bruch. So war das nicht immer. Ich bin mit dem Spruch meiner Urgroßmutter aufgewachsen, dass Polen kein Ausland sei. Natürlich konnte man auch in den 90er Jahren nicht einfach so ausreisen. Doch eine wirkliche Grenze entstand in meiner Erinnerung mit dem EU-Beitritt Polens und der baltischen Staaten 2004. Ich schaute die Nachrichten und weinte vor Freude für die neuen EU-Nachbarn. Die EU stand nicht für Bürokratie, sondern für die grenzenlosen Möglichkeiten der Selbstverwirklichung, Entwicklung, Kreativität und nicht zuletzt für Wohlstand. Es war ein gutes Gefühl, dass die Nachbarn nun ein Teil der Gemeinschaft sein konnten – mit einem Schimmer Hoffnung, dass dies uns in der Zukunft auch einmal passieren wird. Aber auch Neid, da die Belarusen in diesem Prozess ausgegrenzt werden könnten.

Wenn ich mir die Literatur der 2000er Jahre von belarusischen Denkern, Philosophen, politischen Aktivisten, Journalisten und Menschenrechtlern anschaue, die in ihren Werken überlegen, ob Belarus nach Russland, zu Europa oder doch sich selbst gehören würde (der sogenannte „dritte Weg"), kann ich diese Fragestellung kaum nachvollziehen. Denn trotz eines von Russland dominierten medialen Raums fand meine Sozialisation in einem europäischen Kontext statt. Der frühere polnische Außenminister Radosław Sikorski drückte diese Besonderheit vor über zehn Jahren im Vorfeld der Gründung der Europäischen Nachbarschaftspolitik „Östliche Partnerschaft" aus, indem er sagte, es handle sich bei Belarus nicht um den Nachbarn Europas, sondern um den europäischen Nachbarn. Wir können heute nicht mehr von *Europa und Belarus* sprechen, sondern sollten die Ereignisse in Belarus als innereuropäische Angelegenheit sehen. Belarus strebt nach Freiheit und Rechtsstaatlichkeit und zeigt zugleich, dass die demokratisch orientierte Mehrheit auch Verantwortung tragen kann.

Und die Wahrnehmung von Belarus aus der europäischen Perspektive?

Ich habe das Gefühl, dass viele in Europa mit der Existenz von Belarus nicht gerechnet haben und ganz überrascht sind. Mit dem Zusammenbruch der Sowjetunion wurde die ganze Region zu einem undurchdringlichen, scheinbar monolithischen Block. Kein anderer geopolitischer Begriff hat sich in den letzten Jahren inhaltlich so stark verändert wie „Osteuropa". Zuerst bezeichnete man mit Osteuropa die meisten der im Jahr 2004 beigetretenen EU-Länder. Dann verstand man unter „Osteuropa" Länder auch außerhalb der EU, also diejenigen Staaten, die geographisch zwischen der EU und der Russischen Föderation gelegen sind.

Die bilateralen Beziehungen zwischen der EU und Belarus sind aufgrund der autoritären Politik der belarusischen Regierung ja seit Jahrzehnten eingeschränkt. Der 1995 unterzeichnete Vertrag zur Partnerschaft und Kooperation wurde nicht ratifiziert. Außerdem verlor Belarus 1997 seinen Beobachterstatus im Europarat. Jahrelang gab es zunächst TACIS-Programme und Strategiepapiere. Im Jahr 2003 prägte die EU-Kommission den neuen Begriff der EU-Nachbarschaftspolitik und nach der EU-Osterweiterung 2004 entstand das Konzept des *„wider Europe"*.

Belarus nimmt zwar seit 2009 an der Östlichen Partnerschaft der EU teil, allerdings nur im multilateralen Format zusammen mit weiteren fünf Staaten. Die Mitgliedschaft in der Eurasischen Wirtschaftsunion und die starken Wirtschaftsverflechtungen mit Russland bestimmten die Außenwahrnehmung von Belarus. Das Land wurde, wenn überhaupt, in der Wahrnehmung des Westens als Teil des russischen Einflussbereiches und nur selten als ein osteuropäisches Land in Transition behandelt. Die vergangenen Jahre zeigen, dass es kaum gelungen ist, beide Vorstellungen in der Praxis miteinander zu verbinden. Ehrlich gesagt ist mir die Dominanz Russlands bei Entscheidungen über Belarus erst in Deutschland klar geworden. Mir war lange nicht bewusst, dass über das Schicksal des Landes eigentlich über die Köpfe der Belarusen hinweg entschieden wird. Das war und ist eine bittere Erkenntnis.

Nach welchen Prinzipien gestalteten sich die Beziehungen EU-Belarus in den letzten Jahren?

Die Beziehungen sind vom Prinzip Zuckerbrot-und-Peitsche geprägt, wobei heute beide Seiten eher sanktionsmüde sind. Sanktionen wurden verhängt und wieder aufgehoben, und trotz beschlossener Sanktionen entwickelten sich die Beziehungen zwischen EU und Belarus im letzten Jahrzehnt so dynamisch wie noch nie zuvor. Die Gründe lagen in der prekären sicherheitspolitischen Lage im Osten Europas. Belarus etablierte das Minsker

Format zur Lösung des Ukrainekonfliktes. Politisch gesehen haben die Sanktionen in den vergangenen Jahren nicht zu Systemänderungen in Belarus geführt. Ob sie Teil einer umfassenden Strategie gegenüber Belarus sind? Die EU war bis jetzt nicht erfolgreich damit, ein Land wie Belarus, das keine politische Annäherung an die EU wünscht, an sich heranzuziehen. Deshalb war es bisher vielmehr eine Taktik als eine Strategie der EU, Sanktionen als Bestrafung bzw. das Aussetzen der Sanktionen als Belohnung einzusetzen.

Der EU-Politik fehlte es an Kontinuität. Je nach Ausgang der Wahlen in Belarus ging Brüssel entweder auf Distanz und versuchte das dortige Regime zu isolieren, oder es rief eine politische Tauwetterperiode aus. Nicht die Veränderungen im politischen System in Belarus haben zu einer deklarativen Normalisierung der EU-Belarus-Beziehungen vor 2020 geführt, sondern Sanktionsmüdigkeit. Durch Sanktionen konnte die EU kaum bis gar nicht bewirken, dass die Gewalt gegenüber der Opposition und der Zivilgesellschaft in Belarus gestoppt wurde. Die EU zeigte damit Solidarität mit den demokratischen Kräften in Belarus. Das war und ist sehr wichtig. Ehrlich gesagt glaube ich, dass gerade für die EU selbst Sanktionen besonders wichtig wären. Zum einen, um innenpolitisch zu zeigen, dass somit Standards in der internationalen Politik gesetzt werden und zum anderen, um innenpolitisch Glaubwürdigkeit zu wahren und als normensetzender außenpolitischer Akteur auftreten zu können.

Minsk und Brüssel sprechen seit jeher verschiedene Sprachen. Da trifft der pragmatische auf den werteorientierten Ansatz. Die Führung in Minsk lehnte vor allem die politischen Bedingungen ab, die Brüssel an eine Zusammenarbeit knüpfte. Stattdessen würde man lieber konkrete Projekte umsetzen, um bei der wirtschaftlichen Modernisierung voranzukommen. Bei der EU stehen kollektive Selbstregulierung der Staatengemeinschaft und Werte im Vordergrund. Erschwert wurde die Zusammenarbeit noch durch die Uneinigkeit der EU-Länder. Viele Probleme entstanden dabei durch die Entscheidungsschwäche, denn die Konsensnotwendigkeit führt tendenziell zur Einigung auf den kleinsten gemeinsamen Nenner, wodurch ein tatsächlicher Vollzug nicht immer garantiert werden kann. Während die Nachbarn von Belarus Minsk gerne an die Union heranführen würden, schenken die meisten anderen EU-Mitglieder dem Land an der östlichen Peripherie nur wenig Aufmerksamkeit oder distanzieren sich wegen der politischen Verhältnisse in Belarus oder aus Rücksicht auf Russland sogar von dem Vorhaben Annäherung.

Sowohl die Sanktionspolitik, als auch die Kooperationsbemühungen der EU wurden zudem durch den Macht- und Einflussanspruch Russlands neutralisiert. Die EU schien das hinzunehmen. Brüssel schaffte es nicht, eine Strategie für Belarus zu entwickeln, die von allen Seiten akzeptiert und von Minsk und Moskau nicht als Versuch betrachtet würde, das Land von Russland zu entfernen.

Und schließlich war die EU die ganze Zeit ratlos, wie sie mit einem Nachbarland umgehen sollte, dessen politische Elite überhaupt kein Interesse an einer Integration zeigte. Dabei verpasste sie es, mit der Gesellschaft ins Gespräch zu kommen. Wie Olga Shparaga in ihrem Sammelband über die Europäisierung von Belarus 2010 zeigte: Eine Europäisierung „von oben" ist und war in Belarus nicht möglich. Doch auf horizontaler Ebene und im Blick auf die Kraft gemeinsamer Werte außerhalb der formellen Institutionen hat die EU nur wenig getan.

Was hätte Europa tun sollen, was hätte es tun können?

Wenn wir Europa mit der EU gleichsetzen, würde ich sagen, dass die EU nur symbolisch bedeutsam ist. Sie ist zu stark auf die Regierungsebene und auf ihre Handelsinteressen fokussiert.

Wichtig ist es deshalb zu fragen, welcher Stellenwert Belarus in der europäischen Identitätspolitik vor allem in den EU-Grenzräumen zukommt. Eine Stabilisierung und eine echte Inklusion kann durch die weitere Stärkung der horizontalen Netzwerke erfolgen. Die Prozesse der institutionellen Bildung in Europa sind wechselhaft und folgen zum Teil dem Prinzip *„functions follow forms"*, zum Teil umgekehrt dem Prinzip *„forms follow functions"*. In Belarus beobachten wir gerade, dass die Mehrheit der Bürger dort die vorhandenen Institutionen längst überholt hat. Doch wenn wir im Koordinatensystem der internationalen Politik bleiben, bleiben auch die Mittel sehr eingeschränkt. Wir brauchen neue Formen für die neuen Funktionen.

Die Bürger in der EU könnten sich fragen, ob sie bereit wären, die Ereignisse in Belarus als innereuropäische Angelegenheit zu betrachten. Und wenn nein, begründen, warum, und wenn ja, unter welchen Umständen. Das würde mich wirklich interessieren. Eine positive Antwort würde einen Beitrag zur Stärkung europäischer Identität leisten und die länderübergreifende gesellschaftliche Verantwortung erhöhen.

Ist Europa, das im Westen liegende Europa, eigentlich wichtig?

Ich erinnere mich, dass ich vor 10 – 15 Jahren sehr gerne die deutsche Presse mit Nachrichten über Belarus in der Minsker U-Bahn oder den Bussen bei mir trug. Die *Süddeutsche* oder die *FAZ* berichteten über Proteste in Belarus. Ich wollte unbedingt, dass die Leute sehen, dass über uns in der westlichen Presse geschrieben wird. Europa schaut nicht weg. Nach den Präsidentschaftswahlen 2020 hätte sich Belarus keine bessere mediale Aufmerksamkeit wünschen können. Ich wünsche mir allerdings auch, dass das Interesse über die Tagespresse hinaus den Weg in die Universitäten, Debatten, Theater und andere Diskussionsbühnen findet. Meine Reise nach Europa begann mit einer Offenbarung über mich selbst. Ich schaute mich im Spiegel meiner Kolleginnen aus Osteuropa an und erkannte mich als Belarusin. Es war ein schöner Moment der Selbsterkenntnis. Dafür ist das multikulturelle und vielschichtige Europa für Belarus natürlich wichtig. Ansonsten glaube ich, können die Belarusen in ihrer Revolution nur mit sich selbst rechnen. Das ist eine schmerzhafte Erkenntnis.

WARUM EUROPA EINE UMFASSENDE BELARUS-STRATEGIE BRAUCHT

Hanna Stähle

„Nicht erreichbar" steht auf dem Plakat, das ich bei meiner ersten Solidaritätskundgebung in Brüssel halte. Es zeigt den Umriss von Belarus, einem Land mitten in Europa, dessen Hauptstadt nur zwei Flugstunden von Berlin entfernt ist. Einem Land, von dem kaum jemand gehört hat. Es ist der 11. Juli, knapp einen Monat vor der Präsidentschaftswahl. Das Plakat, eine Anspielung auf die jahrzehntelange politische, wirtschaftliche und kulturelle Isolation von Belarus, wird nur wenige Wochen später eine ganz neue Bedeutung erhalten. Als die Wahlergebnisse am 9. August bekanntgegeben werden, brechen landesweite Proteste aus. Das Internet wird für drei Tage komplett abgeschaltet. 150 Auslandsjournalisten wird die Akkreditierung verweigert, viele belarusische Journalisten werden verhaftet, mehrere unabhängige Nachrichtenportale blockiert. Belarus ist jetzt buchstäblich nicht erreichbar.

Niemals werde ich diese drei schlaflosen Nächte nach den Wahlen vergessen: die Bilder und Videos der Gewalt gegen friedliche Protestierende, die entsetzlichen Augenzeugenberichte über das unmenschliche Vorgehen in den Haftanstalten, Meldungen über die ersten Todesopfer. Der Telegram-Kanal *NEXTA* und SMS-Nachrichten von Freunden in Minsk sind meine einzigen Informationsquellen. „Wir sind hier in Brüssel, vor dem Gebäude der Europäischen Kommission auf dem Schuman-Platz, (...) wir sind in Sicherheit, wir müssen keine Angst um unser Leben haben, aber unsere Mitbürger in Belarus müssen Angst haben, dennoch sind sie auf den Straßen und protestieren gegen die belarusischen Machthaber, die ihnen die Stimmen genommen haben. Belarus ist ein europäisches Land. Wir brauchen Solidarität von Europa. Hier und jetzt."

Die rohe Polizeigewalt gegen friedliche Demonstranten in Belarus sorgt für Schlagzeilen in den internationalen Medien und löst eine Schockwelle aus – in Belarus, Europa, der ganzen Welt. Und doch dauert es knapp zwei Monate, bis die Europäische Union Maßnahmen ergreift. Ich versende Nachrichten und E-Mails an europäische Abgeordnete, sie bleiben unbeantwortet. Die EU hat Sommerpause. Ich bin wütend und verzweifelt.

Es sind nicht Politiker, die seit Ausbruch der Proteste Solidarität zeigen und sich klar gegen die Gewalt und Repressionen in Belarus aussprechen, sondern Journalisten wie die WDR-Redakteurin Golineh Atai. Ihre Kritik richtet sich nicht nur gegen die belarusischen Behörden und ihr brutales Vorgehen gegen die Demonstranten, sondern auch gegen die EU, die jahrelang das autoritäre Regime toleriert und 2016 sogar die Sanktionen und Reisebeschränkungen gegen die politischen Eliten wieder aufgehoben hat. Am 11. August kommentierte sie in der Tagesschau: „Autokraten aller Welt haben viel von Alexander Lukaschenko gelernt. Die Führer Venezuelas, Chinas und Irans schätzen und ehrten ihn. Dank mit russischem Geld gefüllter Staatskassen und dank europäischer Ignoranz gegenüber Belarus konnte Lukaschenko 26 Jahre lang repressiv regieren. Es hat sich ausregiert. Die Proteste werden weiterköcheln. Die Frage ist nur noch, wie man Lukaschenko davon abbringen kann, am Ende massive Gewalt einzusetzen. Und hier kommen wir ins Spiel. Wir Europäer, die wir vor vier Jahren die Reisebeschränkungen gegen die Minsker Elite bedingungslos aufhoben und deren eingefrorene Vermögen einfach freigaben. Das war ein Fehler. Die Festnahmen friedlicher Demonstranten gingen einfach weiter und weiter."

Über 7.000 Personen werden in der ersten Woche der landesweiten Massenproteste und Unruhen festgenommen, 450 Fälle von Folter und Gewalt werden dokumentiert, vier Todesopfer werden bestätigt. Die EU erkennt die Wahlergebnisse in Belarus nicht an. Die Präsidentschaftswahlen seien „weder frei noch fair", kommentiert der EU-Außenbeauftragte Josep Borrell. „Das belarusische Volk hat Besseres verdient." Den Worten folgen aber keine Taten. Die Festnahmen friedlicher Demonstranten gehen weiter.

Die EU und Belarus

Im Gegensatz zum Euromajdan in der Ukraine, ausgelöst durch die Nichtunterzeichnung des EU-Assoziierungsabkommens, schwenken die Protestierenden in Belarus keine Europafahnen. Es geht um freie Wahlen und das Recht, selbst über das Schicksal des Landes zu entscheiden.

Dies macht auch die Oppositionsführerin Swetlana Tichanowskaja bei einer Anhörung des EU-Parlaments per Videokonferenz deutlich. Die „friedliche Revolution" in Belarus sei „weder pro- noch antirussisch." Sie sei aber auch „weder anti- noch proeuropäisch", sondern eine „demokratische Revolution" des belarusischen Volkes.

Die politische Krise in Belarus stellt die EU vor ein Dilemma. Die unmittelbaren Nachbarn Polen und Litauen stellen sofortige Hilfe und finanzielle Unterstützung in Aussicht und rufen zu neuen Präsidentschaftswahlen auf. Andere EU-Mitgliedsstaaten reagieren verhalten und abwartend und wollen keine Konfrontation mit Moskau riskieren. Wieder andere sehen überhaupt keinen Handlungsbedarf. So betont der französische EU-Kommissar Thierry Breton: „Belarus ist nicht Europa, es liegt an der Grenze zu Europa, zwischen Europa und Russland, und die Situation ist nicht vergleichbar mit der in der Ukraine oder in Georgien. Belarus ist sehr eng mit Russland verbunden, und die Mehrheit der Bevölkerung begrüßt die engen Beziehungen zu Russland." Diese Aussage ist in zweierlei Hinsicht bezeichnend: Nicht nur wird damit de facto die Existenz einer russischen Einflusssphäre anerkannt und Belarus seine Souveränität abgesprochen, sie zeigt auch, wie wenig vorbereitet die EU auf die gegenwärtige Krise in Belarus war.

Das überrascht nicht. Bis zum Sommer 2020 war Belarus ein weißer Fleck in Europa. Kaum etwas war den Europäern über dieses Nachbarland bekannt. Wenn überhaupt, verband man mit Belarus die Nuklearkatastrophe von Tschernobyl, den stalinistischen Zuckerbäckerstil der Hauptstadt Minsk – der „Sonnenstadt der Träume", wie Artur Klinaŭ die Hauptstadt poetisch getauft hat – oder den langjährigen Herrscher Alexander Lukaschenko.

Vor dem Hintergrund des anhaltenden Krieges in der Ostukraine und der zerrütteten Beziehungen zu Russland war die politische Stabilität in Belarus für die EU das kleinere Übel. Lukaschenko bot Minsk als neutrale Plattform für Friedensverhandlungen feil und positionierte sich erfolgreich als Brückenbauer zwischen Ost und West.

Nach der Freilassung politischer Gefangener 2016 setzte die EU die Sanktionen gegen 170 Vertreter des Regimes aus und verfolgte eine Politik des „kritischen Engagements" und der Wiederannäherung, obwohl Brüssel weiterhin Besorgnis über die Menschenrechtsverstöße in Belarus äußerte. „Der Rat stellt fest, dass für die Beziehungen zwischen der EU und Belarus die Möglichkeit einer weiteren Vertiefung auf der Grundlage einer positiveren Agenda besteht und dass Fortschritte in unterschiedlichsten Bereichen besser durch bessere Kommunikationskanäle erzielt werden können", heißt es in den Schlussfolgerungen des Rates vom Februar 2016.

Seit 2016 hat die EU knapp 135 Millionen Euro für Belarus bereitgestellt, um unabhängige Medien, Menschenrechtsorganisationen und die Zivilgesellschaft zu unterstützen und persönlichen Austausch durch Programme wie Erasmus+ und eine verbesserte Visapolitik zu fördern. Obwohl sich keine direkte Kausalität ausmachen lässt, hatten diese Programme sehr wohl Auswirkungen: Belarus war neben Russland eines der Länder mit den höchsten Antragszahlen für Schengen-Visa. Allein 2019 gingen 645.722 Anträge ein. Bei einer Bevölkerung von 9,5 Millionen eine bemerkenswerte Zahl. Doch das politische „Tauwetter" zwischen Belarus und der EU fand ein jähes Ende.

Der belarusische Aufstand

Die Menschenrechtsverstöße in Belarus haben ein Ausmaß erreicht, das die EU nicht mehr ignorieren konnte. So berief der Europäische Rat eine außerplanmäßige Videokonferenz für die Außenminister ein. Luxemburgs Minister für auswärtige und europäische Angelegenheiten, Jean Asselborn, bezeichnete das Vorgehen der belarusischen Behörden als „Staatsterrorismus" und fügte hinzu: „Es ist ein brutales Vorgehen gegen die Regeln und auch die natürlichen Gesetze einer freiheitlichen Gesellschaft. Es ist Diktatur."

Zur gleichen Zeit protestierte ich mit meinen Landsleuten am Schuman-Platz. Unsere Kundgebung war nicht angemeldet, da die Videokonferenz der Außenminister nur kurz zuvor angekündigt worden war und eine Genehmigung in Brüssel normalerweise bis zu zehn Tage dauert. Wir wollten eine Menschenkette bilden und unsere Solidarität zeigen, sei es auch nur für ein paar Minuten. Als wir uns vor der Europäischen Kommission aufstellten, kam ein belgischer Polizist auf uns zu. Während wir uns um eine Erklärung bemühten und bereit waren, den Platz zu verlassen, zeigte er zu unserer großen Überraschung Verständnis. Er wusste einfach, worum es ging. Statt unsere Demonstration aufzulösen, begleitete er uns zu einem nahegelegenen Platz und gestattete uns, weitere eineinhalb Stunden zu demonstrieren.

In Weiß gekleidet und mit Blumen in der Hand wollten wir unsere Solidarität mit den protestierenden Frauen in Minsk zeigen. Einen Tag zuvor hatten Frauen in Minsk, trotz Verzweiflung und Angst vor der rohen Gewalt des Staates, Menschenketten gebildet. Der friedliche Protest am helllichten Tag vor aller Augen bildete einen starken Kontrast zu den brutalen Ereignissen der vorherigen Nächte. Schutzlose Frauen in Weiß gegenüber bewaffneten Sicherheitskräften in Schwarz.

Auch am Siegesplatz in Minsk demonstrierten Frauen in Weiß. Diese Protestaktion, nicht weit von meiner Alma Mater, der Staatlichen Linguistischen Universität Minsk, wird mir immer im Gedächtnis bleiben. Junge Frauen, barfüßig und in weißen Kleidern, singen das belarusische Wiegenlied *Kalychanka*, aber in ihrer Version soll das Kind seine Augen nicht schließen, sondern öffnen. Eine Kehrtwende. Mehr und mehr Menschen werden sich den friedlichen Protesten in Belarus anschließen.

Der belarusische Wahlkampf war weiblich, nun sind auch die Proteste weiblich geworden. Spätestens jetzt ist klar, dass es bei den Protesten nicht nur um freie Wahlen und Mitbestimmung geht, sondern auch um grundlegende Freiheiten und Menschenrechte wie das Recht auf Leben.

Genau dies sage ich an diesem Tag bei der Protestaktion, während die europäischen Außenminister beraten, wie mit der politischen Situation in Belarus umzugehen ist: „Die Welt kann die Bilder der Gewalt aus Belarus nicht tolerieren, denn das sind Verbrechen gegen die Menschlichkeit." Am selben Tag wird der Bericht zu unserer Kundgebung und den Ergebnissen der Konferenz des EU-Rats mit meinen O-Tönen in den *Tagesthemen* gesendet. Bevor ich den Beitrag sehe, erhalte ich schon Nachrichten von Kollegen und Freunden und zahlreiche Kommentare von Unbekannten in den sozialen Netzwerken.

In Minsk versammelten sich Hunderttausende auf dem Unabhängigkeitsplatz, mitten im Zentrum. Es herrschte eine Atmosphäre der Freiheit und Euphorie, wie im Sommer von 1989, nur dreißig Jahre später. Doch schon am nächsten Tag ist klar, dass sich nichts geändert hat und uns noch ein langer Weg zur Freiheit bevorsteht. Die Diskussion über Sanktionen gegen belarusische Staatsbeamte, die massive Wahlfälschung und Gewalt gegen friedliche Protestierende zu verantworten haben, wird sich bis zum 2. Oktober hinziehen. Die EU muss eine klare Linie gegenüber dem Regime Lukaschenko finden.

Europas Glaubwürdigkeit steht auf dem Spiel

Obwohl Brüssel die Wahlergebnisse nicht anerkannt und scharfe Kritik an der Eskalation der Menschenrechtslage in Belarus geübt hat, fällt es der EU schwer, überzeugend auf die Gewaltspirale zu reagieren und den Worten Taten folgen zu lassen. Die Brutalität gegen die Protestbewegung nahm weiterhin zu. Fabrikarbeiter, Mediziner, Hochschulpersonal und Studierende wurden massiv unter Druck gesetzt. Die Zahl der Opfer stieg. Lukaschenko wurde die notwendige finanzielle, politische und sogar mediale Unterstützung aus Russland zugesichert.

Die Unfähigkeit der EU, schnell auf den politischen, wirtschaftlichen und humanitären Notstand in Belarus zu reagieren, zeugt vom Mangel einer gemeinsamen europäischen Außenpolitik. Das Einstimmigkeitsprinzip lähmt die EU als außenpolitischen Akteur – gerade in Krisenzeiten, wenn jede Stunde zählt.

Auch die wirtschaftspolitischen Hebelinstrumente der EU in Belarus sind im Gegensatz zu Russland begrenzt. So ist der Energiebedarf von Belarus zu 80 Prozent von Russland abhängig. Die belarusischen Ölraffinerien Naftan und Mazyr machen 20 Prozent des jährlichen BIP aus. 38,2 Prozent der belarusischen Exporte gehen nach Russland; nach Deutschland werden gerade einmal 4,3 Prozent der Waren exportiert.

Die Nichtanerkennung Lukaschenkos nach seiner heimlichen Inauguration am 23. September durch mehrere EU-Mitgliedsstaaten, darunter Deutschland, Polen, die Niederlande, zeigte eine größere Wirkung auf die Situation in Belarus als die lang diskutierten Sanktionen. Sie verschärfte die politische Isolation des Landes und machte Lukaschenko zu einem Paria in der zivilisierten Welt.

Die EU-Sanktionen gegen 40 belarusische Staatsvertreter wurden zunächst mehrere Wochen durch Zypern blockiert. Belarus wurde zu einer Geisel der geopolitischen Interessen der Mittelmeerinsel. Die EU rang um ihre Glaubwürdigkeit und Handlungsfähigkeit. Während die nötige Einstimmigkeit fehlte, kommentierte Josep Borrell: „Ich glaube, dass alle sich über die Notwendigkeit von Sanktionen gegen Belarus einig sind und hoffe, dass sie bei der nächsten Sitzung des Rates für Auswärtige Angelegenheiten verabschiedet werden können. Ich werde alles dafür tun, was in meiner Macht steht. Es ist mir ein persönliches Anliegen, denn ich bin mir dessen bewusst, dass es entscheidend ist für die Glaubwürdigkeit der Europäischen Union und das Schmieden unserer Außenpolitik, einer gemeinsamen Außenpolitik" – starke, beinahe schon persönliche Worte der Anteilnahme eines Brüsseler Bürokraten.

Diese Solidarität gilt auch Swetlana Tichanowskaja, die am 21. September in Brüssel ist und Europa ihr Belarus präsentiert. „Diesen Sommer wurde ein neues Belarus geboren, ein Land, das die Welt noch nie zuvor gesehen hat. Wir haben ein neues Kapitel unserer Geschichte aufgeschlagen", erklärte sie vor dem Auswärtigen Ausschuss im Europäischen Parlament. Sie konnte der EU in ihrer Diskussion über Sanktionen zu keiner raschen Entscheidung verhelfen, aber sie hat Belarus ein neues Gesicht gegeben, das Gesicht eines Landes, „das von der Welt bewundert wird". Das ist die wichtigste Botschaft.

Eine umfassende Strategie für das neue Belarus

Die EU tut sich schwer mit Sanktionen, hat aber eine große wirtschaftliche Anziehungskraft und kann diese strategisch nutzen, um die demokratische Transformation eines neuen Belarus zu fördern.

Darauf geht der Europäische Rat in seiner Belarus-Resolution kurz ein. Neben der Einführung von Sanktionen wird die Europäische Kommission aufgefordert, einen umfassenden Plan für die wirtschaftliche Unterstützung eines demokratischen Belarus auszuarbeiten. Während die Außen- und Sicherheitspolitik der EU ihre Achillesferse bleibt, ist ihre wirtschaftliche Potenz ein wichtiges Instrument, ihre Interessen durchzusetzen und die europäischen Grundwerte zu verteidigen. Das scheint mir der Dreh- und Angelpunkt zu sein.

Die EU könnte eine Strategie wirtschaftlicher und finanzieller Unterstützung für eine demokratische Transformation in Belarus mit konkreten Szenarien und Meilensteinen liefern. Die Vermittlungsrolle bei Institutionen wie dem Internationalen Währungsfonds, der Weltbank oder der Europäischen Bank für Wiederaufbau und Entwicklung wäre von großer Bedeutung.

Polen hat bereits einen „Marshallplan" für Belarus in Höhe von einer Milliarde Euro vorgelegt, der die belarusische Wirtschaft zwar kurzfristig entscheidend stabilisieren könnte, aber nicht ausreichen würde, um den Übergang zu einer funktionierenden Marktwirtschaft in den kommenden Jahren zu gewährleisten. Dafür werden Investitionen und Modernisierungsprogramme in Höhe weiterer Milliarden notwendig sein. Eine umfassende Belarus-Strategie sollte sich aber nicht auf die finanzielle Zusammenarbeit beschränken, sondern auch eine Reihe von Programmen zum Ausbau der kulturellen, zivilgesellschaftlichen und akademischen Beziehungen enthalten. Die Welt hat Belarus mit neuen Augen gesehen. Der Mut der belarusischen Zivilbevölkerung wird in die Geschichtsbücher eingehen. Dieses

Momentum und das neu entdeckte Interesse an Belarus sollten genutzt werden.

Die Krise in Belarus könnte sich in die Länge ziehen. Obwohl ungewiss bleibt, wie die Protestbewegung sich entwickeln wird, zeigt sich bereits, dass es kein Zurück zum *Status quo ante* geben kann. Tichanowskaja ist nicht nur ein Symbol der Protestbewegung und das Bewusstsein einer gedemütigten Nation, sondern sie ist auch ein „Spiegelbild" der Gesellschaft, wie die Philosophin Olga Shparaga es treffend formulierte. Ein Spiegelbild unserer Sehnsüchte, unserer verlorenen Träume und unserer neu gefundenen Hoffnung. Zum ersten Mal seit unserer Unabhängigkeit haben wir die Hoffnung, den Lauf der Geschichte in unserem Land selbst ändern zu können, Belarus als freies und offenes Land zu erleben.

Wird die EU bereit sein, zu ihren Grundwerten zu stehen, nach innen wie nach außen glaubwürdig zu sein und den Übergang zur Demokratie in einem Land zu unterstützen, dessen Bevölkerung nach zwei Jahrzehnten autoritärer Herrschaft den Mut gefunden hat, für Freiheit und Rechtsstaatlichkeit zu kämpfen? Manche mussten dafür mit ihrem Leben bezahlen.

Was in Europa oft als selbstverständlich erachtet wird, müssen sich Tausende von Belarusen auf der Straße erkämpfen: die Freiheit. Die Freiheit, sich auf den Straßen der eigenen Stadt sicher zu fühlen. Die Freiheit, nach einer friedlichen Demonstration nicht in einer Gefängniszelle eingesperrt zu werden. Die Freiheit, sich mit den Nachbarn im Hinterhof eines Plattenbauviertels treffen zu können. Die Freiheit, seinen Beruf selbst zu wählen. Die Freiheit zu streiken. Die Freiheit, das Lied zu singen, das man will. Die Freiheit, am Leben zu sein. Europa darf den belarusischen Ruf nach Freiheit nicht länger ignorieren.

Aus dem Englischen von Irina Bondas

UND DEUTSCHLAND?

Sind die Frauen in Belarus nicht cool genug?

Elke Schmitter

Frauen prägen den Protest in Belarus. Aber wo bleibt unsere Solidarität? Ist dieser Kampf dem westlichen Feminismus nicht cool genug?

Die Nachrichten sind eindeutig: Seit einem Monat gibt es in Belarus eine friedliche Revolution. Sie ist von herzzerreißender Schlichtheit in ihrem Begehr – die gefälschten Wahlen sollen wiederholt, die politischen Gefangenen freigelassen werden. Der Präsident, Alleinherrscher seit über einem Vierteljahrhundert, soll sich zu Gesprächen mit der Zivilgesellschaft bereitfinden.

Arbeiter bestreiken die Fabriken, so wie die Philharmoniker und die Schauspieler die staatlichen Häuser; viele IT-Firmen des Landes – ein wichtiger und für das Regime prestigeträchtiger Wirtschaftszweig – stellen sich gegen Lukaschenko. Immer wieder demonstrieren Zehntausende Menschen in der Hauptstadt Minsk, aber auch an anderen Orten gehen die Bürger auf die Straße.

Sie haken sich unter, viele tragen Weiß und Rot, die Farben der Opposition, und halten Blumen in den Händen. Keine Pflastersteine, keine Waffen, keine Handgranaten. Sie präsentieren selbst gemalte Schilder, und wenn sie damit auf eine der Bänke steigen, wie sie auch in Belarus an den Straßen und auf den Plätzen stehen, dann ziehen sie auch mal die Schuhe aus, um das öffentliche Gut nicht zu beschmutzen. Sie machen Flashmobs, bei denen sie singen. Man hört und sieht nichts von zerbrochenen Scheiben, von Plünderungen, von Zerstörungen – die zu zeigen nur im Interesse des Regimes wäre.

Eine Erhebung mit weiblichem Gesicht

Es ist eine fast beispiellos friedliche und würdige Erhebung. In vielen Szenen erinnert sie an die Sit-ins in den USA zu Zeiten Martin Luther Kings, als sich Studentinnen und Studenten, viele schwarz, manche weiß, in Milchbars und Burger-Restaurants bespucken und zusammenprügeln ließen, um zu demonstrieren: Wir sind Menschen und haben Rechte.

Es gibt eine zweite Besonderheit: Diese friedliche, so disziplinierte wie kreative Erhebung trägt ein weibliches Gesicht. Die Demonstrantinnen tragen Turnschuhe und Make-up, sie tragen Hand- oder Einkaufstaschen, coole Bikerjacken wie praktische Mäntel, sie sind jung oder so alt wie die 73-jährige Nina Baginskaja, schon zu Sowjetzeiten eine Dissidentin, die mit dem Satz „Ich gehe spazieren" die weiß-rot-weiße Fahne der Opposition an den Männern in Uniform vorbeiträgt.

Sie bilden scheinbar spontan, aber von einem gemeinsamen Bewusstsein geleitet, einen menschlichen Schutzraum um demonstrierende Männer. Sie drücken sich aneinander und halten sich fest und sorgen dafür, dass die männlichen Demonstranten schwerer erreichbar sind für die „Sicherheitskräfte".

Die „Sicherheitskräfte" sind uniformierte Soldaten und Polizisten aus Belarus, ausgestattet mit Schutzhelm und Visier, mit Schusswaffen, Schlagstöcken und Schilden aus Plexiglas, die sie vor den Blumen beschützen. Es sind, andererseits, Männer, die, hooligangleich, die Gruppen von Frauen, die ihre unbewaffneten Körper zum Schutz ihrer Mitbürger einsetzen, einkreisen und dann attackieren; sie schlagen sich Schneisen und zerren Einzelne aus dem friedlichen Schutzwall heraus, die dann in einen dunklen Minibus geschleift werden.

Aber auch Frauen nehmen sie mit. Vor einigen Tagen sollen es mehr als 300 gewesen sein. Die oppositionelle Präsidentschaftskandidatin Swetlana Tichanowskaja präsentierte jüngst EU-Außenministern in Brüssel ein Foto, auf dem man einen gequälten Körper mit Blutergüssen und Striemen sieht; im Netz kursieren zahllose Fotos wie diese.

Irgendwas muss fehlen

Es gibt gar keinen Zweifel daran, dass die Bewegung in Belarus wesentlich von Frauen getragen wird. Nicht nur an der Spitze, von den drei Ikonen der Revolution, Swetlana Tichanowskaja, Maria Kolesnikowa und Veronika Zepkalo, die inzwischen im Exil oder im Gefängnis sind. Nicht nur von der Nobelpreisträgerin für Literatur, Swetlana Alexijewitsch, die für westliche Medien inzwischen nicht mehr erreichbar ist. Sondern vor allem auf der Straße.

Es gibt keinen Zweifel daran, dass hier Frauen aus allen Bildungsschichten, Frauen jeden Alters ihre Sicherheit, ihren Komfort, ihre Karriere und ihre Unversehrtheit gefährden – und auch verlieren – für all das, was der Westen predigt: Selbstbestimmung, Freiheit, Gerechtigkeit. Oder, bescheidener ausgedrückt: ein Leben in einem Land, in dem Wahlen nicht gefälscht, Gefangene nicht gefoltert, Menschen nicht terrorisiert werden.

Aber irgendwas machen sie falsch. Irgendetwas muss fehlen. Denn sie bleiben merkwürdig allein mit ihrem Protest. Kein großer Hashtag für die *women of belarus*, keine spektakulären Aktionen vor den belarusischen Botschaftsgebäuden in den demokratischen Staaten Europas. Kein Feuer der Begeisterung, keine Hitze im sonst so erregungsbereiten Diskurs.

Keine solidarischen Nachahmungsaktionen, wie sie die blankbusigen „Femen" initiierten, kein bewunderndes Echo, wie die russischen Pussy-Riot-Aktionistinnen es empfangen haben. Keine lautstarke Unterstützung feministischer Akademikerinnen, die mit so viel Geduld und Energie jedes glatte oder politisch bewusst krause Haar zu spalten bereit sind, wenn es um Gendersternchen, pink gefärbten Achselbewuchs oder gefühlte Diskriminierung geht. Keine Zadie Smith, keine Chimamanda Ngozi Adichie, keine Judith Butler, keine Beyoncé, die ein Wort zu den *Sisters, Ladies & Bitches* verlauten ließe, die in Minsk mit ungeheurem Mut protestieren. Susan Sontag, die vermutlich hingereist wäre, um diesen Frauen Beistand zu leisten, lebt nicht mehr.

Wir haben Parkett unter den Füßen,
und sie nicht einmal festen Boden

Und im reichen, satten Deutschland findet sich keine prominente Feministin, um ein solidarisches Wort einzulegen oder wenigstens eine Spendenaktion zu beginnen. Aber auch keine Stimme aus dem Osten der Republik lässt sich hören mit dem, was vor gut dreißig Jahren in Deutschland geholfen hat, dem Rad der Geschichte mal in die Speichen zu greifen: Solidarität, Öffentlichkeit und Ermutigung. Wenn sich auch realpolitisch nichts ausrichten lässt: moralischer Druck könnte helfen. Und seelisch aufrichten könnte die Erfahrung, dass die Wohlbestallten und Unversehrten in der demokratischen Welt nicht gleichgültig sind.

Dass Lukaschenko von Frauen spricht wie der böse Opa im germanischen Albtraum (sie mögen kochen und hübsch aussehen und den wichtigen Kram den Männern überlassen) – genügt das nicht für feministischen Beistand? Ein sexistisches und brutales Patriarchat, triggert das nicht genug? Oder ist der Osten, wieder mal, nicht cool genug? Müssen es krasse *Performances* sein, die möglichst ironisch zitieren, was immer funktioniert (nackte Brüste, Punk, junge Protagonistinnen)? Könnte es sein, dass der westliche Feminismus, längst in den Chefetagen der Macht unterwegs, um für Quotierung der Aufsichtsräte zu sorgen, oder mit diskursiven Petitessen beschäftigt, das Politische nicht mehr sieht, wenn es sich so einfach darbietet wie hier?

Die Frauen in Belarus kämpfen für das Fundament, auf dem wir längst stehen. Wir haben Parkett unter den Füßen, und sie nicht einmal festen Boden. Nicht ohne Selbstgefälligkeit wurde Belarus bis vor einigen Wochen noch „die letzte Diktatur Europas" genannt. Nun bringen Frauen sie ins Wanken. Und bleiben allein damit. Der Slogan *I am a feminist*, im demokratischen Westen so überaus beliebt und bereichernd für das kulturelle Kapital, bekommt gerade einen zynischen Touch.

Zuerst erschienen in DER SPIEGEL, 23. 09. 2020

DIE WAHLEN, DER AUFSTAND – EINE CHRONIK

Mai 2020

+++ 06.05. +++ Der belarusische Blogger Sergej Tichanowski wird in der Nähe von Mahilioŭ festgenommen. +++ 15.05. +++ Die Zentrale Wahlkommission lehnt für eine Reihe von Kandidat*innen die Registrierung von Initiativgruppen zur Nominierung eines Präsidentschaftskandidaten ab. Darunter Sergej Tichanowski, sowie der ehemalige Präsidentschaftskandidat Mikalaj Statkievič, der nach den Wahlen 2010 verhaftet worden war. Tichanowskis Ehefrau Swetlana Tichanowskaja entschließt sich, eine eigene Initiativgruppe registrieren zu lassen, was ihr gelingt. +++ 20.05. +++ Fünfzehn Initiativgruppen für eine Nominierung von Präsidentschaftskandidat*innen werden registriert, darunter für den ehemaligen Direktor der *Belgazprombank*, Viktor Babariko, und den ehemaligen Direktor des *Hi-Tech Parks*, Valeri Zepkalo. +++ 25.05. +++ Im Vergleich zu den Wahlen von 2015 hat sich Menschenrechtlern zufolge der Anteil von Oppositionellen in den Wahlkommissionen im Land auf ein Fünfzehntel verringert. +++ 29.05. +++ Der Blogger Sergej Tichanowski wird während einer Wahlveranstaltung in Hrodna zum zweiten Mal festgenommen. +++ 31.05. +++ Berichte über lange Schlangen von Menschen in Minsk und Hrodna, die für alternative Präsidentschaftskandidat*innen unterschreiben möchten. Rund 2.000 Menschen nehmen in Minsk an einer spontanen Kundgebung mit der Forderung nach einem Rücktritt von Lukaschenko teil.

Juni 2020

+++ 01.06. +++ Menschenrechtler verzeichnen landesweit zahlreiche Festnahmen von Unterschriftensammlern. Allein vom 6. bis 31. Mai seien 195 Personen festgenommen worden, die an Protesten teilnahmen oder sie beobachteten. +++ Viktor Babariko reicht bei der Zentralen Wahlkommission eine Beschwerde gegen Präsident Alexander Lukaschenko wegen Verstoßes gegen das Wahlgesetz ein. +++ 03.06. +++ Bei der dritten Durchsuchung im Haus des Bloggers Sergej Tichanowski wurden laut staatlichen Medien 900.000 US-Dollar hinter einem Sofa gefunden. +++ Lukaschenko entlässt die Regierung. +++ 04.06. +++

Raman Haloŭčanka wird zum neuen belarusischen Ministerpräsidenten ernannt. Zuvor war er Vorsitzender des Militärisch-industriellen Staatskomitees. +++ Lukaschenko äußert sich über potenzielle Präsidentschaftskandidat*innen: „Sie werden das Land nicht bekommen." „Wir werden dieses Land keinem übergeben", sagt er. +++ 11.06. +++ Die *Belgazprombank* wird durchsucht. Viktor Babariko, ehemaliger Direktor der Bank und potenzieller Präsidentschaftskandidat, erklärt, seitens des Staates werde so Druck auf ihn ausübt. +++ 12.06. +++ *Gazprombank* und *Gazprom* erklären die Ernennung einer neuen Geschäftsführung der *Belgazprombank* für rechtswidrig. +++ 14.06. +++ Babariko bezeichnet das Vorgehen als „feindliche Übernahme durch den Staat". +++ 16.06. +++ Swetlana Tichanowskaja berichtet über anonyme Drohungen in Bezug auf ihre Kinder. +++ 18.06. +++ Viktor Babariko und sein Sohn Eduard Babariko, aus der Leitung der Initiativgruppe für seinen Vater, werden in die Finanzermittlungsabteilung des staatlichen Kontrollausschusses verbracht. Das Haus der Familie wird durchsucht. +++ In Minsk findet eine sechsstündige Solidaritätskundgebung für die verhafteten Aktivist*innen und Mitglieder von Initiativgruppen statt. Mehrere Tausend nehmen teil. +++ 19.06. +++ In mehreren belarusischen Städten (u.a. in Minsk, Homieĺ, Hrodna, Brest, Mahilioŭ, Vorša, Pinsk) finden Solidaritätsaktionen für die verhafteten Aktivist*innen, Presseleute und Politiker*innen statt. Rund 90 Menschen werden verhaftet. +++ Der Vorsitzende der katholischen Bischofskonferenz von Belarus, Erzbischof Tadevuš Kandrusievič, spricht in der Domkirche von Minsk über die Präsidentschaftswahlen und fordert die Lösung aller politischen Probleme durch Dialog und im Geiste des gegenseitigen Respekts. +++ 20.06. +++ Viktor Babariko, sowie sein Sohn Eduard Babariko werden angeklagt: Der Vater wird u.a. der „illegalen Aktivitäten" und der Sohn der Steuerhinterziehung beschuldigt. +++ 20.–21.06. +++ In mehreren Städten im Land finden erneut Solidaritätsaktionen statt. Wieder werden Menschen festgenommen. +++ 22.06. +++ Lukaschenko trifft sich mit Aktivisten in Brest, die über zweieinhalb Jahre gegen den Start einer gesundheitsgefährdenden Batterie-Fabrik protestiert haben. Für die Zeit nach den Wahlen verspricht er ein lokales Referendum zu der Frage. +++ 24.06. +++ Lukaschenko und seine drei Söhne nehmen an einer Militärparade in Moskau teil. Aufgrund der angespannten Lage angesichts der Ausbreitung von

Covid-19 war die Parade vom 9. Mai (dem Tag des Sieges über das nationalsozialistische Deutschland) verschoben worden. +++ Nach Angaben von Menschenrechtlern wurden innerhalb von vier Tagen bis zum 21. Juni über 360 Personen in 19 Städten festgenommen.

Juli 2020

+++ 08.07. +++ Maria Kolesnikowa, Leiterin des Wahlkampfstabs von Viktor Babariko, verkündet die Gründung einer politischen Partei durch das Team. +++ 14.07. +++ Viktor Babariko und Valeri Zepkalo werden von der Zentralen Wahlkommission nicht als Präsidentschaftskandidaten registriert. Fünf Personen werden registriert: Swetlana Tichanowskaja, Hanna Kanapackaja, Andrej Dzmitryjeŭ, Siarhiej Čeračeń und Alexander Lukaschenko. +++ Der Stab von Viktor Babariko fordert die Wähler*innen auf, bei der Zentralen Wahlkommission Beschwerden gegen seine Nichtregistrierung einzureichen. +++ 14.–15.07. +++ In Minsk und anderen Regionen des Landes werden mindestens 420 Menschen festgenommen, die gegen die Verweigerung der Registrierung von Viktor Babariko und Valeri Zepkalo demonstrieren. +++ 15.07. +++ Massenhaft Beschwerden bei der Zentralen Wahlkommission gegen die Nichtregistrierung von Babariko und Zepkalo. Vor dem Gebäude der Wahlkommission in Minsk bildet sich eine mehrere Kilometer lange Schlange. Es kommt zu Festnahmen. +++ Lukaschenko sagt wieder, er werde „das Land niemandem hergeben". +++ 17.07. +++ Die Wahlstäbe von Babariko (vertreten durch die Stabsleiterin Maria Kolesnikowa), Valeri Zepkalo (vertreten durch Veronika Zepkalo) und Swetlana Tichanowskaja kündigen vor der Presse gemeinsam ein Zusammengehen an. Gemeinsame Forderungen für das Wahlprogramm: die Freilassung von politischen Gefangenen und die Initiierung neuer und freier Wahlen im Falle eines Sieges von Tichanowskaja. Die Belarus*innen werden aufgefordert, nur am Hauptwahltag (9. August) wählen zu gehen, um Wahlfälschungen zu verhindern, und sich aktiv an der Wahlbeobachtung zu beteiligen. +++ 19.07. +++ Tichanowskaja, Kolesnikowa und Zepkalo halten die erste Wahlkundgebung in Dziaržynsk ab. Mehrere hundert Menschen nehmen teil (Bevölkerung im Ort: über 200.000 Menschen). +++ Die drei Frauen veranstalten eine Wahlkundgebung in Minsk. Daran nehmen ca. 10.000 Menschen teil (Bevölkerung in Minsk: ca. 2 Millionen). +++ 20.07. +++ Tichanowskaja erklärt, dass sich ihre zwei Kinder im Ausland befinden, um sie vor Repressionen zu schützen. +++ Veronika Zepkalo zeigt sich zuversichtlich, dass die Beamten des Innenministeriums „nicht das Feuer auf ihre Leute eröffnen können". +++ 21.07. +++ Die öffentliche Kampagne BY_Help bringt mehr als 150.000 US-Dollar zusammen. Die Kampagne zahlt die Geldstrafen, die die Teilnehmenden an friedlichen Kundgebungen in Belarus seit dem Frühjahr erhalten haben. +++ 23.07. +++ Lukaschenko weist Außenminister Makiej an, in Belarus akkreditierte ausländische Medien „aus dem Land zu schicken", „wenn sie die Gesetze nicht einhalten und Menschen zu Majdans einladen". +++ 24.07. +++ Tichanowskaja, Kolesnikowa und Zepkalo halten eine Wahlkundgebung in Hlubokaje ab mit rund 1000 Menschen (Bevölkerung am Ort: ca. 18.000 Menschen). +++ Wahlkundgebung auch in Viciebsk. Daran nehmen etwa 8000 Menschen teil (Bevölkerung am Ort: ca. 360.000 Menschen). +++ Valeri Zepkalo, nicht zugelassener Präsidentschaftskandidat und Mann von Veronika Zepkalo, verlässt Belarus mit ihren Kindern, nachdem er nach eigener Aussage Hinweise von Freunden im Innenministerium und im KGB über seine mögliche Verhaftung erhalten hat. Veronika Zepkalo bleibt in Belarus. +++ 25.07. +++ Tichanowskaja, Kolesnikowa und Zepkalo führen eine Wahlkundgebung in Vorša durch. Daran nehmen mindestens 3000 Menschen teil (Bevölkerung fast 116.000 Menschen). +++ 26.07. +++ Tichanowskaja, Kolesnikowa und Zepkalo führen eine Wahlkundgebung in Žlobin durch. Mehrere tausend Teilnehmer*innen (Bevölkerung ca. 76.000 Menschen). +++ Wahlkundgebungen auch in Rečyca, daran nehmen mindestens 2000 Menschen teil (Bevölkerung ca. 64.000 Menschen), und in Homieĺ, hier ca. 10.000 Menschen (Bevölkerung ca. 508.000 Menschen). +++ 27.07. +++ Im Falle eines Sieges verspricht die Kandidatin Swetlana Tichanowskaja in ihrem Wahlprogramm, innerhalb von sechs Monaten Neuwahlen abzuhalten und diese mit einem Referendum über die Rückkehr zur Verfassung von 1994 zu verbinden. +++ 28.07. +++ Lukaschenko trifft Spezialeinheiten des Innenministeriums. Von dieser Militäreinheit werden Übungen abgehalten, um Straßenproteste zu zerschlagen. +++ 29.07. +++ Lukaschenko beruft eine Dringlichkeitssitzung des Sicherheitsrates ein. Am gleichen Tag waren in der Nähe von Minsk 33 mutmaßliche Angehörige der russischen privaten Militärfirma „Wagner" festgenommen worden. +++ 30.07. +++ Der Staatssekretär des belarusischen Sicherheitsrates, Andrej Raŭkoŭ, berichtet, in Belarus befänden sich bis zu zweihundert Kämpfer. +++ Der Sprecher des russischen Präsidenten, Dmitri Peskow, erklärt, man habe keine vollständigen Informationen im Zusammenhang mit der Inhaftierung von russischen Söldnern in Belarus und erwarte, dass die Situation geklärt werde. +++ Tichanowskaja, Kolesnikowa und Zepkalo veranstalten eine zweite Wahlkundgebung in Minsk. Daran nehmen zwischen 60.000 und 70.000 Menschen teil. Es ist die größte Wahlkundgebung in der belarusischen Geschichte.

August 2020

+++ 01.08. +++ Tichanowskaja, Kolesnikowa und Zepkalo führen eine Wahlkundgebung in Hrodna durch, mit 7.000 bis 10.000 Menschen (Bevölkerung ca. 360.000 Menschen). +++ 02.08. +++ Tichanowskaja, Kolesnikowa und Zepkalo führen eine Wahlkundgebung in Baranavičy durch, mit über 7.000 Teilnehmer*innen (Bevölkerung ca. 180.000 Menschen). +++ Wahlkundgebung der drei auch in Brest. Daran nehmen über 18.000 Menschen teil. +++ 01.–02.08. +++ Tichanowskaja, Kolesnikowa und Zepkalo veranstalten Wahlkundgebungen in Hrodna, Baranavičy und Brest, zu denen Tausende kommen. +++ 03.08. +++ Das russische Außenministerium fordert gegenüber dem belarusischen Botschafter eine baldige Freilassung der russischen Staatsbürger, die am 29.07. festgenommen wurden. +++ Der belarusische Innenminister Karajeŭ sagt vor Beschäftigten der Innenbehörden und Angehörigen der Truppen des Innenministeriums, die Präsidentschaftswahlen würden zu einer ernsten Prüfung für des gesamte System der Strafverfolgungsbehörden. +++ 04.08. +++ Das Wahlprogramm von Swetlana Tichanowskaja wird in zentralen staatlichen Zeitungen veröffentlicht. +++ Lukaschenko hält seine jährliche Rede an das belarusische Volk und die Nationalversammlung: Russland werde immer der engste Verbündete von Belarus bleiben, obwohl die „brüderlichen Beziehungen" von „partnerschaftlichen" abgelöst worden seien; der Appell [von Tichanowskaja], Änderungen durch eine Rückkehr zur Verfassung von 1994 vorzunehmen, sei ein Geschenk an die kriminelle Wirtschaft und werde zu Anarchie führen. +++ 04.–08.08. +++ Vorzeitige Stimmabgabe für die Präsidentschaftswahlen. Unabhängige Wahlbeobachter*innen werden massenhaft daran gehindert, in den Wahllokalen aktiv zu werden; es kommt zu Festnahmen. +++ 06.08. +++ Eine große Wahlkundgebung von Swetlana Tichanowskaja in Minsk wird abgesagt. In dem Park, in dem die Kundgebung geplant war, führt das Verteidigungsministerium Feiern zum Tag der Eisenbahntruppen durch. +++ 07.08. +++ Putin und Lukaschenko erörtern die Situation im Zusammenhang mit der Inhaftierung von 33 Kämpfern aus Russland. Die Sache solle im Geiste gegenseitigen Verständnisses geregelt werden, erklärt der Pressedienst des Kremls. +++ Die Außenminister Frankreichs, Deutschlands und Polens fordern die belarusischen Behörden auf, keine Gewalt anzuwenden. +++ In den ersten drei Tagen der vorzeitigen Stimmangabe verzeichnen Beobachter einer Bürgerinitiative über 5.000 Verstöße gegen das Wahlgesetz. +++ 08.08. +++ Tichanowskaja bittet die Menschen, abends am Wahltag zu den Wahllokalen zu gehen und gemeinsam auf die Ergebnisse zu warten. Mitglieder der Wahlkommissionen bittet sie, die Wahlen nicht zu fälschen, die Polizei, keinen illegalen Befehlen zu gehorchen. +++ 09.08. +++ Der Tag der Präsidentschaftswahlen. Wahlbeobachter*innen werden in großer Zahl nicht in die Wahllokale gelassen oder bei der Beobachtung behindert; viele werden festgenommen. +++ Lange Warteschlangen vor den Wahllokalen in Belarus und vor den belarusischen Botschaften im Ausland. Nicht alle Wähler*innen schaffen es, ihre Stimme abzugeben. +++ Veronika Zepkalo verlässt Belarus und fährt nach Moskau, wo sich ihr Mann Valeri Zepkalo mit den gemeinsamen Kindern seit einiger Zeit aufhält. +++ Pro-staatliche *Exit Polls* liefern erste Ergebnisse: 79,9 Prozent für Lukaschenko, 6,8 Prozent für Tichanowskaja. Befragungen nach der Wahl im Ausland ergeben 79,7 Prozent für Tichanowskaja und 6,2 Prozent für Lukaschenko. +++ Im ganzen Land versammeln sich Menschen vor den Wahllokalen und warten auf die Protokolle mit den Ergebnissen. +++ Mehrere Wahlkommissionen hängen Ergebnisprotokolle aus, die einen Sieg von Tichanowskaja bestätigen. +++ Tausende gehen abends landesweit zu friedlichen Protesten auf die Straße, zu denen u.a. der Telegramkanal *Nexta* aufgerufen hat. Vor allem in Minsk geht die Polizei gegen Protestierende vor. Zum ersten Mal in der belarusischen Geschichte werden Blendgranaten und Gummigeschosse eingesetzt. Berichte über zahlreiche Verletzungen und Festnahmen. +++ 09.–11.08. +++ Berichte über Störung und Blockade sozialer Netzwerke, wie Youtube, Telegram, Viber, Twitter, VPS-Services sowie mehrerer unabhängiger Medienportale. +++ 10.08. +++ Die Zentrale Wahlkommission liefert vorläufige Wahlergebnisse: 80,08 Prozent für Lukaschenko, 10,09 Prozent für Tichanowskaja, 1,68 Prozent für Kanapackaja, 1,21 Prozent für Dzmitryjeŭ, 1,15 Prozent für Čeračeń, 4,6 Prozent Enthaltungen. +++ Russlands Präsident Putin gratuliert Lukaschenko zum Wahlsieg. +++ Tichanowskaja erkennt das Wahlergebnis nicht an und spricht von der Notwendigkeit einer friedlichen Machtübergabe. Maria Kolesnikowa schlägt den belarusischen Behörden einen Dialog vor, um das Blutvergießen zu stoppen. +++ Das belarusische Innenministerium berichtet von über 3.000 Festnahmen bei Protesten. +++ Kolesnikowa sagt, das vereinte Hauptquartier sei für lange Proteste gerüstet und ruft die Belarus*innen auf, nicht zu schweigen, wenn ihre Stimmen gestohlen wurden. +++ Soziale Netzwerke in Belarus berichten von mindestens 85 Wahllokalen, in denen Tichanowskaja die Wahlen gewonnen hat. +++ Belarusische Telegramkanäle melden, dass Arbeiter*innen des belarusischen Metall-Konzerns (BMZ) aus politischen Gründen streiken. +++ Berichte über eine große Zahl von Polizisten und nicht uniformierten bewaffneten Einheiten auf den Straßen in vielen belarusischen Städten. Tausende Menschen protestieren erneut landesweit; viele Festnahmen, auch von Presseleuten und Passant*innen, viele Menschen werden geschlagen. +++ Lukaschenko behauptet, die Protestaktionen in Belarus würden vom Ausland aus kontrolliert. +++ Tichanowskaja reicht bei der Zentralen Wahlkommission Beschwerde wegen Verstößen während der Wahlen ein, wo sie rund drei Stunden lang mit „offiziellen Vertretern" spricht. +++ 11.08. +++ Tichanowskaja wird von staatlichen Vertretern nach Litauen gebracht. Es werden zwei Videos verbreitet, in denen sie, offensichtlich unter Druck, sagt, sie habe sich selbst zur Ausreise entschieden. Sie bittet die Belarus*innen darum, sich von Protesten fernzuhalten, um Menschenleben zu retten. Beobachter und Tichanowskajas Wahlkampfteam sprechen von Druck seitens der Sicherheitsbehörden. +++ Das Hauptquartier Tichanowskajas schlägt den Behörden vor, einen Dialog über die friedliche Machtübergabe aufzunehmen. +++ Berichte auf Telegram über einen Streik in den Elektrotechnischen Werken in Minsk +++ Anhaltende Polizeigewalt und brutale Festnahmen. Menschen werden in ihren Autos und in Innenhöfen von der Polizei verfolgt. Es wird über landesweit überfüllte Gefängnisse berichtet. +++ 12.08. +++ Die Internet-Blockade in Belarus wird aufgehoben. +++ Frauenaktionen in Minsk gegen Staatsgewalt: Die Frauen bilden Protest-Ketten, sind in Weiß gekleidet, viele tragen Blumen. Menschen in Minsk und anderen Städten schließen sich diesen spontanen Aktionen an. +++ Der belarusische Journalistenverband fordert die Behörden auf, die Angriffe auf Medienleute und deren Inhaftierung zu stoppen. +++ Mehrere Angestellte des staatlichen Fernsehens kündigen; ehemalige Soldaten und Polizisten der Sonderkräfte ziehen aus Protest ihre Uniformen aus. +++ Das belarusische Innenministerium berichtet von über ca. 1.000 Verhaftungen in der Nacht zum 12. August. +++ Lukaschenko behauptet, unter den Demonstrant*innen seien vor allem Menschen mit krimineller Vergangenheit sowie Arbeitslose. +++ In Minsk findet am Ort des Todes eines Demonstranten, der von der Polizei oder der Armee erschossen wurde, eine spontane Gedenkaktion statt. +++ 13.08. +++ Die friedlichen Frauenproteste werden landesweit fortgesetzt. +++ Das belarusische Innenministerium berichtet von ca. 700 Verhaftungen in der Nacht zum 13. August. +++ Spontane Kundgebung beim staatlichen Fahrzeughersteller BelAZ in Žodzina. Hauptforderungen sind: Gewalt gegen friedliche Demonstrant*innen stoppen und Durchführung fairer Wahlen. Ähnliche Kundgebungen in anderen staatlichen Unternehmen (auch bei „MAZ"). Tausende Arbeiter*innen von „Hrodna Azot" unterzeichnen eine Erklärung, dass sie mit den Wahlergebnissen nicht einverstanden sind. +++ Das Janka-Kupala-Theater in Minsk will Aufführungen stoppen und einen Streik beginnen. +++ In Hrodna treffen mehrere hundert Beschäftigte der staatlichen „Chimvalakno" mit der Werksleitung und Vertretern der Stadt zusammen. Ähnliches Treffen in Žodzina bei „BelAZ". +++ In der Nacht auf den 14. August werden 6.000 bis 7.000 erste Verhaftete freigelassen. Viele berichten über Folter, überfüllte Zellen, Hunger und Durst; viele werden mit schwersten Verletzungen in die örtlichen Krankenhäuser eingeliefert. +++ 14.08. +++ Maria Kolesnikowa fordert die kommunalen Behörden auf, Versammlungen zu organisieren, um Bürger*innen die Möglichkeit zu geben, sich zur Lage zu äußern. +++ Landesweit Solidaritätsaktionen gegen staatliche Gewalt, Tausende nehmen teil +++ Arbeiter*innen vieler Unternehmen planen Streiks und veranstalten Kundgebungen gegen die Wahlfälschung und gegen die Gewalt seitens der Sicherheitskräfte, u.a. bei BMZ, Belaruskali, Hrodnaprambud, Naftan, Polymir, MTZ, MMZ, MZKT, Minsk Metro, Integral, Belmedpreparaty, Keramin, Hrodna Azot, Chimvalakno. +++ In mehreren Städten treffen sich Beschäftigte und Bürger*innen mit der

Stadtregierung. In Minsk protestieren Arbeiter*innen vor dem Regierungsgebäude. +++ Die Zentrale Wahlkommission gibt das endgültige Wahlergebnis bekannt: 80,1 Prozent für Lukaschenko, 10,1 Prozent für Tichanowskaja, minimale Prozentanteile für andere Kandidaten. +++ Tichanowskaja kündigt die Gründung eines Koordinierungsrates an, um die Machtübergabe in Belarus sicherzustellen. +++ 15.08. +++ Der Metropolit von Minsk-Mahilioŭ, Erzbischof Tadevuš Kandrusievič sagt, dass Blutvergießen in Belarus sei eine schwere Sünde derjenigen, die die Befehle dazu erteilen. +++ Lukaschenko trifft sich mit Sicherheitskräften und sagt: „Das Land werden wir nicht hergeben." +++ Hunderte versammeln sich vor dem Gebäude des Staatlichen TV- und Radiosenders und skandieren: „Wahrheit!". Sie kündigen einen Streik ab 17. August an. +++ 16.08. +++ In Minsk Kundgebung von mehreren Tausenden Unterstützern Lukaschenkos. Mehrere Busse brachten Mitarbeiter*innen staatlicher Einrichtungen aus anderen Städten dafür nach Minsk. Lukaschenko tritt auf, vergleicht die Protestierenden mit Ratten und behauptet erneut, sie würden aus dem Ausland finanziert. +++ In Minsk und landesweit finden die größten Proteste in der belarusischen Geschichte statt („Marsch für die Freiheit"); über 200.000 Menschen nehmen allein in Minsk teil (zehn Prozent der Bevölkerung), landesweit wird die Zahl auf mehrere Hunderttausend geschätzt. +++ 17.08. +++ Arbeiter*innen aus Minsker Fabriken kommen, um Streikende zu unterstützen. Beschäftigte von Belaruskali (Salihorsk), BelAZ (Žodzina) berichten über einen Streik. +++ Lukaschenko trifft in Minsk auf Beschäftigte des staatlichen Werks MZKT. Sie skandieren: „Hau ab!" +++ Mehr als 700 Menschen melden sich beim Untersuchungsausschuss mit Aussagen über Schläge und Folter durch Sicherheitsbeamte. +++ Der Generaldirektor des Janka-Kupala-Theaters, Paviel Latuška, wird entlassen. +++ 17.08. +++ Zahlreiche Sport-Vertreter*innen fordern, die Wahlen für ungültig zu erklären. +++ Gründung eines nationalen Streikkomitees zur Unterstützung der Streikenden – auf Konten eines Solidaritätsfonds wurde bereits rund 1 Mio. US-Dollar überwiesen. +++ Die Behörden von Hrodna berichten von der Schaffung eines öffentlichen Rates, zu dem auch Stimmen der Zivilgesellschaft gehören sollen. +++ 19.08. +++ Bergarbeiter von Belkali veranstalten eine Kundgebung im Zentrum von Salihorsk. Berichte über Druck auf Streikende landesweit. +++ Medien berichten über einen dritten während oder nach den Protesten gestorbenen Demonstranten. +++ Viele Presseleute des staatlichen Fernsehsenders ONT kündigen wegen der Zensur. +++ Der Koordinierungsrat hält seine erste Sitzung ab. Ins Präsidium werden u. a. gewählt: die Nobelpreisträgerin Swetlana Alexijewitsch, Maxim Znak, der Vertraute von Tichanowskaja, Lilija Ulasava, Siarhiej Dylieŭski, Volha Kavalkova, vom Hauptquartier Babarikos, Maria Kolesnikowa, der Ex-Kulturminister Paviel Latuška. +++ Mehrere tausend Protestierende sammeln sich wieder vor dem Regierungsgebäude in Minsk. +++ 20. 08. +++ Gegen den Koordinierungsrat wird ein Strafverfahren eingeleitet. Grund: Aufruf zu Maßnahmen gegen die nationale Sicherheit der Republik Belarus. +++ Frauenaktion in Minsk mit mehreren hundert Teilnehmerinnen. +++ 21.08. +++ Mehr als dreitausend Beschäftigte der staatlichen Fabrik „Naftan" schließen sich den Forderungen nach Rücktritt von Lukaschenko, nach Freilassung aller politischen Gefangenen, nach einem Ende der Gewalt und nach fairen Wahlen an und drohen mit Streik bei Nichterfüllung. +++ Lukaschenko kündigt an, Journalist*innen aus Russland würden für belarusische Medien arbeiten, nachdem mehrere örtliche Journalist*innen gekündigt haben. +++ 22.08. +++ Lukaschenko erklärt, wegen der „aktuellen Situation an den Westgrenzen" habe er für Einheiten der Streitkräfte volle Kampfbereitschaft angeordnet. +++ Lukaschenko fordert Vertreter der verschiedenen Konfessionen auf, sich nicht in die Politik einzumischen. +++ Verteidigungsminister Viktar Chrenin droht, die Armee gegen Demonstranten einzusetzen. +++ 23.08. +++ Der 2. Protestmarsch nach den Wahlen in Minsk („Marsch des neuen Belarus") mit 150.000 bis 250.000 Menschen. Auch landesweit protestieren wieder Tausende. +++ Lukaschenko tritt vor dem Präsidentenpalast mit einer Kalaschnikow in der Hand vor die Öffentlichkeit. +++ 24.08. +++ In Minsk wieder Proteste vor dem Regierungsgebäude. +++ Menschenrechtsorganisationen fordern vom UN-Sonderberichterstatter für Folter ein Eingreifen wegen des gewaltsamen Vorgehens gegen friedliche Demonstrant*innen in den ersten Augusttagen. Mindestens 450 Fälle von Folter seien bisher bekannt, ohne dass dazu bisher Strafverfahren eingeleitet worden seien. +++ 25.08. +++ In Minsk Solidaritätsaktion von Mitgliedern der Akademie der Wissenschaften. +++ Die Mitglieder des Präsidiums des Koordinierungsrates, Siarhiej Dylieŭski und Volha Kavalkova, werden jeweils zu 10 Tagen Haft verurteilt. +++ Erneute Protestkundgebung vor dem Regierungsgebäude in Minsk. +++ 26.08. +++ Der Koordinierungsrat ruft Belarus*innen auf, Mitglied im Rat zu werden. +++ Eine Protestkundgebung vor dem Regierungsgebäude in Minsk wird von der Polizei aufgelöst. Rund 100 Menschen werden von der Polizei in der Roten Kirche eingesperrt, später wieder freigelassen. +++ 27.08. +++ Lukaschenko sagt, er sei zu einem Dialog über eine Verfassungsreform bereit. +++ Mehr als zwanzig Journalist*innen werden in Minsk festgenommen. +++ Etwa tausend Menschen nehmen an einer Prozession von Gläubigen vom Freiheitsplatz zur Roten Kirche in Minsk teil, 260 werden festgenommen. +++ 28.08. +++ Solidaritätsketten in Minsk, mehrere Teilnehmer*innen werden festgenommen. +++ 29.08. +++ Ein erster Samstagsfrauenmarsch in Minsk mit rund 10.000 Teilnehmerinnen. +++ Vielen, die in Belarus für ausländische Medien arbeiten, wird die Akkreditierung entzogen. +++ 30.08. +++ Der 3. Protestmarsch in Minsk („Marsch des Friedens und der Unabhängigkeit") mit über 100.000 Teilnehmer*innen. Landesweit weitere Protestkundgebungen. (Es ist der Geburtstag von Lukaschenko.) Etwa 170 Festnahmen. +++ 31.08. +++ Erzbischof Tadevuš Kandrusievič von der römisch-katholischen Kirche in Belarus wird nach einer Reise nach Polen nicht wieder ins Land gelassen, obwohl er die belarusische Staatsbürgerschaft hat. Nach den Wahlen hatte der Erzbischof zum „konstruktiven Dialog mit der Gesellschaft" aufgerufen. +++ Der Koordinierungsrat fordert von den Behörden, den Druck auf seine Mitglieder einzustellen. +++ Das Hauptquartier von Viktor Babariko kündigt die Gründung einer Partei mit Namen „Gemeinsam" an.

September 2020

+++ 01.09. +++ Studentenmarsch in Minsk mit über tausend Beteiligten, mehrere werden festgenommen. +++ Solidaritätskundgebung am Eingang des Minsker Traktorenwerks für Streikende. +++ Vor der Roten Kirche im Zentrum von Minsk versammeln sich mehrere hundert Protestierende. Die katholische Kirche erklärt, sie werde von den belarusischen Behörden verfolgt. +++ 02.09. +++ Das Mitglied des Präsidiums des Koordinierungsrates Paviel Latuška hat Belarus verlassen und befindet sich in Polen. +++ In Minsk schlägt der Vorsitzende des Ausschusses für internationale Angelegenheiten, Andrej Savinych, einen Verhandlungsprozess zur politischen Situation in Belarus im Parlament vor. +++

02.09. +++ Der Koordinierungsrat hat versucht, den russischen Botschafter in Belarus, Dmitri Mesenzew, zu kontaktieren, jedoch keine Antwort erhalten, sagt Maria Kolesnikowa. +++ 03.09. +++ Gegen Lilija Ulasava, führendes Mitglied des Koordinierungsrates, wird ein Strafverfahren wegen Steuerhinterziehung eingeleitet. +++ 05.09. +++ Vier Manager der IT-Firma *PandaDoc* werden in Minsk festgenommen. Der Vorwurf: Diebstahl in großem Umfang. Das Unternehmen sagt, das sei eine Reaktion auf die Initiative von PandaDoc, mit der Sicherheitskräften, die ihren Dienst quittiert haben, finanziell geholfen werden sollte. +++ In Minsk werden protestierende Student*innen vor und in ihren Universitäten von der Polizei festgenommen. +++ Volha Kavalkova, Mitglied des Präsidiums des Koordinierungsrates, wird von KGB-Beamten nach Polen gebracht. +++ Der 2. Samstagsfrauenmarsch in Minsk. Wieder beteiligen sich rund 10.000 Menschen. Mindestens 91 von ihnen werden nach offiziellen Angaben festgenommen. +++ 06.09. +++ In Minsk findet der 4. Protestmarsch nach den Präsidentschaftswahlen statt, („Marsch der Einheit"), es nehmen 170.000 bis 200.000 Menschen teil. Auch in den Regionen protestieren Menschen massenhaft. Festgenommene: 358 Personen (laut der Menschenrechtsorganisation *Viasna*), 633 (laut Innenministerium). +++ 07.09. +++ Maria Kolesnikowa wird in Minsk von Unbekannten entführt. +++ 08.09. +++ Lukaschenko redet in Minsk mit russischen Medien und schließt Präsidentschaftswahlen nach einer Verfassungsreform nicht aus. Er habe aber nichts mit der belarusischen Opposition zu besprechen. +++ In Minsk werden 120 Teilnehmer einer spontanen Kundgebung zur Unterstützung von Gefangenen festgenommen. +++ Es wird bekannt, dass belarusische Sicherheitskräfte versucht haben, die entführte Maria Kolesnikowa in die Ukraine zu bringen. Um den Grenzübertritt zu verhindern, zerreißt sie ihren Pass und wird in ein belarusisches Gefängnis überstellt. Offizielle Stellen behaupten, Kolesnikowa habe versucht zu fliehen. +++ 09.09. +++ Spontane Kundgebung zur Unterstützung von Maria Kolesnikowa in Minsk. +++ Maxim Znak, Mitglied des Präsidiums des Koordinierungsrates, wird ebenfalls festgenommen. +++ Es wird bekannt, dass Kolesnikowa, Znak und Illia Salej (der Anwalt von Kolesnikowa) offiziell als „Verdächtige" geführt werden (wegen Aufruf zu Aktivitäten gegen die nationale Sicherheit der Republik Belarus). +++ 11.09. +++ Nobelpreisträgerin Swetlana Alexijewitsch, das letztes Mitglied des Präsidiums des Koordinierungsrates, das noch frei im Land ist, bittet die Vereinten Nationen, eine Überwachungsmission nach Belarus zu entsenden. +++ 12.09. +++ 93 belarusische Fußballspieler, darunter Nationalspieler und belarusische Meister, veröffentlichen eine Videobotschaft mit dem Aufruf, die Gewalt zu beenden. +++ Der 3. Samstagsfrauenmarsch in Minsk, mit über 10.000 Menschen. Mehr als 100 Festnahmen. +++ 13.09. +++ In Minsk findet der 5. Protestmarsch nach den Präsidentschaftswahlen statt („Heldenmarsch"), mit mindestens 100.000 Menschen. Auch in den Regionen protestieren wieder viele Menschen. Festgenommene: 434 (laut Menschenrechtsorganisationen); 774 (laut Innenministerium). +++ 14.09. +++ Swetlana Tichanowskaja äußert sich empört über die zunehmende Härte der Sicherheitskräfte bei der Unterdrückung der Proteste in Minsk und den Regionen am Vortag. +++ 18.09. +++ In Minsk findet zur Unterstützung von Lukaschenko ein Frauenforum statt („Für Belarus"). +++ Europäische Diplomat*innen in Minsk kündigen eine Solidaritätsaktion mit belarusischen politischen Gefangenen an: Sie wollen bei jedem Treffen mit Offiziellen die Liste der politischen Gefangenen vorlegen. +++ 19.09. +++ 4. Samstagsfrauenmarsch in Minsk, rund 2.000 Menschen nehmen teil, etwa 400 werden festgenommen. +++ 20.09. +++ Der 6. Protestmarsch in Minsk nach den Präsidentschaftswahlen („Marsch der Gerechtigkeit"), mit über 100.000 Teilnehmer*innen. Protestmärsche auch in den Regionen. Festgenommene: 271 (laut Menschenrechtsorganisationen); 442 (laut Innenministerium). +++ 23.09. +++ Nicht offiziell angekündigte Amtsübernahme von Lukaschenko als „wiedergewählter" Präsident vor 400 Gästen. Nicht staatlichen Medien bezeichnet sie als geheim, von staatlichen Medien wird sie nicht übertragen. +++ In Minsk und anderen Städten Protestaktionen gegen die sogenannte Amtsübernahme von Lukaschenko. Etwa 260 Personen werden festgenommen. +++ 26.09. +++ Der 5. Samstagsfrauenmarsch in Minsk, mit mindestens 2.000 Teilnehmerinnen. Rund 150 Festnahmen. +++ 27.09. +++ In Minsk findet der 7. Protestmarsch nach den Präsidentschaftswahlen statt („Marsch der Volksinauguration"), über 100.000 Menschen sind beteiligt. Demonstrationen auch in den Regionen. Festgenommene: 393 (laut Menschenrechtsorganisation); 350 (laut Innenministerium). +++ 29.09. +++ In Vilnius trifft Frankreichs Präsident Macron mit Tichanowskaja zusammen. Tichanowskaja bittet Macron um Mitwirkung bei möglichen Verhandlungen zur Lösung der Krise in Belarus. +++ Literaturnobelpreisträgerin Swetlana Alexijewitsch verlässt Belarus und fliegt nach Berlin.

Oktober 2020

+++ 01.10. +++ Der Alternative Nobelpreis geht in diesem Jahr unter anderem an den belarusischen Demokratie-Aktivisten Aleś Bialiacki und das von ihm gegründete Menschenrechtszentrum Viasna (Frühling). +++ 02.10. +++ EU-Sanktionen gegen Belarus treten in Kraft. Betroffen sind 40 Unterstützer des belarusischen Präsidenten. +++ Auch die USA belegen acht hohe Vertreter des belarusischen Machtapparats mit Sanktionen. +++ 03.10. +++ Wieder Frauendemonstrationen in Minsk. Die Polizei tritt mit einem Großaufgebot an. +++ 04.10. +++ Mehr als 100 000 Menschen beim 8. Protestmarsch in Minsk seit den Wahlen. Das Regime setzt wieder Armee, Panzerfahrzeuge und Wasserwerfer ein. Mehr als 700 Demonstrant*innen werden festgenommen. +++ Berichte über einen weiteren Toten unter den Inhaftierten. Ein 41-Jähriger stirbt im *Akrescina*-Gefängnis in Minsk. +++ 06.10. +++ Tichanowskaja trifft Bundeskanzlerin Merkel in Berlin. Sie fordert vom Westen mehr Unterstützung im Kampf gegen Machthaber Lukaschenko. Das Volk in ihrem Land erwarte Hilfe für unabhängige Medien und zivile Organisationen, so Tichanowskaja. +++ 07.10. +++ Russland hat Tichanowskaja laut *TASS* zur Fahndung ausgeschrieben. Das ergebe sich aus der Datenbank des Innenministeriums in Moskau. +++ 10.10. +++ Oppositionsführerin Tichanowskaja konnte erstmals seit seiner Inhaftierung 134 Tage zuvor mit ihrem Ehemann, dem Blogger Sergej Tichanowski telefonieren. +++ 11.10. +++ Wie jeden Sonntag seit Wochen wieder Massenproteste in Minsk. Mehr als 700 Festnahmen, nach Angaben der Polizei, darunter, der Menschenrechtsorganisation *Viasna* zufolge, wieder zahlreiche Journalisten. +++ 12.10. +++ Die EU-Staaten drohen der Führung in Minsk mit neuen Sanktionen. Wenn sich die Lage in dem Land nicht verbessere, sei die EU zu weiteren Maßnahmen bereit, heißt es in einer Erklärung der EU-Außenminister. Auch Lukaschenko wird als mögliches Ziel solcher Sanktionen erwähnt. +++ 13.10. +++ Bei den gegen Lukaschenko gerichteten Protesten von Rentner*innen in Minsk werden nach Angaben von Menschenrechtlern mehr als 70 Menschen festgenommen. +++ 15.10. +++ Der Sacharow-Menschenrechtspreis des

Europa-Parlaments soll in diesem Jahr an die Opposition in Belarus gehen. Die Auszeichnung richte sich an die demokratische Opposition vertreten durch den Koordinierungsrat, Aktivist*innen und Persönlichkeiten aus der Zivilgesellschaft. +++ 18.10. +++ Das mittlerweile 10. Protest-Wochenende: Bei Massenprotesten werden 280 Menschen festgenommen, deutlich weniger als eine Woche zuvor. Beobachter berichten allein in Minsk von Zehntausenden Demonstrierenden. +++ 25.10. +++ Mehr als 100 000 Menschen am elften Sonntag in Folge bei Protesten gegen Lukaschenko in Minsk. Am Abend setzt die Polizei Blend- und Lärmgranaten gegen Demonstrant*innen ein. Augenzeugen berichten von mehreren Verletzten. Mindestens 216 Festgenommene. +++ 26.10. +++ Beginn eines landesweiten Generalstreiks. Am Vortag war eine Frist abgelaufen, die Tichanowskaja dem Staatschef für dessen Rücktritt gesetzt hatte. Dem Aufruf der Opposition zum Generalstreik folgen bei massivem Aufgebot an Sicherheitskräften tausende Menschen in Betrieben, Fabriken, Universitäten und im öffentlichen Dienst. Aus Solidarität mit den Streikenden gehen in Minsk und anderen Städten rund 3000 Studierende und Rentner*innen auf die Straße. Tichanowskaja zieht eine positive Bilanz der Protestaktionen.

Weitgehend auf Grundlage von Daten, die Olga Dryndova freundlicherweise zusammengestellt hat. Eine ausführliche Chronik seit 2011 findet sich auf der Seite Belarus-Analysen *unter https://www.laender-analysen.de/belarus*

AUTORINNEN

Yaraslava Ananka, geboren 1987 in der Ukraine, aufgewachsen in Belarus. Literaturwissenschaftlerin, Dichterin und Übersetzerin. Forschungsschwerpunkte: belarusische Literatur, ost-west-europäische Kulturkontakte, Exilpoetik und das russische Berlin

Tania Arcimovich, geboren 1984 in Minsk. Theaterregisseurin, Kritikerin; Redakteurin von *partisanmag.by*. Zahlreiche Publikationen in Kunst- und Kulturmagazinen in Belarus, Polen und Russland, Mitherausgeberin von Artur Klinaŭ „Partisanen: Kultur_Macht_Belarus", *edition*.fotoTAPETA (2014)

Simone Brunner, geboren 1984 in Klagenfurt. Freie Journalistin, berichtet aus Osteuropa u. a. für *Profil, Falter, Wiener Zeitung, Die Welt, Zeit Online*, mehrere Auszeichnungen

Vera Burlak, geboren 1977 in Kiew. Philologin, Dichterin, Schauspielerin, Übersetzerin englischer Literatur und Dozentin in Minsk. Auf Deutsch erschienen ihre Gedichte u. a. bei *lyrikline.org* und zuletzt in der Anthologie „Grand Tour. Reisen durch die junge Lyrik Europas", Hanser (2019)

Julia Cimafiejeva, geboren 1982 in der Nähe von Brahin, Belarus. Dichterin und Übersetzerin. Cimafiejeva gehört zu den Gründerinnen des Internet-Literaturmagazins *PrajdziSvet*. Auf Deutsch erschien ihr Gedichtband „Zirkus", *edition*.fotoTAPETA (2019)

Maria Davydchyk, geboren 1982 in Minsk. Kulturwissenschaftlerin, Studium in Ludwigsburg, Minsk, Leipzig, wissenschaftliche Mitarbeiterin der Deutschen Gesellschaft für Auswärtige Politik (DGAP), Berlin

Olga Dryndova, geboren 1986 in Salihorsk, lebt in Berlin. Politikwissenschaftlerin. Redakteurin der *Belarus-Analysen* an der Forschungsstelle Osteuropa der Universität Bremen

Volha Hapeyeva, geboren 1982 in Minsk. Schriftstellerin, Dichterin, Linguistin, Übersetzerin. In deutscher Übersetzung erschien der Gedichtband „Mutantengarten", edition thanhäuser (2020), 2021 erscheint der Roman „Camel Travel" bei Droschl

Iryna Herasimovich, geboren 1978 in Minsk. Übersetzerin, Essayistin, Kulturmanagerin und Kuratorin. Übersetzung zahlreicher deutschsprachiger Autor*innen ins Belarusische u. a. Michael Kumpfmüller, Lukas Bärfuss, Ilma Rakusa

Volha Hronskaya, geboren 1978 in Miadziel, Belarus. Lyrikerin, Literaturwissenschaftlerin, Übersetzerin aus dem Deutschen und Polnischen. Ihre Gedichte erschienen in zahlreichen Zeitschriften. Gedichtband „AdVoĺnaja Mifalohija" (2013)

Gun-Britt Kohler, Slavistin, Direktorin des Instituts für Slavistik an der Universität Oldenburg, zahlreiche Publikationen zur belarusischen Literatur, Mitherausgeberin der Reihe „Studia Slavica Oldenburgensia"

Hanna Komar, geboren 1989 in Baranavičy, Belarus. Dichterin, Schriftstellerin und Übersetzerin aus dem Englischen. Sekretärin des Belarusischen PEN-Zentrums

Marina Naprushkina, geboren 1981 in Minsk. Bildende Künstlerin, Aktivistin und Autorin. Gründete 2007 das Büro für Antipropaganda und 2013 die Initiative „Neue Nachbarschaft/Moabit". 2015 erhielt sie den Sussmann Artist Award, 2017 den ECF Princess Margriet Award for Culture

Maryna Rakhlei, geboren 1980 in Minsk, lebt in Berlin. Journalistin, Germanistin, Projektmanagerin. Publikationen: „Reiseführer Weißrussland" (mit André Böhm); „Ein Treppenhaus in Minsk", edition.fotoTAPETA_ Essay (2020)

Iryna Ramanava, geboren 1973 im Bezirk Liubań. Doktorin der Geschichte an der Akademie der Wissenschaften von Belarus, Professorin für Geschichte an der European Humanities University (Vilnius). Publikation zuletzt: „Power and society: BSSR in the 1930s" (2019)

Marina Scharlaj, geboren 1982 in Chojniki. Kulturwissenschaftlerin, Slavistin, Sprachwissenschaftlerin (TU Dresden). Herausgeberin des Bandes „Language and Power in Discourses of Conflict" (2020)

Elke Schmitter, geboren 1961. Lebt in Berlin, deutsche Schriftstellerin und Journalistin, u.a. Chefredakteurin der *taz*, Redakteurin von *Der Spiegel*, Romane u.a. „Frau Sartoris", „Leichte Verfehlungen", „Veras Tochter"

Olga Shparaga, geboren 1974 in Minsk. Philosophin, Dozentin an der European Humanities University. Forscht zu Gesellschaften als horizontaler Form der Kommunikation, Mitbegründerin des European College for Liberal Arts (ECLAB) in Minsk, Mitglied der Koordinierungsrates der belarusischen Opposition

Tatiana Shchyttsova, geboren 1970 in Minsk. Philosophin, studierte in Moskau, lehrt an der European Humanities University (Vilnius,) zahlreiche Veröffentlichungen, auf Deutsch „Jenseits der Unbezüglichkeit. Geborensein und Intergenerative Erfahrung" (2016)

Diana Siebert, geboren 1957, lebt in Köln. Historikerin, Mitglied der Belarusisch-Deutschen Geschichtskommission, lehrt Europäische Zeitgeschichte an der Universität Siegen. Publikationen: „Herrschaftstechniken im Sumpf und ihre Reichweiten" (2019)

Julia Smirnova, geboren 1983 in Krasnoarmejsk. Freie Journalistin u.a. für *DIE ZEIT* und *WELT*. Studium der Germanistik in Moskau, Hamburg und Berlin

Irina Solomatina, geboren 1969 in Minsk. Seit Mai 2019 der Leiterin der Organisation „Working Women". Publiktionen: „Feminist (art) critique" (2015), „She existed: 16 Women Who Became A Part Of Belarusian History" (2019)

Hanna Stähle, geboren 1986 in Mazyr, Belarus. Slavistin, lebt und arbeitet in Brüssel. Publikationen in *Digital Icons*, beim Moskauer Zentrum *Carnegie*, bei *Routledge* und der *Zeitschrift für Slavische Philologie*

Dieses Buch erscheint als *Flugschrift* in der *edition*.fotoTAPETA.
Wir danken den Macher*innen der Facebook-Seite STIMMEN AUS
BELARUS (https://www.facebook.com/Belarusstimmen) – ohne sie
wäre das Buch so nicht entstanden. Auch danken die Herausgeber*innen Judith Strzelczyk für die Hilfe bei der Realisierung.
Der Verlag dankt dem Goethe Institut Minsk und der Heinrich Böll
Stiftung für die Unterstützung bei diesem Projekt.

   ■■■ HEINRICH BÖLL STIFTUNG

ISBN 978-3-940524-99-7

© für diese Ausgabe
edition.fotoTAPETA, Berlin 2020

© für die Texte
bei den Autorinnen (soweit nicht anders angegeben)

© für die Fotos der Innenklappen
Julia Cimafiejeva, Minsk 2020

Umschlaggestaltung: Gisela Kirschberg, Berlin
Satz und Gestaltung: Gisela Kirschberg, Berlin

Druck: GGP Media GmbH, Pößneck
Gesetzt aus der Mignon und der Frutiger